702.

à conserver

VOYAGES
IMAGINAIRES,
ROMANESQUES, MERVEILLEUX, ALLÉGORIQUES, AMUSANS, COMIQUES ET CRITIQUES.
SUIVIS DES
SONGES ET VISIONS,
ET DES
ROMANS CABALISTIQUES.

CE VOLUME CONTIENT:

JULIEN L'APOSTAT, ou Voyage dans l'autre monde, traduit de FIELDING, par M. KAUFFMANN.

Les Aventures de JACQUES SADEUR dans la découverte & le voyage de la Terre-Auftrale.

VOYAGES
IMAGINAIRES,
SONGES, VISIONS,
ET
ROMANS CABALISTIQUES.

Ornés de Figures.

TOME VINGT-QUATRIÈME.

Seconde division de la première classe, contenant les Voyages imaginaires *merveilleux*.

A AMSTERDAM,
Et se trouve à PARIS,
RUE ET HÔTEL SERPENTE.

M. DCC. LXXXVIII.

JULIEN L'APOSTAT,
OU
VOYAGE
DANS L'AUTRE MONDE;

TRADUIT DE FIELDING,

Par M. KAUFFMANN, interprète juré au Châtelet de Paris, pour les langues allemande, angloise & italienne.

AVERTISSEMENT
DE L'ÉDITEUR.

Julien l'Apostat ou *Voyage dans l'autre monde*, est traduit de l'anglois; *Fielding* en est l'auteur, & nous en devons la traduction à M. *Kauffmann*, interprète juré au Châtelet de Paris, pour les langues allemande, angloise & italienne.

C'est dans le séjour des morts que l'auteur conduit notre voyageur; il y parcourt, entr'autres, les Champs-Élisées : c'est-là qu'il rencontre l'empereur Julien, il a avec lui un long entretien; ce prince lui raconte ses aventures, & les différens états par lesquels il a été obligé de passer sur la terre avant que d'être admis au séjour des bienheureux. C'est dans ces aventures que l'imagination gaie de l'auteur se donne une libre carrière : on voit l'empereur Romain devenir successivement esclave, juif avare, charpentier, petit-maître, moine, ménétrier, roi, bouffon de cour, mendiant, ministre, soldat, tailleur, alderman, poëte & maître de danse. L'auteur s'est égayé dans ces disparates, & cette production, vraiment originale, n'est pas indigne de l'auteur de *Tom Jones.*

Henri Fielding est né en Angleterre, dans le comté de Sommerset, en l'année 1707. Ses parens prirent soin de cultiver les talens dont la nature l'avoit doué; mais ne voulant pas le perdre de vue dans le premier âge, ils lui choisirent un instituteur qui commença son éducation dans la maison paternelle. On croit que c'est ce précepteur qui lui a fourni le portrait du ministre Trulliber, dans le roman de *Joseph Andrews.* On se détermina ensuite à mettre Fielding au collége d'Éton: ce fut là que son éducation se perfectionna, & qu'il eut le double avantage & d'étendre ses connoissances & de se faire des amis dignes de lui, tels que milord Littleton,

& MM. Fox & Pitt. Après son éducation finie, Fielding entra dans le monde, & y porta un goût pour les plaisirs qui absorba bientôt sa fortune, qui étoit médiocre, & abrégea ses jours. Il se livra depuis vingt jusqu'à trente ans à toute espèce de débauche; mais en satisfaisant ses passions, il avoit des momens de réserve qu'il consacroit à la littérature, & il n'étoit pas rare de lui voir passer au travail une journée entière, après avoir employé la journée précédente & la nuit même aux plaisirs de la table & de l'amour. A trente ans cependant Fielding subit le joug du mariage, il épousa miss Craddock, qui avoit été célèbre par sa beauté; mais ce nouvel état ne changea ni les mœurs ni la manière de vivre de notre auteur : la modique fortune que sa femme lui avoit apportée, fut bientôt consumée. Fielding obligé d'user de ressources, tenta de suivre le barreau; cette carrière, où ses talens devoient lui promettre du succès, devint ingrate & stérile par son goût pour les plaisirs & l'indépendance; il commençoit d'ailleurs à recueillir les tristes fruits de ses débauches; il fut tourmenté de la goutte de très-bonne heure. Fielding abandonna donc le barreau & chercha, dans ses travaux littéraires, des ressources contre l'indigence. Ses talens lui en procurèrent d'assurées. Il travailla d'abord pour le théâtre; il composa environ dix-huit comédies qui eurent du succès; mais il dut sa réputation toute entière à ses romans, ils lui acquirent une place distinguée parmi les littérateurs Anglois; quelques-uns même le placent immédiatement après l'immortel Richardson. Les débauches de toute espèce ont donné à Fielding une vieillesse anticipée; il n'avoit pas quarante ans qu'il étoit attaqué d'une maladie de langueur, qui insensiblement le conduisit au tombeau: il fit envain différens voyages pour recouvrer sa santé, il revint mourir à Londres, en 1754, âgé d'environ quarante-huit ans.

Nous ne donnerons pas ici l'énumération des comédies de Fielding, ce sont, pour la plupart, des farces qui ne peuvent plaire qu'en Angleterre, il en est peu qui aient été traduites en notre langue, & celles qui ont été traduites ont eu un médiocre succès qui a empêché de pousser l'entreprise plus loin. Il n'en est pas de même de ses romans, nous ne citerons que les principaux : *Tom Jones*, le chef-d'œuvre de Fielding, dont nous devons la traduction à M. *de la Place*: *Amélie*, roman traduit par madame *Riccoboni*, & les *Aventures de Joseph Andrews*, traduites par l'abbé *des Fontaines*.

Le roman de Fielding est suivi *des Aventures de Jacques Sadeur dans la découverte & le voyage de la Terre australe*. On trouve ici la description d'un peuple d'hermaphrodites qui, se suffisant à eux-mêmes pour produire leurs semblables, sont exempts de cette passion qui a causé tant de troubles chez toutes les nations de la terre. C'est dans les Terres australes que Sadeur découvre ce peuple imaginaire; & comme l'on voit, les Terres australes, inaccessibles aux voyageurs les plus intrépides, ne le sont pas à nos romanciers; c'est-là qu'ils font leurs découvertes les plus curieuses.

Nous ne connoissons point l'auteur des Voyages de Sadeur : quelques personnes les ont attribués à Gabriel Coigny, cordelier Lorrain, qui, s'il en est l'auteur, n'est connu que par cet ouvrage. Il a été imprimé, pour la premiere fois, en 1692.

AVERTISSEMENT,
DE M. FIELDING.

Il seroit aussi difficile que superflu, de dire si ce qui suit est la vision d'un saint, ou le rêve d'un homme de bien; ou si réellement cet ouvrage a été écrit dans l'autre monde, & envoyé dans celui-ci, ainsi que plusieurs personnes le conjecturent; opinion qui me paroît cependant tenir beaucoup de la superstition. On pourra soupçonner encore que peut-être est-ce ici la production de quelque digne habitant du nouveau Béthléhem (1), & cette idée pourroit bien être adoptée par le plus grand nombre.

Au reste, il suffira d'informer le lecteur par quelle voie le manuscrit m'est parvenu.

J'en ai l'obligation à sir Robert Powney, marchand de papier, rue sainte Catherine, sur le bord de la Tamise, très-honnête

---

(1) Nom qu'on donne à Londres à l'hôpital des fous, appelé en France petites Maisons.

homme, qui, outre ses excellentes marchandises relatives à son commerce, est sur-tout réputé pour vendre de belles plumes; aveu que je dois faire avec d'autant plus de raison, que c'est à leur bonté que je dois une écriture lisible. Ce bon homme m'envoya, il y a quelque tems, un paquet de ses plumes, qui étoient enveloppées avec beaucoup de soin dans un grand cahier de papier sur lequel je remarquai des caractères inconnus, qui me parurent avoir été tracés par une main peu habile. J'ai une envie extraordinaire de lire tout ce qui est illisible, & peut-être cette envie me vient-elle de l'agréable souvenir des caractères informes, que dans ma jeunesse j'ai reçus du beau sexe, que je révère toujours avec passion; cette envie se fondoit encore sur le desir particulier qui séduit tout homme, & qui le porte à attribuer un prix inestimable aux objets dans lesquels il a deviné ce qui étoit obscur ou inconnu à tout le monde, comme par exemple dans des écritures totalement effacées, dans des sculptures tronquées ou mutilées, dans des peintures enfumées ou barbouillées de noir.

Je donnai donc tous mes soins à examiner ce cahier de papier, & après les plus grands efforts d'un esprit appliqué pendant un jour entier, je découvris, hélas! que je n'y connoissois rien.

Je retournai aussi-tôt chez sir Powney, je lui demandai, avec empressement, s'il avoit encore de ces papiers. Il m'en apporta, dans le moment, environ cent pages, en me déclarant qu'il n'en avoit pas gardé davantage; mais que tout l'ouvrage avoit originairement composé un gros *in-folio* qui avoit été laissé chez lui par une personne qu'il avoit logée pendant neuf mois, & qui avoit apparemment imaginé payer son loyer avec ce manuscrit. Il ajouta que tous les libraires l'avoient examiné avec des yeux d'aigle, pour me servir de ses termes, mais qu'aucun d'eux n'avoit voulu s'en charger. Les uns s'étoient excusés sur ce qu'ils n'y comprenoient rien, les autres sur ce qu'ils ne pouvoient pas le lire; il s'en étoit trouvé qui avoient soutenu que c'étoit l'ouvrage d'un athée, d'autres avoient dit que cet écrit faisoit la satyre du gouvernement; enfin sur tous ces différens prétextes, tous avoient refusé de le faire imprimer. Il avoit aussi été présenté à la société royale, à ce qu'il m'assura, mais on y avoit secoué la tête, en déclarant qu'il ne contenoit rien qui fût assez merveilleux pour elle. Powney ayant appris ensuite que le propriétaire étoit parti pour l'Amérique, avoit employé l'*in-folio* en enveloppes, dans la persuasion qu'il ne pouvoit servir à autre chose; il me dit, en même-tems, que ce qui lui restoit, étoit fort à mon service, & qu'il regrettoit même ce qui s'étoit perdu, puisque je semblois y attribuer quelque valeur.

Je le priai très-instamment de m'en fixer le prix, mais il n'en voulut recevoir d'autre paiement que l'acquit d'un petit compte que je lui devois, en me déclarant poliment que, dans les circonstances actuelles, il le regardoit comme un présent de ma part.

Je prêtai ce manuscrit à mon ami sir Abraham Adams, qui me le rendit après un examen très-long & très-exact, en m'apprenant qu'il contenoit plus qu'il ne promettoit d'abord; il m'assura que l'auteur avoit connu les écrits de Platon, qu'il eût dû seulement citer quelquefois en marge, & qu'il étoit certain qu'il l'avoit lu en original : car, continua-t il, rien n'est plus ordinaire, de nos jours, que de se glorifier d'avoir lu les auteurs grecs, quoiqu'on ne les connoisse cependant que par les traductions.

Pour dire ici mon sentiment sur l'auteur de cet écrit, il me semble qu'il montre une façon de penser philosophique, & beaucoup de connoissance du monde, qu'il sait apprécier assez juste.

Il se trouvera peut-être plusieurs personnes, qu'un génie plus ardent, & un état opulent porteront à se représenter cet objet de leurs desirs, le monde, avec moins de vice & de vanité, & qui verront l'ensemble de la scène & des acteurs d'un œil plus favorable, qui y trouveront une plus grande importance que celle qu'on lui a donnée dans cet ouvage; mais, sans contredire actuellement leur sentiment, je me fais un plaisir de croire que le nombre des hommes sages & bien intentionnés, qui pensent comme notre auteur, suffit pour balancer le nombre des premiers. On n'a pas à craindre de mauvaise suite de ses réflexions, car par-tout elles tendent à inculquer que l'honnêteté & l'amour de la vertu sont la félicité la plus grande &

la plus durable que ce monde puisse procurer ; doctrine qui, dans sa certitude indubitable, tend à un but si noble & si utile, qu'elle ne sauroit être assez souvent répétée ni assez fortement imprimée dans le cœur humain.

VOYAGE
DANS L'AUTRE MONDE.

CHAPITRE PREMIER.

L'auteur meurt, & rencontre Mercure, qui le conduit à la voiture, qui part pour l'autre monde.

CE fut le premier de Décembre de l'an 1741 (1), que je quittai cette vie, & ma demeure à Cheap-

---

(1) Quelques doctes commentateurs doutent si l'on ne doit pas lire plutôt 1641, laquelle année s'accorde davantage avec les indices donnés dans l'avertissement. Il est vrai qu'on trouve dans la suite quelques passages qui paroissent se rapporter à des aventures plus récentes & même arrivées depuis peu d'années. Comme l'explication de ces conjectures est assez embarrassante, on auroit une grande obligation au savant, qui voudroit bien se donner la peine d'éclaircir cette question, qui en vaut bien une autre.

fide. Mais je ne pus (1) pas quitter mon corps aussi-tôt qu'il eut perdu tout mouvement, parce que quelque heureux accident pouvoit le rappeler à la vie. Cet assujettissement a été imposé à toutes les ames par les loix éternelles du destin, afin de prévenir tous les désordres qui pourroient résulter si ces ames avoient une plus grande liberté.

Aussi-tôt que le terme de mon élargissement fut arrivé, c'est-à-dire, lorsque le corps fut devenu entièrement froid & roide, j'essayai de me mettre en mouvement, pour prendre mon essor, mais plusieurs obstacles s'opposèrent à ma retraite. La grande porte, c'est-à-dire la bouche, étoit fermée de façon à m'ôter toute espérance d'y passer. Les fenêtres, ou, pour parler vulgairement, les yeux avoient été si exactement clos par la main habile d'une garde-malade, que toutes mes tentatives furent inutiles de ce côté. Je commençois à me désespérer, & je visitois avec empressement tous les recoins de ma maison, lorsque j'apperçus un rayon de lumière au haut du toît; je m'y élançai soudain, je descendis rapidement par une espèce de canal de cheminée, ou, pour parler à la portée des hommes, je me sauvai par les narines.

---

(1) On a assez bonne opinion de l'intelligence du lecteur, pour croire qu'il est inutile d'observer que c'est l'ame du mort qui raconte ses aventures

Un prisonnier, qui échappe du cachot après une longue détention, ne ressent pas plus de plaisir que j'en eus à goûter les charmes de la liberté, après avoir été renfermée plus de 40 ans. Mais malgré ces réflexions agréables, je tournois encore quelquefois les yeux (1) sur ma prison.

Mes amis & mes parens avoient déjà tous quitté la chambre où reposoit mon corps, & se disputoient même assez vivement au bas de l'escalier, autant que j'ai pu le comprendre, sur les dispositions de mon testament.

Il n'y avoit plus auprès de mon cadavre qu'une vieille femme qui paroissoit le garder, mais qui dormoit d'un sommeil profond qu'elle s'étoit procuré par une bonne dose de vin ou d'eau-de-vie, ainsi que l'indiquoit son haleine un peu forte.

Une pareille compagnie me déplut. Je m'élançai par la fenêtre qui étoit ouverte, & je m'apperçus bientôt avec beaucoup de surprise que je n'étois pas faite pour voler, faculté que j'avois toujours crue propre aux esprits, lorsque j'habitois la

---

(1) Le mot des yeux ne convient pas trop bien à une substance spirituelle; mais pour se rendre intelligible, on est contraint d'emprunter en cette circonstance, ainsi qu'en beaucoup d'autres, des expressions qui ne conviennent qu'à des objets corporels.

matière. Cependant je tombai si doucement par terre, que ma chûte ne me fit aucun mal. D'ailleurs, quoique je fusse privée de la puissance des volatiles, je vis que j'étois capable de franchir un si grand espace, que cet avantage valoit presque celui de voler.

Après avoir fait quelques bonds, j'apperçus un jeune homme, d'une taille élégante, lestement habillé par une veste de soie. Sa tête étoit ornée d'une guirlande, il avoit des aîles aux talons, & tenoit un caducée à sa main droite.

Je crus l'avoir vu précédemment, mais il ne me fut pas possible de me rappeler en quel endroit.

Il m'aborda cependant bientôt, & me demanda s'il y avoit long-tems que j'étois parti. A l'instant même répondis-je. Ne vous arrêtez pas ici plus long-tems, me répliqua-t-il, à moins que vous n'ayez été assassiné; dans ce cas vous pourriez errer encore quelque tems, mais si c'est une mort naturelle qui vous a chassé de votre prison, il vous faut incontinent poursuivre votre voyage dans un autre monde.

Je m'informai de la route. Rien n'est plus aisé; — je vais vous indiquer l'hôtellerie d'où la voiture part, j'en suis le portier; je m'appelle Mercure : est-ce que vous n'avez pas quelquefois entendu parler de moi ? Je vous demande pardon,

monsieur,

monsieur, repris-je, j'ai eu l'honneur de vous voir ci-devant à la comédie. (1)

Il sourit à ma réponse, & sans me faire d'autres questions il passa devant moi, & m'ordonna de le suivre en sautillant. J'obéis, & peu de tems après, je me trouvai à Warklane. Mercure s'y arrêta subitement, en me montrant une maison où je devois m'informer de la voiture. Au même moment il me quitta, en me souhaitant poliment un bon voyage, & me disant, qu'il étoit obligé d'aller chercher encore d'autres compagnons.

La voiture alloit partir au moment que je m'y présentai, & sans qu'aucun des esprits fît des informations sur mon compte, je vis qu'ils se pressoient tous de me faire place, quoique le cocher me criât qu'il n'y en avoit plus pour moi. Ils étoient déjà six; je les remerciai, comme je le devois, de leur honnêteté, & je me plaçai de mon mieux sans faire de façons.

Notre compagnie étoit donc composée de sept personnes, & nous n'étions pas gênés, parce que trois dames qui étoient du nombre, n'ayant pas

---

(1) Ce Dieu paroît ordinairement sur le théâtre, ainsi qu'on l'a représenté. Une des occupations que les anciens lui attribuoient, étoit de rassembler les ames des morts, comme un berger rassemble un troupeau de brebis, & de les conduire avec sa verge dans l'autre monde.

B

de panier, elles n'occupoient pas plus de place que deux hommes.

Le lecteur defirera sans doute avoir une description de cette voiture, puisqu'il n'aura de sa vie occasion de la connoître.

Ce charriot a été construit par un fameux maître dans l'art de travailler la matière spirituelle; car il n'y avoit rien de corporel, & il étoit fini avec tant de délicatesse, qu'aucun œil humain ne pouvoit le discerner. Les chevaux qui menoient cette voiture extraordinaire étoient, ainsi que les voyageurs, des êtres spirituels qui étoient tous morts au service d'un certain maître de poste. Le cocher étoit un bon morceau de substance immatérielle qui avoit eu dans sa vie l'honneur de mener Pierre le grand, au service duquel son corps avoit expiré de faim & de froid.

Telle est la peinture exacte de la voiture où je fis mon voyage. Ceux qui n'ont point encore envie de me suivre, peuvent s'arrêter ici, mais il n'y a point d'inconvénient, pour ceux qui s'y trouvent disposés, à continuer les chapitres suivans qui renferment la suite du voyage.

CHAPITRE II.

L'auteur réfute premièrement quelque fausses opinions des esprits voyageurs; ils racontent ensuite leurs différens genres de mort.

C'est une opinion commune que les esprits, ainsi que les hibous peuvent voir dans l'obscurité, & peuvent être vus alors; ce qui fait que quelques personnes ont coutume d'allumer une chandelle pour n'être pas effrayées de leur apparition. Le sieur Locke, qui ne connoissoit point de matière, a soutenu expressément qu'on pouvoit voir un esprit aussi bien de jour que de nuit.

Il faisoit fort obscur lorsque nous partîmes, & nous ne pûmes voir rien de plus que ce que chacun de nous auroit pu voir dans sa vie. Nous fîmes bien du chemin avant de dire un seul mot, car la moitié de la compagnie étoit endormie (1). Comme je ne me sentois point de disposition au sommeil, & que je m'apperçus qu'un esprit assis vis-à-vis de moi n'étoit pas endormi, je résolus de lier conversation avec lui. Je la commençai

___

(1) Ceux qui ont lu dans Homère que les dieux sont sujets au sommeil, ne s'étonneront point de trouver ici les esprits dans le même état.

par me plaindre qu'il faisoit extrêmement sombre. Oui, répondit mon compagnon de voyage; & de plus, il fait encore très-froid. Je me réjouis de n'avoir plus de corps, & de ne pas craindre de souffrir par-là: vous conviendrez volontiers, monsieur, que ce froid doit être fort sensible pour celui qui vient de sortir d'un four: eh bien! c'est une demeure aussi chaude que je viens de quitter. De quelle manière êtes-vous donc sorti du monde, lui dis-je? J'ai été assassiné. — Je suis surpris, repliquai-je, que vous ne vous soyez point donné le plaisir de roder encore un peu dans le monde pour jouer quelques tours amusans à vos assassins. Hélas! Monsieur, me dit-il, je n'avois pas cette liberté, j'ai été tué légitimement: bref, un médecin m'a mis dans une étuve; en même tems il m'a donné quelques médecines pour chasser des mauvaises humeurs de mon corps, & je suis mort dans les remèdes, ou pour parler plus vulgairement, la sœur aînée de la petite vérole, est mon assassin.

Un autre esprit, qui avoit entendu ce récit, s'éveilla tout effrayé, & s'écria: vérole! Bonté de dieu! J'espèrois être dans une compagnie où il n'y a point de contagion, moi qui l'ai tant évitée toute ma vie, & à laquelle j'ai échappé si heureusement jusqu'à présent. Ce mouvement de peur, occasionna parmi tous les esprits qui étoient éveillés, un éclat de rire; l'esprit craintif se remit bientôt lui-même de sa frayeur, & demanda excuse avec un peu de confusion: je vous assure, dit-il, que je croyois encore être en vie. Peut-être, l'interrompis-je, êtes-vous mort de cette maladie, & son simple nom peut vous causer cette grande frayeur. Non, monsieur, me répondit-il, je ne l'ai jamais connue; mais la grande peur que j'en ai toujours eue, m'a, à ce que je vois, tellement préoccupé, que je ne saurois encore la vaincre. Croiriez-vous que, crainte de cette maladie, j'ai évité d'aller à Londres pendant trente ans; mais enfin une affaire importante m'y conduisit il y a environ cinq jours. J'étois tellement sûr mes gardes, que je refusai, le lendemain de mon arrivée, de souper chez un de mes amis, parce que je savois qu'il n'y avoit que quelques mois que sa femme venoit d'être guérie de la maladie que j'abhorrois. Le même soir, je mangeai tant de moules, que j'en eus une indigestion qui m'a procuré l'honneur de votre compagnie.

J'ose parier, dit un autre esprit, qui étoit assis près du dernier, que personne de vous ne devinera de quelle maladie je suis mort. Je le priai de la déclarer, puisqu'elle étoit si extraordinaire. Je suis mort par honneur, repliqua-t-il. Par honneur, lui dis-je, avec quelque surprise! Oui, répondit-il ; l'honneur me força de m'engager dans un duel, dans lequel j'ai été tué.

Quant à moi, dit un joli esprit, je me fis inoculer l'été passé, & je fus délivré de la petite vérole avec quelques petites marques au visage. Ce danger passé, je m'estimois très-heureux, & j'imaginois qu'il n'y avoit plus rien qui m'empêchât de jouir des plaisirs de la ville ; mais peu de jours après ma guérison, je gagnai une fluxion à un bal, & je mourus d'une fièvre maligne.

Le jour commençoit à paroître, il y eut un intervalle de silence ; enfin le joli esprit qui avoit parlé le dernier, se tourna vers une demoiselle, qui étoit assise près de lui, & lui demanda, à quel accident on étoit redevable du bonheur de la voir dans la compagnie.

Je crois, Monsieur, répondit-elle, que c'est à une consomption ; mais les médecins n'étoient pas d'accord sur la nature de ma maladie, deux d'entr'eux même se disputoient encore violemment, au moment où je quittai mon corps.

Et vous, madame, demanda le même esprit au sixième compagnon de voyage, par quelle raison avez-vous quitté l'autre monde ? Au lieu de faire complaisamment une réponse ; je suis très-surprise, dit-elle d'un air sérieux, de la curiosité de certaines gens ; bien du monde sait peut-être déjà la nouvelle de mon décès d'une manière fort éloignée de la vérité; mais quoi qu'il en soit de la cause de ma mort, je suis très-satisfaite d'avoir quitté un monde, où je ne trouvois aucune satisfaction, où règnent par-tout l'impudence & l'effronterie, principalement parmi le sexe, dont la mauvaise conduite m'a fort humiliée depuis long-tems.

Le joli esprit voyant ses questions mal reçues, ne s'avisa plus d'en faire.

Cet esprit féminin ne disant plus mot non plus, toute la compagnie tourna les yeux sur lui pour le considérer. Il paroissoit réunir les agrémens extérieurs à cet air de douceur, qui rend le sexe si aimable, quand il vient de la sensibilité du cœur. Les graces & la modestie brilloient dans toutes ses manières & lui donnoient cet éclat particulier, qui embellit Séraphine (1), & qui inspire à quiconque la voit, l'admiration & le respect. S'il n'eût pas été question peu de tems auparavant dans notre conversation, de la maladie vénérienne, je ne doute point, que nous n'eussions trouvé, Séraphine même, dans cet esprit. Cette opinion avantageuse se confirmoit encore par le jugement qu'elle faisoit paroître dans ses discours, par la

---

(1) Ce nom désigne une certaine personne amie de l'auteur; mais toute femme, de condition ou non, peut s'attribuer ce caractère.

délicatesse de sa façon de penser, par la politesse & une certaine dignité qui accompagnoient ses regards, ses paroles & tous ses mouvemens : ces avantages devoient nécessairement faire une impression sur un cœur (1), qui en est aussi susceptible que le mien, & bientôt il fut enflammé de l'amour séraphique le plus ardent. Je ne prétends pas désigner cet amour grossier, que le genre masculin éprouve dans le bas monde, pour le beau sexe, amour qui est plutôt un appétit qui dure rarement au-delà du desir ; mais j'entends par amour séraphique, une tendresse pure, intellectuelle, telle qu'on la peut supposer entre des anges. Si le lecteur n'en a point d'idée, ainsi que j'ai sujet de le conjecturer, mes peines à le lui expliquer seroient aussi infructueuses, que si je voulois résoudre un problême difficile de Newton, & l'expliquer à un algébriste ignorant & vulgaire.

Retournons donc à des choses plus intelligibles. La conversation tomba sur la vanité, sur la folie & la misère du bas monde, & chacun témoigna

---

(1) J'ai déjà demandé pardon de ce langage, que j'applique à des esprits ; je le renouvelle encore ici pour la dernière fois : quoique je croye que ce mot soit mieux employé dans le sens métaphorique, que quand on attribue au corps des passions, qui, proprement, n'appartiennent qu'à l'ame.

beaucoup de satisfaction de l'avoir quitté. Il est cependant bon de remarquer que quoique tous les esprits parussent être satisfaits de leur mort, aucun d'entr'eux ne parloit de la cause, que comme d'un accident qu'il auroit volontiers évité, s'il en avoit eu le pouvoir. Et même, la dame sérieuse, qui plus que tous les autres s'étoit empressée de témoigner sa satisfaction de sa mort, déclara peut-être trop promptement qu'elle regrettoit le médecin, qui étoit resté près de son lit; l'homme qui étoit mort par honneur, maudissoit souvent sa folie pour l'art des escrimeurs.

Tandis qu'on s'entretenoit ainsi, nous fûmes tous frappés subitement d'une très-mauvaise odeur, semblable à celle qu'on ressent aux approches de la superbe la Haye pendant l'été, & qui s'exhale des eaux dormantes, dont sont remplis les beaux canaux qui environnent cette ville. Ces exhalaisons, peut-être fort agréables à des nez hollandois, étoient extrêmement desagréables pour des organes délicats, & devenoient plus sensibles à mesure qu'on avançoit.

Cet évènement engagea un esprit de la compagnie à regarder par la portière; il nous avertit que nous étions au milieu d'une grande ville. Nous reconnûmes tous en effet que nous étions dans des fauxbourgs, que le cocher nous dit être dépendans de la ville des Maladies. La route pour y arriver étoit facile & bien pavée ; tout, excepté l'odeur dont on a parlé étoit très-gracieux. Aux deux côtés des rues de ces fauxbourgs étoient une quantité de bains, de bouchons & d'auberges. Dans ces derniers, on voyoit aux fenêtres plusieurs belles femmes, dont l'habillement avoit beaucoup d'apparence & d'éclat. Arrivés dans la ville, la scène changea tout-à-coup, & nous reconnûmes que les fauxbourgs étoient infiniment plus beaux que la ville.

C'étoit un lieu triste & sombre. Les rues étoient presque désertes ; le peu de monde qu'on y voyoit ne consistoit en grande partie qu'en vieilles femmes, ou quelques hommes fort sérieux & vêtus d'une longue robe-de-chambre, marchant en rêvant profondément, & en s'appuyant sur une canne, dont la poignée étoit d'ambre. Nous espérions tous que notre voiture ne s'arrêteroit point dans cette triste ville ; mais malheureusement pour nous, le cocher fit entrer la voiture dans une hôtellerie, & nous fûmes contraints d'y descendre.

CHAPITRE III.

Aventures arrivées aux voyageurs dans la ville des Maladies.

A peine avions-nous débarqué dans cette hôtellerie, où nous croyions passer le reste du jour, que le maître se présenta devant nous, & nous apprit qu'il étoit d'usage que toutes les ames qui passoient, rendissent visite à madame Maladie, à qui elles étoient redevables de leur liberté. Nous repliquâmes tous que nous nous ferions un plaisir de nous conformer à cette coutume. Notre hôte nous quitta dans ce moment, en nous disant qu'il alloit nous envoyer aussi-tôt les conducteurs dont nous avions besoin.

Peu de tems après, quelques-uns de ces hommes sérieux, à poignées d'ambre, & avec leurs robes-de-chambre, vinrent se présenter comme les portiers en charge de la ville; leur dignité s'annonçoit par leurs cannes, de même que celle d'un maréchal de France par un petit bâton.

Nous leur citions respectueusement les diverses dames Maladies auxquelles nous avions l'obligation de notre liberté, & nous leur déclarions que nous étions prêts à les suivre; au lieu de répondre, ils s'arrêtèrent, en se regardant les uns & les autres, avec une espèce de surprise. J'avoue que leurs mines fâchées nous causèrent beaucoup de consternation, & même ce procédé extraordinaire nous engagea à appeler notre hôte, qui, de son côté, rit de tout son cœur, & nous avertit que la raison de l'étonnement de ces messieurs, venoit de ce qu'à leur arrivée nous ne les avions pas gratifiés selon l'usage. Nous répondîmes, avec une espèce de trouble, que nous n'avions rien apporté avec nous, & qu'on nous avoit toujours dit pendant notre vie, qu'il étoit expressément défendu de rien emporter de l'autre monde. Oui, monsieur, répliqua l'hôte, je le sais, & le tout est de ma faute. J'aurois dû vous envoyer auparavant auprès du sieur M***, qui vous auroit fourni ce qu'il vous falloit. Comment le sieur M***, répondis-je avec vivacité ! Il faut vous prévenir que nous ne pouvons lui donner aucune sûreté, & l'on sait qu'il n'a de sa vie prêté (1) un schelling à qui que ce soit, sans un honnête nantissement. Je le sais, monsieur, répliqua l'hôte : c'est par cette même raison qu'il est obligé de prêter ici. Il est condamné à tenir une banque, & à distribuer *gratis* aux voyageurs tout l'argent dont ils

---

(1) Nous avertissons ici une fois pour toutes, que les louanges s'adressent toujours à quelqu'un ; mais que la censure n'attaque personne en particulier.

ont besoin. Sa banque consiste dans la somme qui lui a servi à faire tant de mesquineries, & sa peine est de la voir diminuer journellement d'un schelling; sa somme absorbée, il retournera dans l'autre monde pour y vivre dix-sept ans dans la misère; ensuite, après que son ame aura été purifiée dans le corps d'un porc, il reprendra la figure humaine.

Vous me racontez des choses étonnantes, lui dis-je; mais si sa banque ne doit être diminuée journellement que d'un schelling, comment peut-il donc fournir de l'argent à tous les voyageurs? Ce qu'il débourse de plus, répondit-il, lui est aussi-tôt remboursé, mais d'une manière que je ne saurois vous expliquer facilement. Monsieur, repris-je de nouveau, je ne conçois point comment ce peut être une punition pour lui que d'avancer cet argent, puisqu'il sait que tout ce qu'il débourse, hors le schelling, lui est toujours remboursé. Ne vaudroit-il pas mieux qu'on ne lui remboursât qu'un schelling seulement? Monsieur, me répondit-il, si vous saviez combien il ressent de douleur à payer chaque guinée, vous penseriez autrement.

Un prisonnier qui est jugé à mort, ne demande pas grace avec plus de gémissemens, que celui-ci n'en pousse, en demandant la permission de passer en enfer, pourvu qu'il y puisse emporter son argent.

Vous apprendrez encore bien d'autres choses

qui ne sont pas moins extraordinaires, à votre arrivée dans l'autre monde; je vais vous mener présentement chez ce monsieur qui est obligé de vous payer ce qu'il vous faut.

Nous le trouvâmes assis à une table sur laquelle étoit une somme immense d'argent partagée par différens tas, dont chacun auroit pu ébranler la fidélité d'un patriote, & vaincre la chasteté d'une prude.

Aussi-tôt que cet avare nous apperçut, il pâlit & soupira, vraisemblablement parce qu'il soupçonnoit bien le sujet de notre arrivée. Notre hôte l'aborda, sans lui témoigner aucun respect, & j'en fus d'autant plus surpris, que je savois avec quelle vénération il avoit été traité dans sa vie par des personnes beaucoup plus distinguées que celle qui nous servoit de guide. Vous savez à quoi votre petite ame basse a été condamnée, lui dit notre conducteur; payez incontinent à ces messieurs, qui valent mieux que vous, ce qu'il leur faut; dépêchez-vous, sinon j'appellerai le correcteur; ne vous imaginez pas être encore dans le bas monde, où vous pouviez exercer impunément votre métier d'usurier.

A ce propos, cet homme commença à payer, mais avec les mêmes grimaces & l'air plaintif que ses débiteurs avoient, lorsqu'ils lui remettoient leurs billets de banque.

Quelques-uns de la compagnie furent émus de compassion, & nous aurions tous été satisfaits d'avoir seulement de quoi donner à nos conducteurs, si notre hôte ne nous eût exhortés vivement à ne pas épargner un méchant qui n'avoit jamais fait la moindre grace, malgré sa grande opulence. Cette représentation endurcit nos cœurs, & nous fit remplir toutes nos poches de son argent. Je remarquai principalement l'animosité d'un poëte, qui jura de se venger; car, dit cet esprit, ce coquin a non-seulement refusé de faire une avance sur un de mes ouvrages, mais il a même renvoyé ma lettre sans y faire réponse, quoique ma naissance me rendît fort supérieur à cet usurier.

Nous quittâmes ensuite ce malheureux, en admirant également la justice & la manière de sa punition, qui, à ce que notre hôte nous dit, ne consistoit uniquement qu'à débourser de l'argent; cependant, ajouta-t-il, ne vous étonnez pas de ce qu'il en ressent tant de chagrin : car il n'est pas plus difficile de comprendre comment l'on peut débourser de l'argent à regret, que d'expliquer pourquoi l'on a tant de plaisir à amasser de l'argent dont l'on sait ne pouvoir tirer aucun profit.

D'autres conducteurs nous attendoient alors : les premiers s'étoient dépités & nous avoient abandonnés. Nous leur distribuâmes de l'argent dès leur arrivée, ce qui nous attira de grands remerciemens, & d'honnêtes offres de nous conduire par-tout.

Chacun prit un chemin particulier, attendu que nous étions obligés de faire notre cour à différentes Maladies.

Moi, je priai mon conducteur de me mener chez la Fièvre des esprits vitaux, car c'étoit cette maladie qui m'avoit délivré de ma prison (1).

Nous passâmes par plusieurs rues, nous heurtâmes à plusieurs portes, mais inutilement : tantôt on nous annonça que la Consomption y demeuroit, tantôt c'étoit la Maladie à la mode, une dame Françoise ; tantôt l'Hydropisie, tantôt l'Intempérance, tantôt les Adversités. Je me lassois de tant de visites infructueuses qui me faisoient perdre patience, & en même tems beaucoup d'argent que je donnois par forme de gratification à mon conducteur, à chaque nouvelle information. Il me déclara enfin d'un air sérieux, qu'il avoit fait tout ce qui étoit en son pouvoir, & me quitta sans s'embarrasser de ce que je deviendrois.

Bientôt j'en rencontrai un autre, qui tenoit, comme le premier, un bâton avec une poignée d'ambre : je lui fis la petite libéralité, & je lui

---

(1) Il est bon de se rappeler que c'est une ame ou un esprit qui parle toujours.

indiquai

indiquai le nom de la maladie que je cherchois. Il rêva pendant quelques minutes, & tira ensuite de sa poche un morceau de papier sur lequel il écrivit quelque chose, apparemment dans une langue orientale, car je ne pus pas le lire. Il m'ordonna ensuite de remettre ce papier dans une certaine maison qu'il me montra, en m'assurant qu'il rempliroit mes vues ; puis il me quitta dans le même instant.

Pour cette fois, je me crus dans le bon chemin ; je me rendis donc dans la maison indiquée, qui ressembloit à une apothicairerie : la personne qui sembloit y être le maître, descendit environ vingt petites fioles de liqueur, dont il versa quelques gouttes de chacune dans une autre fiole pour en faire une mixtion, qu'il me remit après y avoir collé auparavant une étiquette suscrite de trois ou quatre mots, dont le dernier composoit onze syllabes. Je lui nommai la maladie que je cherchois ; je ne reçus d'autre réponse, sinon qu'il avoit fait ce qu'on lui avoit demandé, & que ses drogues étoient excellentes.

J'eus peine à modérer mon dépit ; je quittai cette maison, de très-mauvaise humeur ; & tout en murmurant, je me disposois à retourner à l'auberge, lorsque je rencontrai un autre portier dont la bonne mine me frappa, & m'engagea à faire encore une tentative, mais toujours en lui faisant préalablement le présent accoutumé.

Dès qu'il eut entendu le nom de ma maladie, il se mit à rire de tout son cœur, en m'assurant que l'on m'avoit trompé, puisque cette maladie ne se trouvoit pas dans la ville. Il s'informa des circonstances particulières, & aussi-tôt qu'il les eut apprises, il me déclara que la Maladie à la mode étoit la femme à laquelle j'avois l'obligation de mon décès; sur quoi je lui témoignai mes remercîmens & me préparai incontinent à faire ma visite à cette obligeante dame.

La maison, ou plutôt le palais qu'elle habitoit, étoit un des plus beaux de la ville; les avenues étoient plantées de tilleuls & ornées sur les côtés de boulingrins, avec des compartimens très-agréables, mais très-petits. On me mena ensuite par une avant-cour de la même beauté, qui étoit décorée d'un grand nombre de statues & de bustes, qui, pour la plupart, étoient endommagés, d'où je conclus savamment qu'il falloit que ce fût de véritables antiques : cependant, on m'expliqua qu'au contraire ces figures représentoient de jeunes héros qui s'étoient sacrifiés pour l'honneur de cette fameuse dame.

Dans une salle spacieuse, qui conduisoit à l'escalier, il y avoit plusieurs personnes peintes en caricature; l'on répondit à ma curiosité, que c'étoit les portraits de ceux qui s'étoient distingués particulièrement dans le bas monde au service de madame. J'aurois certainement reconnu les visages de plusieurs médecins & apothicaires, s'ils n'avoient pas été si fort défigurés par le peintre. Il avoit en effet employé dans cette manière tant de méchanceté, que je me persuadai qu'il avoit été lui-même un favori de madame. Il seroit difficile de se représenter une collection de figures plus grotesques & plus plaisantes.

Je pénétrai ensuite dans une pièce ornée d'une quantité de portraits de femmes qui toutes étoient d'une physionomie si régulière, que j'aurois cru me trouver dans une galerie de beautés, si une pâleur tirant sur le jaune, ne m'eût un peu fait rabattre de cette agréable idée.

A cette pièce en succédoit une autre qui étoit ornée de portraits de femmes surannées: comme j'en fis paroître quelque surprise, un des domestiques me dit en souriant, qu'elles avoient été de bonnes amies de sa maîtresse, & qu'elles lui avoient rendu des services essentiels dans l'autre monde.

Je remarquai quelques femmes de ma connoissance, qui avoient autrefois tenu des bains publics; mais je fus fort étonné de trouver parmi elles une dame de grande qualité. J'en demandai la raison au domestique, qui ne me fit d'autre réponse, sinon que sa maîtresse avoit des connoissances de toute condition.

On me conduisit enfin à madame; c'étoit une personne maigre, d'une couleur fort blême, qui n'avoit presque point de nez, & dont le visage étoit enluminé de quelques boutons. Elle voulut se lever à mon entrée dans l'appartement, mais elle ne put se tenir debout.

Après bien des complimens réciproques, qui consistoient de sa part en félicitations sur mon arrivée, & de mon côté en témoignages de reconnoissance de sa gracieuse protection : elle me fit sur l'état de ses affaires dans le bas monde, plusieurs questions auxquelles je répondis à sa satisfaction.

Enfin, elle me dit avec un souris, j'espère que mes gouttes, mes pillules & mes dragées auront un grand débit. Je l'assurai qu'on vantoit partout les cures qu'elles avoient faites. Je ne crains rien, ajouta-t-elle, des gens qui ne sont pas de la faculté & qui n'exercent pas la médecine selon ses loix ; car quelles que soient les opinions des hommes, & tant qu'ils craindront la mort, ils aimeront toujours mieux mourir selon les règles, que de se guérir par un remède simple & domestique. Elle témoigna aussi beaucoup de satisfaction du rapport que je lui faisois de notre monde galant. Elle me raconta qu'elle avoit placé la centième partie de ses remèdes à Drury & à Chaeringeross (1), & qu'elle avoit appris avec beaucoup de plaisir, qu'ils avoient pris faveur jusqu'à Saint-James. Elle attribuoit surtout des progrès aussi rapides qu'inattendus à plusieurs de ses bons amis qui avoient publié nouvellement de beaux ouvrages, où ils s'efforçoient d'anéantir toute idée de religion, d'affranchir leurs frères de la crainte de l'enfer, & d'étouffer le germe des vertus; elle paroissoit très-sensible à l'honnêteté du savant auteur des prérogatives du célibat. Si je ne présumois pas, continua-t-elle, que cet homme est chirurgien, & que des vues d'intérêt ont dirigé sa plume, je serois embarrassée de lui exprimer toute l'étendue de ma reconnoissance.

Elle loua beaucoup la sage coutume qu'ont adoptée les pères & mères, de marier fort jeunes leurs enfans, sans consulter nullement l'inclination réciproque des parties. Elle finit enfin par me faire part de l'espérance qu'elle avoit, si cette habitude s'étendoit encore davantage, de se voir bientôt la seule maladie à laquelle les nouveaux venus d'un certain rang, feroient la cour.

---

(1) Ce sont des cantons des fauxbourgs de Londres, qu'habitent des gens du commun & la populace. L'auteur veut indiquer par-là, qu'il règne les débauches les plus crapuleuses parmi les jeunes gens de qualité.

C iij

Pendant cette conversation, ses trois filles entrèrent dans l'appartement; elles avoient des noms très-choquans; l'aînée s'appeloit Lepra, la seconde Chacras & la cadette Scorbutia; elles étoient polies & galantes mais laides: je fus surpris du peu de respect qu'elles marquoient à leur mère.

Elle le remarqua, & c'est ce qui l'engagea, dès qu'elles se furent retirées, à se plaindre que leur éducation n'avoit pas bien réussi, en ce que ces trois filles poussoient l'ingratitude jusqu'à ne vouloir pas se reconnoître pour ses enfans, quoique cependant elle eût pour toutes les trois toute la tendresse & tous les soins d'une bonne mère.

Comme les plaintes de familles sont aussi ennuyeuses à entendre, qu'elles sont agréables à raconter pour ceux qui se plaignent, & m'appercevant qu'elle étoit d'humeur à pousser ses lamentations fort loin; je résolus d'abréger ma visite, & je pris en effet congé, après lui avoir marqué ma reconnoissance de l'affection qu'elle m'avoit témoignée.

Je me rendis promptement à l'hôtellerie, où je trouvai déjà mes compagnons de voyage prêts de monter en voiture: je me hâtai donc de faire mes adieux à mon hôte, & je poursuivis ma route avec la compagnie.

CHAPITRE IV.

Contenant quelques conversations qui se sont tenues en route, avec la description du palais de la Mort.

Nous avançâmes pendant quelque tems en silence, jusqu'à ce que nous fûmes bien affermis dans nos places.

Je parlai le premier pour raconter ce qui m'étoit arrivé dans la ville depuis notre séparation; les autres en firent autant, à l'exception de la dame sérieuse qui s'étoit fait scrupule de découvrir sa maladie. Il seroit ennuyeux de répéter tout ce qui fut rapporté : je remarquai seulement que l'Intempérance avoit marqué une haine implacable contre toutes les autres maladies, & principalement contre la Fièvre. Les fourberies des conducteurs étoient cause, dit-elle, que plusieurs voyageurs témoignoient à cette dernière, des obligations qui n'étoient légitimement dues qu'à elle seule. En vérité, ajouta-t-elle d'un ton fâché, ces marauts de conducteurs ne mettent point de fin aux offenses qu'ils me font : leur cœur est perpétuellement inaccessible à la reconnoissance. Je ne trouve en eux que des ingrats insolens, tandis qu'après les Vapeurs, c'est pourtant moi, plus que toute autre maladie, qui leur donne de l'occupation. *Plus occidit gula quàm gladium*, étoit le texte sur lequel l'Intempérance avoit établi son discours, & sans cesse elle répétoit ces paroles. Tel un orateur ecclésiastique revient élégamment sur le passage latin, qui est la décoration moderne des discours évangéliques.

A peine ce récit étoit-il terminé, qu'un des nôtres nous avertit que nous approchions d'un des plus magnifiques bâtimens qui pût se voir ; notre cocher nous apprit que c'étoit le palais de la Mort.

La façade extérieure présentoit en effet un aspect superbe : l'édifice étoit d'une construction gothique, fort vaste & tout revêtu de marbre noir.

Autour de ce palais, régnoit un amphithéâtre planté d'ifs si hauts & si touffus, que le soleil ne pouvoit les pénétrer : des ombres eussent couvert cet endroit d'une nuit éternelle sans la précaution qu'on avoit eue de placer entre les arbres quantité de lampions disposés en pyramides.

L'éclat de toutes ces lumières, le brillant des dorures extérieures, qui n'avoient pas été ménagées, donnoient à ce palais un coup d'œil aussi extraordinaire que magnifique ; mais le bruit sourd que le vent excitoit en agitant les feuilles des arbres, le murmure bruyant des eaux courantes, qui se faisoit entendre dans l'éloignement, sembloient ménagés exprès pour exciter l'horreur & l'effroi.

Nous avions à peine eu le tems d'admirer toute cette ordonnance effrayante, que notre voiture s'arrêta devant l'entrée de ce palais; notre conducteur nous signifia qu'il falloit descendre pour rendre nos respects à sa majesté Meurtrière, car elle avoit adopté cet auguste titre.

L'avant-cour étoit remplie de soldats; tout l'appareil de la souveraineté étoit semblable à ce qu'on voit chez les monarques terrestres, & même encore plus recherché.

Nous traversâmes plusieurs autres cours pour parvenir à une belle galerie, qui nous conduisit à une salle où aboutissoit un escalier : au-dessous de la première marche, paroissoient en sentinelle deux pages d'une physionomie rébarbative, & d'un air très-sérieux; je fus curieux, on me répondit que les deux personnages devoient leurs fonctions à différentes entreprises hardies par lesquelles ils s'étoient jadis signalés dans le monde. Ce fut aussi les deux seuls visages épouvantables que nous rencontrâmes dans tout ce palais; autant son extérieur nous avoit paru propre à inspirer la terreur, autant l'intérieur sembloit fait pour porter à la joie & à la gaieté. Aussi perdîmes-nous bientôt toutes les idées noires & effrayantes que nous avions conçues à notre arrivée.

Il est vrai que le calme qu'on remarquoit généralement parmi les gardes & les domstiques, donnoit d'abord à penser qu'on se trouvoit à la cour d'un monarque oriental; mais, avec de l'attention, on remarquoit sur tous les visages une sérénité si parfaite, un air de contentement si réel, qu'il passoit dans le cœur de tous les assistans.

On nous conduisit par différens beaux appartemens dont les murs étoient ornés de tapisseries qui représentoient des batailles, que nous nous amusâmes à examiner quelque tems : je me rappelai pour lors de beaux morceaux que j'avois vus en ma vie à Blenheim (1), ce souvenir me fit demander où l'on trouvoit les victoires du duc de Marborough, que je ne voyois pas parmi toutes ces tapisseries.

A ma question, le squelette d'un glouton qui étoit présent, secoua la tête en me disant qu'un certain Louis XIV, qui avoit toujours vécu en bonne intelligence avec sa majesté Meurtrière, avoit demandé qu'on ne les exposât pas ; que d'ailleurs, sa majesté n'avoit pas beaucoup d'estime pour ce général Anglois, parce qu'elle n'avoit vu venir dans ses états qu'un petit nombre de ceux

---

(1) Nom de la fameuse tour qui fut construire à Londres après la bataille d'Hochstet.

qui avoient été confiés à sa conduite; pour cent nouveaux sujets qu'elle en avoit reçus, elle en avoit perdu plus de mille autres.

A notre entrée dans la salle d'audience, nous trouvâmes une assemblée nombreuse, avec la rumeur ordinaire, qui dura jusqu'à l'arrivée de sa majesté.

Parmi tous ces personnages, j'en remarquai deux qui tenoient, dans un coin de l'appartement, une conversation particulière ; l'un d'eux avoit un bonnet noir carré & l'autre portoit un manteau orné de flammes, comme un Sambénito : à cette décoration, je reconnus un inquisiteur général; l'autre me parut être un juge criminel mort depuis très-long-tems.

Je compris aisément, par ce que j'entendis de leur entretien, qu'ils se disputoient, si l'un avoit fait plus pendre d'hommes, que l'autre n'en avoit fait brûler pendant sa vie.

Tandis que j'écoutois cette dispute, qui, selon les apparences, auroit encore duré long-tems, le souverain parut & prit sa place entre deux figures dont l'une avoit une physionomie triste & farouche, tandis que l'autre se faisoit distinguer par un air noble & par un visage régulier. On me dit que c'étoit Charles XII de Suède & Alexandre de Macédoine.

Comme l'éloignement où j'étois ne me permettoit pas d'entendre leur conversation, je cherchai à satisfaire ailleurs ma curiosité, en m'informant des noms des différentes personnes qui étoient présentes & qui attiroient le plus mon attention.

Un page, d'une mine aussi pâle & aussi maigre qu'aucun page d'une cour d'Europe; mais qui étoit avec cela beaucoup plus modeste, me donna obligeamment les connoissances que je desirois.

Il me montra deux ou trois empereurs Turcs, auxquels sa majesté Meurtrière paroissoit témoigner beaucoup de faveur, ainsi qu'à plusieurs empereurs Romains, particulièrement à Caligula, à qui elle marquoit une grande reconnoissance de ce qu'il auroit voulu, comme m'en assuroit le page, envoyer à sa majesté tous les Romains d'un seul coup.

On sera peut-être étonné que je n'aie point trouvé de médecins à l'audience de sa majesté Meurtrière; & j'en fus surpris moi-même; mais on m'apprit qu'ils étoient tous partis pour la ville des Maladies, afin de consulter ensemble sur les moyens d'extirper l'immortalité de l'ame.

Il seroit aussi superflu qu'ennuyeux de citer toutes les personnes que je reconnus. Je ne ferai mention que d'une figure qui fut accueillie fort gracieusement de sa majesté. A la vue de l'habit françois magnifique dont elle étoit vêtue, je me persuadai que cette figure ne pouvoit pas être moins que Louis XIV lui-même; mais mon page m'apprit que c'étoit un certain cuisinier François à qui son art avoit doublement procuré une fortune brillante & une grande célébrité.

Nous fûmes enfin présentés à sa majesté & admis à lui baiser la main : elle voulut bien nous honorer de quelques questions que je supprime, parce qu'elles n'avoient rien d'assez important; bientôt après elle quitta l'assemblée.

Nous eûmes alors la liberté de continuer notre voyage, & nous en fûmes tous très-contens; car, malgré toute la pompe & la magnificence de cette cour, le long cérémonial que nous avions été obligés d'essuyer, avoit été si désagréable, que nous quittâmes ce séjour avec bien du plaisir.

CHAPITRE V.

La compagnie continue son voyage, & rencontre différens esprits qui retournent dans le bas monde pour reprendre de nouveaux corps.

Nous arrivâmes bientôt au rivage du fameux fleuve Cocyte; nous quittâmes notre voiture pour le passer dans une barque, après quoi nous fûmes obligés de marcher à pied une journée entière. Nous trouvâmes sur cette route différens voyageurs qui reprenoient le chemin du monde que nous avions quitté, & qui nous apprirent qu'ils étoient des ames destinées pour de certains corps.

Les deux premiers que nous rencontrâmes, se tenoient amicalement par la main, & s'entretenoient familièrement; de ces deux ames, à ce qu'elles nous dirent, l'une devoit animer un duc, & l'autre un loueur de carrosses.

Comme nous n'étions pas encore arrivés à l'endroit où nous devions nous dépouiller de toutes nos anciennes passions, cette familiarité nous parut fort étrange, & notre compagne de voyage si sérieuse, ne put s'empêcher de témoigner sa surprise de ce que des personnes d'un rang si différent, agissoient avec autant de familiarité. Le cocher qui les conduisoit se mit à rire, & répondit en badinant qu'ils avoient été l'un & l'autre contraints de changer d'état, parce que le duc avoit entretenu une femme qui avoit tiré vanité de partager les revenus d'un duché, & que l'autre avoit vécu avec une fille sans être marié.

Après avoir avancé plus loin, nous apperçûmes un magnifique esprit qui marchoit tout seul avec beaucoup de fierté: notre curiosité nous porta, malgré qu'il ne parût pas disposé à s'entretenir avec nous, de savoir de lui-même quelle étoit sa destination. Il nous répondit en souriant qu'il auroit la réputation d'un homme sage avec cent mille livres sterling dans sa bourse : je m'exerce d'avance, dit-il, à prendre l'air de décence qui sera nécessaire à mon rôle.

A peu de distance de ce sage futur, nous vîmes une compagnie d'esprits fort gais. Nous jugeâmes par leur allégresse que le plus heureux sort leur étoit échu; mais à nos informations, nous eûmes pour réponse qe'ils seroient tous mendians.

Plus nous avancions, plus nous trouvions de de ces esprits : enfin nous arrivâmes à un endroit où aboutissoient deux grands chemins dans une direction opposée & qui étoient fort différens; l'un ne traversoit que des rochers & passoit sur un terrein marécageux, qui étoit par-tout rempli d'épines, de sorte qu'il étoit impossible de s'y tenir sans courir du danger & sans essuyer beaucoup de fatigue. L'autre étoit le plus agréable qu'on puisse se représenter; il traversoit de belles prairies vertes & émaillées de fleurs qui exhaloient l'odeur la plus gracieuse; en un mot, l'imagination la plus vive & la plus riante auroit peine à tracer un chemin qui fût plus agréable.

Nous apperçûmes néanmoins à notre grand étonnement, que la plus grande partie des voyageurs, tâchoit de pénétrer par l'autre, & que seulement quelques esprits choisissoient le dernier.

On nous dit que le mauvais chemin menoit à la grandeur, & que la route commode & douce conduisoit à la bonté.

Sur ce que nous faisions paroître notre surprise de ce qu'il y avoit tant de monde qui choisissoit le chemin le plus rude, on nous dit que la musique, le son des trompettes & des timbales, les acclamations flatteuses du peuple qui honoroient les premiers, engageoient beaucoup de monde à tenter de le prendre. Nous apprîmes en même tems qu'on y trouvoit plusieurs beaux palais qui servoient à recevoir ceux qui avoient surmonté les difficultés sous lesquelles plusieurs succomboient ; qu'on y trouvoit aussi une profusion de choses précieuses, & de richesses dont les voyageurs pouvoient user à leur volonté.

Au contraire, on ne trouvoit d'autres attraits à l'autre chemin, que les agrémens de la situation : sur toute la route il n'y avoit que de chétifs bâtimens, excepté pourtant un seul, qu'on pourroit comparer à une certaine maison de Bath. Enfin on ne paroissoit faire si peu de cas de ce chemin, que parce qu'en suivant l'autre route, on étoit sûr d'acquérir de la gloire, & de s'attirer les louanges de la multitude.

Dans ce moment, nous entendîmes un grand bruit qui nous fit tourner la tête ; nous apperçûmes une foule d'esprits qui en poursuivoient un autre,

autre, & qui s'acharnoient à lui faire toute sorte d'outrages.

Je ne peux donner une idée plus exacte de ce spectacle, qu'en le comparant à celui que présente une affluence de populace suivant les comptables qui conduisent un filou en prison, ou bien encore à la scène qui arrive lorsque notre parterre tient à sa discrétion un poëte dont il vient de huer les productions.

Les uns lui rioient au nez, les autres faisoient retentir à ses oreilles le son aigu d'un sifflet, d'autres l'apostrophoient malignement, le tirailloient par la manche, crachoient sur ses habits, ou les couvroient de boue.

Il nous fut impossible d'être témoins de ces huées, sans nous informer de ce qui les occasionnoit; mais, ô surprise inouie! on nous dit que cet esprit, qui essuyoit tant d'avanies, étoit destiné à monter sur un trône dans le bas monde. On ajouta que c'étoit la conduite ordinaire des autres esprits, autant de fois que le lot d'un empire, d'un royaume ou d'une principauté, tomboit à quelqu'un d'entr'eux, non par envie ou par dépit, mais uniquement par mépris pour les grandeurs terrestres.

On nous dit encore qu'il arrivoit très-souvent par cette raison que ceux à qui le sort accordoit cette brillante faveur, en faisoient l'échange avec le lot d'un tailleur ou d'un cordonnier; qu'Alexan-

D

dre le Grand & Diogène avoient fait ce troc ensemble, & que celui qui avoit été jadis Diogène, le destin l'avoit primitivement honoré du sort d'Alexandre qu'il avoit rejeté.

Cependant la risée cessa subitement, & l'esprit royal, qui étoit parvenu à faire faire un instant de silence, se mit à haranguer les railleurs à peu-près en ces termes :

» Messieurs,

» Je suis très-surpris que vous me traitiez avec
» tant de rigueur, puisque le trône qui m'est échu
» n'est pas de mon choix : si ce lot mérite votre
» indignation, il seroit beaucoup plus raisonnable
» de me plaindre, moi, de ce qu'il m'est échu,
» & de vous féliciter, chacun en particulier, de
» ce que vous avez eu le bonheur de l'éviter.

» Je sais combien on méprise ici un sceptre &
» un empire ; je conviens volontiers que si la
» gloire ne soutient pas un souverain sur son
» trône, son sort est le plus vil qu'il y ait. Je sens
» qu'il n'est point d'état plus misérable dans le
» monde où je me rends, que d'être continuelle-
» ment obsédé par des inquiétudes personnelles,
» d'avoir la conscience bourrelée, de se sentir le
» cœur déchiré par le spectacle des peines & des
» tourmens d'un peuple à qui l'on a promis la
» justice, & que l'on a juré de rendre heureux.

» Aussi je n'imaginerai jamais que le lot d'une
» couronne m'élève au-dessus de vous, & que
» par-là je deviendrai un être d'un limon plus
» exquis que celui qui forme les autres créatures
» comme moi.

» Serois-je donc assez insensé pour croire être
» sage sans sagesse, raisonnable sans raison, vail-
» lant sans courage, & enfin sans vertu & sans
» bonté, être meilleur que le plus vertueux des
» hommes? Assurément un orgueil si absurde me
» rendroit aussi ridicule que méprisable; à dieu
» ne plaise que jamais il ait accès dans mon
» cœur.

» Cependant, Messieurs, je ne peux m'empê-
» cher de faire un très-grand cas du lot qui m'est
» échu; je l'estime même à un tel point, que je
» ne le changerois pas contre aucun des vôtres:
» l'ambition que je vous avoue ressentir, jette
» sur mon sort un vernis si agréable, que je ne
» vois rien qui mérite la préférence.

» Cette ambition qui m'enflame est en même
» tems un noble aiguillon qui m'excite à faire de
» grandes actions, & elle me promet plus de
» véritable gloire que vous n'aurez jamais occa-
» sion d'en acquérir.

» L'élévation dont je me glorifie, Messieurs,
» & qui me rend infiniment supérieur à vous
» tous, c'est le pouvoir de faire du bien, c'est la

» volonté que j'ai d'en faire un usage fréquent &
» réfléchi. Ce qu'un père est à l'égard de ses
» enfans, un tuteur à l'égard d'un orphelin, un
» homme puissant envers un indigent; c'est ce
» que je suis à votre égard : vous êtes mes enfans;
» je veux me comporter envers vous comme un
» tuteur & un protecteur. Tant que durera mon
» règne, que je sais devoir être long, je n'irai
» jamais prendre de repos à la fin du jour, que
» je ne puisse m'arrêter sur l'idée glorieuse & con-
» solante que plusieurs milliers d'ames me sont
» redevables du doux sommeil qu'elles goûtent
» pendant la nuit. Y a-t-il un bonheur égal à
» celui qui se dit à lui-même : je veux faire du
» bien, j'en ai des occasions fréquentes, je n'en
» laisse échapper aucune?

» Avec de pareils sentimens, un homme sur
» le trône n'est-il pas semblable à un de ces astres
» brillans dont l'éclat se répand d'autant plus
» loin, qu'il est plus élevé; la gloire est le fruit
» de ses actions, & cette gloire n'est mêlée ni de
» flatterie, ni de dérision; elle est pure, sans
» tache, telle enfin qu'une ame délicate la peut
» desirer.

» Lorsque votre bien-être dépendra de moi,
» & que vous devrez à mon amour pour la jus-
» tice, la sûreté de vos personnes, & la solidité
» de vos fortunes; lorsque ma vigilance, mon

» courage veilleront continuellement sur vous,
» pour vous garantir de vos ennemis, & pour
» repousser toute force étrangère; lorsque les
» encouragemens vivifieront l'industrie; lorsque
» les récompenses iront chercher le mérite jus-
» ques dans l'obscurité où il s'enveloppe quand il
» est réel; lorsque mes largesses s'attacheront à
» faire fleurir les arts & les sciences utiles, qui
» répandent tant d'agrémens sur la vie, quel est
» celui d'entre vous qui sera assez insensible &
» assez ingrat pour me refuser du respect, & pour
» me dénier des louanges?

» Que les personnes de mon rang soient expo-
» sées à la censure, je n'en suis point surpris;
» mais je gémis de voir qu'elles la méritent si
» souvent.

» Quelle corruption dans la nature humaine!
» Quel malheureux penchant domine donc l'in-
» clination de celui qui préfère inconsidérément
» le danger, la honte & les remords qui pour-
» suivent les mauvais princes, à la sûreté, à
» l'honneur & à la satisfaction délicieuse qui
» accompagnent par tout ceux qui font le bien?

» Soyez assurés, Messieurs, que ce tableau est
» trop présent à ma mémoire, pour en perdre
» jamais le souvenir. Eh! comment pourrois-je
» cesser de perdre de vue l'honneur & la félicité
» de mon peuple? Je suis assuré que c'est l'unique

D iij

» moyen de mériter sa fidélité & d'enchaîner son
» cœur » ?

Après cette harangue, qu'il accompagnoit de cette vive déclamation qui part d'un cœur pénétré, le nouveau monarque se rendit sur le chemin de la bonté, & tous les spectateurs témoignèrent leur satisfaction, par des applaudissemens, & par les plus vives acclamations de joie.

Il n'étoit pas encore fort avancé dans cette route, lorsqu'un autre esprit courut après lui, en jurant qu'il vouloit absolument l'en retirer.

J'étois curieux de savoir ce que c'étoit que cet esprit; je le demandai, on m'apprit que cet esprit venoit d'avoir le lot de premier ministre de ce souverain; alors je ne fus plus étonné.

CHAPITRE VI.

Description de la roue de fortune, avec la manière de préparer les esprits au séjour du globe terraqué.

Nous continuâmes notre voyage, sans nous arrêter plus long-tems, & sans nous inquiéter si ce fervent novice dans la souveraineté, tiendroit parole ou non.

Il ne nous arriva rien de remarquable, jusqu'à

ce que nous fussions arrivés à l'endroit où les esprits destinés à retourner dans le bas-monde, étoient obligés d'y attendre leur destin.

Nous remarquâmes une roue d'une grandeur prodigieuse, & beaucoup plus considérable que celles dont on a coutume de se servir dans les loteries. On nous dit que c'étoit la roue de la Fortune, & la déesse elle-même étoit présente. Elle me parut une des femmes les plus difformes que j'eusse jamais vues. Je fis attention que la mauvaise humeur se peignoit sur son visage, chaque fois qu'il se présentoit un joli esprit de son sexe, & qu'elle prenoit au contraire un air riant, lorsqu'un esprit mâle & bien fait s'approchoit d'elle.

Cette observation m'expliqua naturellement la vérité de la remarque que j'avois souvent faite, qu'il n'y avoit rien de plus heureux qu'un homme bien fait, & rien de plus malheureux qu'une belle femme.

Certainement mes lecteurs verront, avec quelque plaisir, de quelle manière on essaie les esprits qui sont destinés à prendre un corps.

Premièrement chaque esprit reçoit d'un homme parfaitement sage, dont la demeure ressemble à une apothicairerie, une petite fiole avec l'étiquette suivante : *Boisson pathétique pour prendre immédiatement avant sa naissance.* Ce breuvage est une mixtion de toutes les passions; mais non pas dans une proportion exacte; de sorte qu'elle contient tantôt une plus forte, tantôt une plus foible dose de telle ou telle passion; & souvent, en la préparant à la hâte, on oublie l'ingrédient qui est le plus nécessaire.

L'esprit reçoit en même tems une autre liqueur, sous le nom de décoction provoquant le dégoût, pour prendre à volonté. Cette décoction est un extrait de toutes les inclinations du cœur, quelquefois très-forte & très-ardente, d'autres fois très-foible suivant sa préparation, dans laquelle il entre toujours de la négligence.

Cet extrait est si amer & si désagréable, que plusieurs esprits, malgré sa grande salubrité, ne peuvent se résoudre à en prendre seulement une goutte, & la versent ou la donnent au premier qui en a envie; ceux même que le mauvais goût ne rebute pas, en reçoivent une double ou triple dose.

Je vis une jeune & belle dame en goûter d'abord par curiosité, ensuite faire une mine chagrine, jeter la liqueur loin d'elle. Arrivée à la roue de fortune, il lui échut une couronne qu'elle mit aussitôt avec beaucoup de joie. Plusieurs personnes de son sexe ayant aussi goûté un peu de la liqueur amère dont on vient de parler, la rejetoient aussitôt.

Après que chaque esprit a reçu la potion de l'apothicaire, il a la liberté de s'approcher de la roue de fortune, & de tirer son lot ; mais ceux que le destin veut favoriser, obtiennent la permission de tirer en secret trois ou quatre billets.

Un esprit plaisant & gai tira un jour une poignée entière de billets ; il les ouvrit & y trouva évêque, général, conseiller privé, comédien, poëte couronné ; il rejeta aussitôt les trois premiers lots & s'en alla très-content avec les deux autres.

Chaque billet contient deux ou plusieurs inscriptions qui sont ordinairement disposées de manière que les lots deviennent égaux autant qu'il est possible ; par exemple :

Un billet, ou lot portoit....
- Comte,
- Richesse,
- Santé,
- Inquiétude.

Un autre........
- Fripier,
- Maladif,
- Esprit content.

Un troisième.....
- Poëte,
- Mépris,
- Contentement de soi-même.

Un quatrième.....
- Général,
- Honneur,
- Mécontentement.

Un cinquième.... { Berger,
Amours heureux.

Un sixième..... { Riche financier,
Carrosse à six chevaux,
Mari impuissant, jaloux &
déshonoré.

Un septième..... { Premier ministre,
Flaterie,
Injustice,
Disgrace.

Un huitième,..... { Républicain,
Patriote,
Bravoure,
Gloire.

Un neuvième..... { Philosophe,
Pauvreté,
Sagesse & satisfaction.

Un dixième enfin.. { Négociant,
Richesse,
Soucis.

De cette manière, tous ces lots étoient tellement mélangés de bon & de mauvais, que le choix étoit très-embarrassant.

Je dois rapporter encore que sur chaque lot étoit marqué si l'on devoit se marier ou non : la marque indicative du mariage étoit une tête de cerf.

Avant de quitter cet endroit, nous fûmes obligés de prendre chez l'apothicaire une potion qui nous purifia de toutes les passions terrestres dont notre ame étoit encore enveloppée. Soudain la vapeur grossière qu'elles formoient, se dissipa devant nous, ainsi que Virgile fait dissiper aux yeux d'Enée, le nuage dans lequel Vénus l'avoit enlevé. Nous vîmes tout alors dans un bien plus grand jour qu'auparavant.

Nous commençâmes à jeter un œil de compassion sur les esprits que le sort appeloit à prendre une nouvelle prison sur terre, & dont naguère nous avions envié secrètement le bonheur. Tous nos desirs s'élançoient ardemment vers les plaines agréables qui frappoient alors nos regards ; & notre empressement pour les atteindre, quelque vif qu'il fût, étoit encore trop lent pour notre impatience. Nous rencontrâmes encore quelques esprits qui paroissoient être très-tristes ; mais notre ardeur ne nous permit pas de leur faire des questions.

Enfin nous parvînmes à la porte des Champs-Elisées, où nous trouvâmes une quantité d'esprits qui sollicitoient pour y être introduits. On ouvroit à quelques-uns ; le plus grand nombre étoit renvoyé ; car chacun étoit contraint de subir un examen rigoureux de la part du portier, qui a été ci-devant le fameux Minos.

CHAPITRE VII.

Conduite du juge Minos à la porte des Champs-Élisées.

LE hasard me plaça assez près de la porte, pour pouvoir entendre distinctement tout ce qu'alléguoient les différens esprits, dans la vue d'être admis.

Le premier qui se présenta, cita plusieurs bonnes œuvres, & en particulier se loua beaucoup d'avoir été charitable envers un certain hôpital. C'est une hypocrisie fanfaronne, répondit Minos, & il le renvoya.

Celui qui suivoit, rapporta qu'il avoit fréquemment visité les églises, qu'il avoit strictement célébré toutes les fêtes, & qu'il n'avoit jamais manqué de reprendre les hommes des défauts qu'il avoit apperçus en eux ; qu'à son égard il ne craignoit pas qu'on lui reprochât ni ivrognerie, ni passion pour le beau sexe ; qu'il avoit même deshérité son fils, parce qu'il l'avoit fait grand-père sans être marié. Quoi ! réellement, répliqua Minos, vous avez été capable de tant de sévérité ? En ce cas retournez dans le monde pour avoir plus de tendresse pour vos enfans ; il n'est pas permis ici d'être dénaturé.

Une douzaine d'autres esprits, qui s'étoient approchés avec beaucoup de confiance, furent effrayés de voir ce dernier éconduit, & prirent d'eux-mêmes le chemin de l'autre monde. Si ce saint, disoient-ils, est exclus de l'Élisée, comment oserions-nous espérer d'y entrer ?

Tel étoit le sort de ceux que Minos jugeoit indignes de passer, qu'ils étoient obligés de retourner dans le monde pour s'y purifier. A l'égard de ceux qui étoient coupables de crimes très-graves, c'est-à-dire, contre la nature, comme meurtres, vols, parricides, &c. ils étoient aussitôt jetés par une porte différente, & précipités dans un gouffre profond.

Arrive un nouvel esprit qui déclare à Minos, qu'il n'a fait ni bien ni mal, ayant employé toute sa vie à ramasser beaucoup de raretés, & s'étant principalement appliqué à l'étude des papillons, dont il avoit possédé une très-rare collection.

Minos ne daigna pas lui répondre, & le renvoya avec un geste de mépris.

A cet esprit en succéda un autre très-joli, dont la démarche aisée & le souris gracieux annonçoient le sexe. Cette personne se présenta d'un air de confiance, en disant qu'elle espéroit mériter quelques égards par la résistance qu'elle avoit faite à un grand nombre d'amans, & par la gloire qu'elle avoit eue de mourir pucelle.

Vous n'avez point encore rebuté assez d'amans, lui répondit Minos d'un ton sérieux, retournez d'où vous venez.

Un autre esprit arrive en criant orgueilleusement: monseigneur, je me flatte que mes œuvres parlent pour moi. Quelles œuvres, reprend Minos? mes drames, répliqua le poëte; ils ont tant fait de bien par les éloges que j'ai donnés à la vertu & par la censure que j'ai faite des vices! En ce cas, repart Minos, vous ferez bien de rester ici jusqu'à ce qu'il y vienne quelqu'un que vos drames aient conduit dans le sentier de la vertu, ou qu'ils aient retiré de l'abîme du vice; alors vous entrerez en même tems que lui. Cependant, ajouta le juge, si vous voulez suivre mon conseil, & ne pas perdre de tems; le meilleur parti pour vous, est de vous en retourner promptement dans l'autre vie.

A ce propos, le barde murmura & répliqua qu'indépendamment de ses travaux poëtiques, il étoit encore auteur de plusieurs bonnes œuvres: par exemple, dit-il, j'ai un jour prêté tout le gain d'une représentation à un de mes amis, & ce secours lui a sauvé la vie, ainsi qu'à sa famille.

Il avoit à peine achevé de parler, que Minos fit ouvrir la porte, & dit poliment au poëte, que s'il avoit d'abord annoncé cette action généreuse, il eût été superflu de parler de ses drames.

Monseigneur, reprit encore le nourrisson des muses, si vous vouliez vous donner la peine de lire mes ouvrages, je me persuade, sans vanité, que vous en feriez quelque cas. Minos, sans parler, lui tourna le dos & s'adressa à un nouvel esprit qui arrivoit.

C'étoit un homme de belle taille, qui d'abord fit une profonde inclination devant Minos; il se redressa aussi-tôt en portant le pied droit en avant, jetant le pied gauche sur le côté, & en s'efforçant de se donner cette grace, que poursuivent ceux qui prennent du tabac.

Qu'avez-vous à dire à votre avantage, demanda le fils de Jupiter.

Rien, répondit le révérencieux esprit, sinon que je desirerois vivement de danser un menuet avec une habitante de l'Élisée, pour vous donner une preuve de mon savoir; je peux même assurer votre grandeur que j'ai si fort excellé dans tous les exercices du corps, qu'il n'y a personne qui puisse me disputer le titre d'homme agréable & du bon ton.

Minos lui dit qu'il seroit fâché de priver le monde d'un monsieur aussi utile & le pria en même tems de reprendre le chemin qui l'avoit amené.

Le joli esprit fit une profonde révérence, débita fort posément un petit discours de remercîmens, finit par assurer qu'il ne demandoit pas mieux que de regagner l'autre monde, & disparut en faisant une pirouette.

Nous fûmes tous surpris de cette résolution; mais on nous rapporta qu'il n'avoit pas pris de purgatif chez l'apothicaire dont il a été parlé.

Ensuite s'approcha en rampant un vieux esprit dont le menton couvert d'une barbe blanche très-longue, la tête pelée, les pieds nuds, joint à un habillement aussi grossier que grotesque, annonçoient un vénérable disciple de S. F.

Il fit en nazonnant un long discours sur la vie réglée qu'il avoit menée, sur les macérations qu'il avoit fait éprouver à son corps, & enfin sur grand nombre de consolations & d'encouragemens qu'il avoit donnés à des moribonds, pour les déterminer à passer tranquillement dans l'autre vie.

Est-ce là tout le bien que vous avez fait, lui demanda Minos ? Non, monseigneur, répliqua-t-il ; j'ai fait du bien à ma communauté tant que j'ai pu. Un jour un agonisant que j'exhortois, connoissant ma pauvreté, me fit présent de son porte-feuille, qui valoit environ cinq mille livres sterling ; parce que, me dit-il, son fils étoit un dissipateur qui eût employé cet argent en débauches.

Je reçus humblement ce don ; & pour entrer dans les vues de mon bienfaiteur, je distribuai ses bienfaits dans ma famille, que j'élevai par
ce

ce moyen fort au-dessus de la bassesse où elle étoit: dix années après, le fils du donateur mourut de misère à l'hôpital. Hélas! mes quarante mille écus l'eussent fait mourir six ans plutôt.

Voilà je crois, monseigneur, une assez belle action pour mériter d'être admis......

Qu'on arrête ce misérable! s'écria le juge des enfers....; qu'il retourne dans le monde; que quarante années passées dans son ancien état, lui fassent expier les crimes de sa première vie.

Minos se retourna en même tems du côté d'un esprit qui se faisoit faire place avec grand bruit, & qui la tête haute, & le regard dédaigneux, s'avança jusqu'au trône; en disant qu'il étoit duc, que son crédit, ses richesses & la faveur dont il jouissoit.... Retournez à toutes ces belles choses, reprit Minos, en l'interrompant, l'inquiétude de les perdre est un tourment pour les gens comme vous; vous êtes trop puissant pour rester ici.

Au même instant, il porte ses regards sur un autre esprit qui le prioit en tremblant & d'un air consterné, de ne pas le jeter dans l'abîme. Monseigneur! crioit-il, considérez que si j'ai commis un crime, j'en ai subi la peine.

J'ai toujours soutenu par mon travail, mon père, que l'âge & les infirmités accabloient doublement; je me suis conduit en bon mari & en bon père, jusqu'à ce que l'amitié me porta à me rendre

E

caution d'un homme dont la fortune fondit en peu de tems; je tombai moi-même dans la plus affreuse indigence; enfin, pour me nourrir moi & ma famille, je volai dix-huit pences & je fus pendu.

A peine cette harangue étoit-elle finie, que la porte s'ouvrit.

Minos le fit entrer, & même lui donna en passant un petit coup sur la joue, comme pour lui marquer son affection.

Parut alors une troupe d'esprits qui déclarèrent qu'ils avoient tous les mêmes raisons à dire, & que leur conducteur parleroit pour eux.

Nous avons tous été tués, dit-il en effet, comme de braves guerriers pour le service de notre patrie.

Minos, à ces mots, parut disposé à les recevoir; mais il demanda qui avoit été l'auteur de la guerre; qu'il falloit préparer pour lui l'entrée de la porte de l'abîme. Nous avons attaqué, nous nous sommes battus, répliqua l'orateur de la troupe; nous avons envahi les états de l'ennemi; nous y avons pillé & brûlé plusieurs villes. Et qui est-ce qui vous a porté à ces grandes actions, demanda Minos?

L'ordre de celui qui nous payoit, répliqua-t-il; un soldat ne connoît pas d'autres principes: nous exécutons ce qui nous est ordonné, autrement nous serions le mépris de l'armée, & nous ne mériterions pas notre solde. Vous êtes en effet de braves gens, reprit le juge infernal; mais obéissez maintenant à mes ordres, & retournez-vous-en dans l'autre monde; que feroient ici d'aussi braves gens? Il n'y a point de villes à piller ni à brûler. Suivez un peu plus à l'avenir la vérité dans vos paroles, & n'appelez point la dévastation des autres états, service de votre patrie.

Comment, répliqua le conducteur en colère, vous m'accusez de dire un mensonge? En même tems il s'efforçoit d'entrer; mais la garde de Minos le repoussa aussitôt, & ces hommes courageux prirent promptement la fuite dans l'autre monde.

Quatre esprits représentèrent ensuite qu'ils étoient morts dans l'indigence, de faim & de froid, savoir le père, la mère & deux enfans, qu'ils avoient mené toujours une vie réglée, honnête & fort laborieuse, mais que les maladies les avoient mis hors d'état de travailler. Tout cela est vrai, s'écria un respectable esprit; je sais les circonstances de leur vie, ces pauvres gens étoient de ma paroisse. Vous êtes apparemment un curé, lui dit Minos, & sans doute vous étiez à votre aise? Pas tout-à-fait dans les commencemens; j'étois dans une honnête aisance, répondit l'esprit, mais j'obtins bientôt après une cure très-considérable.

E ij

Cela est bien, dit Minos, laissez passer ces pauvres gens.

A ce propos, le curé se mit avec confiance à leur tête, comme pour les conduire. Arrête, s'écria Minos, en le tirant par la manche; doucement, monsieur le docteur, il faut que vous fassiez encore un petit tour dans le monde; on ne laisse point entrer ici d'homme qui ait vu sans pitié mourir d'autres hommes.

On vit alors une figure distinguée, qui, se présentant à Minos comme un excellent patriote, commença par débiter un beau discours qui rouloit sur ces deux points importans; l'amour du bien public & la liberté de la patrie.

Minos témoigna beaucoup d'estime à notre orateur, & en même tems ordonna d'ouvrir la porte.

Le patriote, non content de cette faveur & tourmenté par la démangeaison de discourir, ajouta qu'ayant exercé un emploi, il s'étoit conduit en honnête homme; car, comme il avoit été obligé d'entrer dans les vues de la cour, il avoit profité de cette circonstance pour avoir soin de ses amis, & pour leur procurer des places.

Attendez un instant, monsieur le patriote, reprit Minos; je fais réflexion que ce seroit un deuil trop douloureux pour votre patrie, que de perdre un homme aussi adroit & aussi zélé que vous; ainsi je vous conseille d'y retourner. Je me persuade que vous ne vous en defendrez pas, & que vous serez très-empressé d'immoler votre propre félicité au bien public.

Le patriote souriant, prit ce propos pour une raillerie, & voulut entrer; mais le juge le retint, & persista dans son arrêt. Et comme le patriote continuoit toujours à refuser d'obéir, la garde le fit retourner par force.

Ensuite parut un esprit, pour lequel la porte s'ouvrit, avant qu'il eût dit un seul mot. J'entendis que chacun se disoit à l'oreille : c'est notre défunt lord Mayor.

Comme nous étions sur le point de paroître devant Minos, nous fûmes devancés par une belle dame, dont la démarche majestueuse attiroit les regards de tous les assistans qui se rangeoient pour lui faire place. Nous-mêmes, frappés par le coup d'œil fier que lançoit de part & d'autre cette femme, que nous prenions au moins pour une princesse, nous nous serrâmes autant qu'il fut possible, crainte de la gêner dans son passage; & par forme de remerciment, elle nous honora d'une inclination de tête, qu'elle nous lança rapidement par-dessus son épaule, avec un regard de protection.

Je m'empressai de suivre notre princesse pour entendre sa harangue, imaginant qu'il devoit y être question du sort d'un peuple nombreux, & de quelque vaste empire.

Eh bien! madame, lui dit Minos, sans attendre la fin de la révérence qu'elle faisoit lentement, qui êtes-vous, quelle est votre vie?

Monseigneur! reprit-elle, je m'appelle Nollitets. Je reçus avec la vie quelques attraits & un caractère élevé. Melpomène & Terpsichore me douèrent aussi de quelques-uns de leurs talens; mais mon goût pour la volupté & mon zèle à la rechercher, firent ma passion dominante.

Mes parens me voyant d'aussi heureuses dispositions, me firent entrer à l'âge de huit ans, dans une troupe de comédiens de province, qui jouoient des tragédies françaises dans des jeux de paume. Mon enfance fut de très-courte durée; mais je ne me souviens pas bien à quel âge elle cessa, ni quel fut celui qui m'enleva mon innocence. Ce qui est certain, c'est que comme ma mère & mon beau-père, car pour mon véritable père, je ne le connus jamais, ne savoient exactement que végéter dans l'oisiveté; je pouvois à peine suffire à leur entretien & au mien, quelque multipliés que fussent mes talens, & quelque fréquent usage que j'en fisse. Hélas! si mes travaux redoublés les mettoient à l'abri de la misère, je ne pus les garantir des atteintes mortelles d'une ennemie plus cruelle, qui les persécutoit depuis long-tems.

Ils rendirent l'esprit entre mes bras, à peu de mois de distance l'un de l'autre, & l'on m'apprit qu'ils étoient morts comme notre grand François Premier. Je voulus prendre des informations sur cette maladie qui m'étoit alors inconnue. On me fit son histoire; je reconnus que c'étoit la plus terrible que pût redouter une prêtresse de Vénus dont j'avois adopté le rôle.

La vivacité de mes regrets me fit répandre en malédictions sur le voyage de Colomb, sur la découverte de l'Amérique; & ce fut-là le tribut que je payai à la mort de ma mère.

J'étois maîtresse de mon sort; j'avois dix-huit ans; je manquois de fortune, mais non pas d'agrémens. Une vieille comédienne eut la bonté de me conseiller de me rendre à Paris, dès que mon engagement seroit expiré, & elle s'offrit même de m'y servir de mère. Sa proposition fut acceptée; nous arrivons, & deux jours après je fus honorée de la visite d'un duc, qui, sans m'avoir vue qu'un instant, jura qu'il m'aimoit passionnément, & que j'étois faite pour être adorée.

Je fus logée convenablement, & je débutai sur le théâtre de cette capitale avec un succès brillant. J'eus cependant besoin de tout le crédit de mon duc pour me soutenir contre la cabale de mes confrères, & contre l'intrigue de leurs femmes qui ne portoient pas moins envie à mes petits appas, qu'aux talens de toute espèce dont on disoit que j'étois douée. A la satisfaction du public, & pour l'honneur de la scène, je fus admise au rang fortuné d'actrice, malgré les sifflets de la coulisse, & malgré les anecdotes secrètes que la calomnie répandoit au foyer.

Mon caractère majestueux, mes talens éminens, & la faveur de mon amant m'eurent bientôt portée au premier rang. Comme chargée des rôles de princesse au théâtre, je devins aussi la souveraine à l'assemblée de ma troupe. Ma voix avoit la prépondérance, & ma volonté dirigeoit tout.

Mon antichambre étoit continuellement remplie de jeunes poëtes qui vouloient se faire jouer, & d'anciens, qui demandoient à être repris; mais à parler vrai, je les jouois les uns & les autres. Je ne sortois des bras de Melpomène, que pour me jeter dans ceux de l'amour; je ne me conduisois que par les conseils d'un jeune colonel que j'avois donné au duc pour adjoint, & qui joignoit les forces d'Hercule à tout l'esprit d'Apollon. Ah! monseigneur, il ne m'est pas possible de vous exprimer le nombre, de vous peindre la douceur des momens délicieux que j'ai passés avec mon colonel! O sort barbare! la gloire l'avoit obligé de me quitter pour faire une campagne à la tête de son corps: Mars sacrifia cette victime que je destinois à Vénus.

Dans le premier mouvement de la douleur accablante que me causa cette mort, je jurai de me retirer à la campagne, pour y finir mes jours dans les regrets. Mais dès le lendemain cette résolution s'évanouit. Je sentis que mon cœur n'étoit pas fait pour avoir du fiel contre l'amour. Je me preffai donc de chercher de nouvelles consolations. Parmi la foule qui se présentoit, je choisis trois jeunes gens de famille pour servir de vicaires à mon duc. L'un étoit mousquetaire, âgé de dix-huit ans; le second plus mûr, étoit destiné à une grande charge de magistrature; & le troisième, homme fait, étoit déjà pourvu de la survivance & de l'exercice d'un riche financier. Ce fut un trait de modestie, autant que de discernement, de me borner à trois amis; car plus d'une de mes semblables en avoit jusqu'à six, & trouvoit encore bien du vide dans ses momens. Mon choix toujours dirigé par la réflexion, ne m'exposa jamais à de pareils inconvéniens.

Il seroit trop long, monseigneur, de vous faire l'histoire de toutes les affaires que j'eus avec différens personnages qui se succédoient annuellement par terne, & quelquefois même par sonnez. Mon duc m'abandonna : son successeur fit ma fortune; & dès-lors n'ayant plus à craindre de revers, je me plongeai tout-à-fait dans le torrent des plaisirs. Je ne dois pas vous cacher que j'eus souvent des reproches amers à essuyer de la part de quelques jeunes gens qui m'accusoient de trop ressembler à ma mère. Quoi qu'il en soit, moitié par raison, moitié par complaisance pour le gente masculin, je pris la résolution d'extirper la racine d'une maladie si funeste à mes goûts. Hélas! je ne fus pas heureuse avec mes médecins.

Un jour que dans un rôle de princesse, j'avois mis tout l'emportement, & toutes les fureurs d'une amante jalouse & délaissée, je tombai en foiblesse, & dès ce moment je restai dans un état de débilité qui me permettoit à peine l'usage de mes facultés corporelles, & auquel tout l'art de la médecine ne put rien changer. Ma santé resta languissante; mais mes talens devenoient d'autant plus agréables au public, qu'il les voyoit plus rarement. Je ne me montrois plus, que la salle ne retentît d'acclamations & d'applaudissemens, avant que j'eusse parlé.

Enfin, un jour qu'à une répétition je rendois mal le rôle d'une reine désespérée de la perte de son fils, l'auteur de la pièce eut l'insolence de me faire des menaces, qu'il n'auroit dû faire qu'à des valets de théâtre. Il avoit cependant bien tort; car j'étois si pénétrée de mon rôle, qu'imaginant être la souveraine que je représentois, mon indignation s'alluma par ses propos indécens, & je lui appliquai un soufflet. Aussitôt il tire son épée, mais je m'enfuis, & je me sauvai dans les détours des coulisses. La frayeur que me causa cette scène, occasionna chez moi une telle révolution, que la fièvre se joignant aux maux anciens qui me rongeoient sourdement, je succombai en huit jours ; & c'est, monseigneur, ce qui me procure l'honneur de vous faire ma révérence. Vous êtes trop juste, pour disconvenir que je ne doive être admise au rang des ames fortunées. Doucement, mademoiselle, reprit Minos : Vous n'avez point, il est vrai, commis de crimes qui méritent le gouffre éternel ; mais vous avez ruiné des vieux, vous avez empoisonné des jeunes ; vous avez trompé les uns & les autres, & vous avez essentiellement blessé la bienséance qui convient à votre sexe ; on n'a pas besoin de mauvais exemples dans l'Elisée. *Retournez dans le monde*; reprenez votre état, & comptez que, si vous pouvez avoir de bonnes mœurs, l'Elisée vous sera sûrement ouvert.

Enfin vint le jour de notre compagnie. Le joli esprit féminin, dont j'ai fait mention avec une estime si distinguée, ne trouva point de difficulté ; mais notre dame sérieuse fut renvoyée ; Minos déclara que dans tout l'Elisée il n'y avoit pas une seule femme prude ni bigote.

Aussitôt le juge se tourna vers moi, & j'avoue franchement que je désespérois de bien me tirer d'un examen rigoureux.

Je confessai sans détour, que dans ma jeunesse j'avois été un peu trop adonné aux femmes & au vin ; mais que de ma vie je n'avois jamais offensé personne, ni négligé une seule occasion de faire du bien ; qu'à la vérité, je ne pouvois me glorifier d'avoir fait des efforts pour pratiquer la vertu, mais que j'avois toujours eu une humanité générale, & quelque amitié particulière. J'allois continuer, lorsque Minos m'ordonna d'entrer, & de ne pas m'arrêter plus long-tems au récit de mes propres vertus.

Je ne tardai pas à suivre mon aimable compagne : je l'embrassai avec toute la délicatesse d'une intelligence aérienne, & avec cette innocence qui n'est plus qu'aux champs Elisées. Elle me rendit mes embrassemens sans scrupule. Nous nous félicitions mutuellement d'être parvenus dans ces contrées délicieuses, dont la beauté ne sauroit être ni conçue par l'imagination la plus riante, ni représentée par le pinceau du plus grand maître.

CHAPITRE VIII.

Premières Aventures de l'auteur, après son arrivée aux Élisées.

Nous voyageâmes par une agréable forêt d'orangers, où je vis plusieurs esprits, que je connoissois tous, & dont je fus aussitôt reconnu : car dans ce séjour céleste, il suffit de se voir pour se connoître.

Bientôt après je rencontrai ma petite-fille, que j'avois perdue depuis quelques années. Pourrois-je trouver des expressions propres à décrire la joie ravissante qui saisit nos sens ? Nous nous baisions avec transport ; nous versions des larmes de tendresse ; la vivacité des sentimens que nous éprouvions, les efforts avec lesquels nous nous pressions mutuellement l'un contre l'autre, nous ôtoient toute autre faculté ; j'assurai que pendant une demi-année au moins que nous restâmes ensemble, s'il est possible de mesurer le tems dans un lieu de délices, nous ne sentîmes que notre amour.

Je continuai ma route ensuite, & le premier esprit avec lequel j'entrai en conversation, étoit Léonidas de Sparte. Je lui racontai qu'un de nos plus fameux poëtes lui avoit rendu des honneurs particuliers, il répondit simplement, qu'il lui en étoit très-obligé.

Une musique excellente se fit alors entendre de notre côté ; une voix des plus belles chantoit un *duo*, accompagnée par un violon qui me parut surpasser Gaffarelli & Piantanida. Je reconnus que ce musicien ravissant & cette divine Chanteuse étoient Orphée & Sapho.

Le bon-homme Homère assistoit à ce concert, & madame Dacier étoit assise sur ses genoux.

Il me demanda d'abord des nouvelles de M. Pope, & marqua un vif desir de le voir. J'ai lu, me dit-il, sa traduction de l'Iliade, & en honneur, elle m'a satisfait autant que l'original même a pu satisfaire quelques autres lecteurs. Je ne pus m'empêcher de lui demander, s'il avoit en effet exécuté ce poëme par chants détachés, & s'il avoit chanté ces différens morceaux par toute la Grèce, ainsi que les historiens l'ont raconté. Il sourit à cette question : trouvez-vous, me répondit-il, de l'ordre & une suite dans mon poëme ? Dans ce cas, vous pouvez très-facilement résoudre vous-même cette question.

Je le priai de me dire quelle étoit celle des différentes villes qui se disputoient l'honneur d'être sa patrie, qui avoit raison. En vérité, je ne saurois le décider moi-même, me répondit-il.

Virgile s'approcha de nous avec le sieur Addisson, & me pria de lui dire combien il s'étoit fait de traductions de son Enéide, dans ces dernières années ? Quatre ou cinq, répondis-je, mais je ne saurois m'en souvenir, n'ayant lu que la traduction du docteur Trapp. En effet, repliqua-t-il, cet ouvrage est assez singulier.

J'appris en même tems au chantre de Didon, que M. Warburton avoit découvert les mystères éleusiniques dans son Enéide. Quels mystères ? demande Addisson. Les mystères d'Eleusine, répondit Virgile, dont j'ai fait la description dans mon sixième livre. Comment, répliqua Addisson, vous ne m'en avez rien dit depuis que nous nous connoissons ? J'ai cru, dit Virgile, que cela n'étoit pas nécessaire pour un homme de votre savoir, qui m'a souvent assuré qu'il m'entendoit très-bien par-tout.

Il me parut que notre critique perdit un peu de son assiette, & se troubla ; il se tourna vers un esprit gaillard, un certain Dick Steele. Celui-ci d'abord l'embrassa, & lui jura qu'il étoit un des plus grands hommes de son tems. Je ne puis, continua Steele, refuser d'avouer que mes propres ouvrages sont effacés par les vôtres.

Ce propos flatteur ramena la sérénité sur le front de M. Addisson, qui d'un air riant frappa sur l'épaule de Steele, en lui disant avec beaucoup de satisfaction, vous avez raison, mon cher monsieur.

J'apperçus ensuite Schakespear, au milieu de Bettertons & de Booth; il jugeoit une dispute que ces deux messieurs avoient eue au sujet de l'endroit d'une de ses strophes, où il falloit mettre un accent.

Cette dispute continua même en ma présence, avec une ardeur que je ne croyois pas trouver dans l'Elysée; mais l'expérience m'apprit que chaque ame y conserve le caractère qu'elle avoit dans le monde terrestre, & que c'est même ce caractère qui fait l'essence de l'ame.

La strophe qui causoit la contestation, se trouve dans l'Othello, du tragique Anglois, &; suivant Bettertons, il felloit lire :

(Put out the light, and then put out the light (1).

Booth au contraire vouloit qu'on s'exprimât ainsi :

Put out the light, and then put out the light;

& que l'accent devoit tomber sur le dernier *la*

---

(1) C'est-à-dire, éteins la lumière, & alors éteins la lumière. C'est un des fades jeux de mots, dont Schakespear est rempli. Il prétend dire par-là, éteins la lumière, & ensuite meurs.

Je

Je ne pouvois me retenir de découvrir ma conjecture, qu'on devoit dire peut-être :

Put out the light, and then put out they light (1).

Un autre avoit un autre sentiment, & vouloit lire :

Put out the light, and then put out thee light (2);

de sorte que *light* devient le vocatif.

Un autre vouloit changer le dernier mot, & lire :

Put out the light, and then put they sight.

Mais Bettertons disoit; si on altère le texte, je ne vois pas pourquoi on ne pourroit pas changer aussi-bien un mot entier, qu'une syllabe, & lire plutôt :

Put out they eyes (3).

Enfin tous s'accordèrent à remettre la décision à M. Schakespear lui-même, qui s'énonça de la manière suivante. En vérité, messieurs, il y a si long-tems que j'ai écrit ces lignes, que j'ai oublié moi-même quelle étoit alors ma pensée; & si j'eusse pu prévoir qu'on barbouilleroit tant de pa-

---

(1) C'est-à-dire, éteins ta lumière.
(2) C'est-à-dire, éteins toi-même, ô lumière !
(3) C'est-à-dire, & alors crève-toi les yeux.

F

pier, pour un sujet aussi ridicule qu'indifférent; je me serois certainement abstenu tout-à-fait de les écrire; car je remarque, que si une des façons nouvelles de lire ce passage, rend ma pensée, il me fait fort peu d'honneur.

On le questionna encore sur différens autres passages douteux de ses œuvres; mais il ne voulut rien décider; il dit seulement : que si ce que M. Théobald avoit écrit en sa faveur, n'étoit pas suffisant, il avoit paru trois ou quatre nouvelles éditions de ses drames, dans lesquelles chacun pouvoit se satisfaire à son choix. Au reste, ajouta-t-il, je ne trouve rien de si insipide, que de s'occuper sérieusement à découvrir dans un ouvrage des beautés cachées même à son auteur.

Les véritables beautés sont celles qui sont claires, & qui frappent tout le monde. L'on peut assurer que toutes les fois qu'un passage est susceptible de deux interprétations & qu'il prête également à deux conjectures, c'est une certitude que le passage & les explications ne valent rien.

De ses œuvres, la conversation passa sur son épitaphe, ce qui le fit rire de tout son cœur; puis se tournant vers Milton : Frère, lui dit-il, en vérité on a rassemblé ici une couple de poëtes qui sont au mieux assortis; on auroit eu regret de les avoir invités à la même table pendant leur vie. Cela est certain, répondit Milton, à moins que nous n'eussions eu alors aussi peu d'appétit, que nous en avons actuellement.

CHAPITRE IX.

Autres aventures de l'Élisée.

Arriva dans le moment une troupe d'esprits, que je reconnus pour être tous ces héros, qui doivent leur immortalité aux poëtes, & qui venoient leur témoigner leur reconnoissance.

Achille & Ulysse s'adressoient à Homère; Enée & Jules-César à Virgile; Adam s'approcha de Milton.

Ce dernier m'excita à dire à Dryden à l'oreille, il me semble qu'il n'y auroit pas de mal, que le diable témoignât sa reconnoissance, ainsi qu'autrefois.

Je crois, répondit Dryden, que le diable conduisoit ma plume, lorsque j'écrivis son panégyrique.

Parmi plusieurs personnages qui s'approchoient de Schakespear, pour lui marquer leurs obligations, Henri V se distinguoit principalement.

Tandis que je considérois ce monarque, accourut à moi un très-petit esprit, qui, tout en me secouant amicalement la main, me dit qu'il étoit

F ij

Thomas Thumb. Je lui marquai beaucoup de satisfaction de le rencontrer; je ne pûs en même tems m'empêcher de parler avec indignation des historiens qui avoient rapporté que sa taille n'alloit tout au plus qu'à une palme de hauteur, puisque je pouvois juger au premier coup d'œil, qu'il avoit un pied & demi complet de circuit, & même, comme il le disoit lui-même, la trente-septième partie d'un pouce de plus. On voit conséquemment qu'il étoit encore moins petit que quelques petits-maîtres distingués de notre tems.

Je le questionnai pour savoir la vérité de certaines aventures qu'on raconte de lui; par exemple, celle du *pudding*, celle de la vache. Quant à la première aventure, me dit-il, elle est entièrement de l'invention de quelque honnête romancier, & ne mérite pas plus d'attention que les billevesées ordinaires de ces messieurs.

A l'égard de la vache, je ne crois pas avoir mérité de honte, pour avoir été dévoré par cet animal, puisque je l'ai été par surprise; & certainement si j'avois eu quelque arme à la main, la vache auroit plutôt avalé le diable, que moi. Il proféra ces dernières paroles avec tant de vivacité, & me parut en même tems être si animé, que j'aurois beaucoup craint pour sa santé, si je n'eusse tourné la conversation sur les géans. Il m'assura qu'il étoit si peu vrai qu'il en eût tué quelques-uns, qu'au contraire, de toute sa vie, il n'en avoit apperçu aucun ; qu'il y avoit apparence qu'on lui avoit fait honneur des faits & gestes, qui n'appartenoient qu'à Jack, l'étrangleur des géans, qu'il connoissoit bien, & qui méritoit d'être regardé comme le héros qui avoit exterminé toute la race géante.

Je le contredis sur cette dernière circonstance, en lui racontant que j'avois vu moi-même un géant monstrueux & apprivoisé, qui avoit passé un hyver entier à Londres, pour ses affaires, & que des intérêts de famille avoient ensuite rappelé en Suede, sa patrie.

J'apperçus en cet instant un esprit qui s'appuyoit sur les épaules d'un autre, & qui observoit les astres. Je m'arrêtai pour l'examiner, & je reconnus que le premier étoit Olivier Cromwel, & l'autre Charles-Martel.

Je dois convenir que je fus fort étonné de trouver ici Cromwel ; puisque ma grand'mère m'avoit assuré que le diable l'avoit emporté dans un orage. Il me jura sur son honneur, que rien n'étoit plus faux que ce conte. Il m'avoua cependant qu'il avoit eu beaucoup de peine à échapper au gouffre éternel, & que si la première moitié de sa vie n'avoit pas été meilleure que la dernière, il y auroit été certainement précipité ; mais qu'il en avoit été quitte pour retourner quelque tems dans le bas monde. J'y suis rentré, ajouta-t-il, le jour même du couronnement solemnel de Charles II, & je fus membre d'une famille qui avoit consumé des biens considérables au service de ce prince, sans recevoir d'autre récompense que celle qu'on reçoit ordinairement de messieurs les princes.

Lorsque j'eus atteint ma seizième année, mon père me procura un petit emploi militaire, que j'exerçai sans aucun avancement, pendant tout le règne de ce roi, & de son frère.

Après la révolution qui renversa mon maître de son trône, je suivis fidèlement sa fortune, & la récompense de mes services fut une blessure dangereuse que je reçus à la bataille sur la Boyne, où je combattis comme un simple soldat.

Après mon rétablissement, je me rendis à Paris auprès de cet infortuné roi, & je tombai dans un état si misérable, que, pour nourrir une femme & sept enfans, je fus contraint de prendre la place de décroteur & moucheur de chandelles à l'Opéra. Après avoir passé quelques années dans ce malheureux état, je mourus une seconde fois d'inquiétude & de misère.

Je me présentai devant Minos, qui par pitié du malheur que j'avois souffert pour l'amour d'une famille dont j'avois autrefois été le plus cruel ennemi, m'accorda l'entrée de l'Elisée.

La curiosité me porta à lui demander s'il avoit

eu réellement des velléités pour la couronne ? Pas autrement, répondit-il en souriant, mes desirs pour le sceptre n'étoient pas plus grands que ceux qu'un ecclésiastique a pour la mitre, lorsqu'il chante, *nolo episcopari*.

Il parut, au reste, répondre à cette question avec beaucoup de mépris, & aussitôt s'éloigna de moi.

Un esprit d'un air respectable frappa mes regards; c'étoit Livius, historien Romain. Alexandre le Grand, qui venoit d'arriver du palais de la Mort, passa devant nous avec une mine fâchée: l'historien s'en apperçut, & cria au prince Macédonien, vous avez bien sujet d'être de mauvaise humeur; car il est sûr que vos héros, qui ont vaincu tous ces esclaves Asiatiques, se seroient mal tirés d'affaires avec les Romains. Nous regrettâmes ensuite entre nous la perte d'une grande partie de son histoire, & il prit occasion de vanter la belle collection des œuvres de M. Hooke, qu'il préféra à toute autre.

Comme j'opposois les œuvres d'Echard à son opinion, il rendit un son aigu semblable au sifflement d'une fusée qui fend les airs, & voulut se retirer; mais je l'arrêtai, & je le priai de vouloir bien me dire auparavant s'il avoit été réellement superstitieux, comme je l'avois toujours cru, jusqu'à ce que Leibnitz m'eût informé du con-

F iv

traire Leibnitz, reprit-il d'un ton dédaigneux, ce Leibnitz avec ses monades, me connoîtroit-il donc mieux que moi-même? Et dans l'instant je me trouvai seul.

CHAPITRE X.

Étonnement de l'auteur de trouver Julien l'Apostat aux Élisées. Julien l'on fait revenir par le récit de la manière dont il a acquis cette félicité. Aventure de ce prince dans la condition d'esclave.

Comme Livius me quittoit, je l'entendis qui saluoit un autre esprit, qu'il appeloit Julien l'Apostat.

J'en tressaillis de frayeur, car j'avois toujours cru fermement que personne n'avoit plus justement mérité les flammes éternelles. Ma frayeur se dissipa pourtant un peu, lorsque j'appris que ce Julien & l'archevêque Latimer, étoient la même personne.

Il me raconta qu'on avoit débité beaucoup de faussetés sur sa première apparition dans le monde, où cependant il n'avoit pas été aussi méchant homme qu'on l'avoit universellement dépeint.

Avec tout cela, me dit-il, on ne voulut pas m'admettre ici la première fois. J'ai été obligé de faire plusieurs voyages sur terre.

J'y ai successivement représenté la personne d'un esclave, d'un juif, d'un général, de mon propre héritier, d'un charpentier, d'un petit-maître, d'un moine, d'un mauvais ménétrier, d'un sage, d'un roi, d'un bouffon, d'un incendiant, d'un prince, d'un homme d'état, d'un soldat, d'un tailleur, d'un échevin, d'un poëte, d'un chevalier, d'un maître de danse & d'un archevêque. Enfin tous ces longs tourmens, & surtout ma conduite dans le dernier caractère, m'ont mérité la grace d'entrer dans ces heureuses contrées.

A ce que je conjecture, lui fis-je entendre, tous ces différens caractères ont dû vous occasionner des aventures qui ne seroient pas désagréables à entendre; si vous vous en souveniez, & que vous voulussiez avoir la complaisance de me les raconter, je vous en aurois certainement une très-sincère obligation.

Je me souviens très-bien de tout, répondit-il; & je dois vous prévenir qu'il est du devoir de tous ceux qui habitent ces lieux de délices, de contribuer chacun de son côté aux plaisirs des autres.

A ces mots, je pris ma fille d'une main, & ma chère compagne de voyage de l'autre & nous nous rendîmes avec Julien au bout d'un parterre émaillé de toutes sortes de fleurs, sous un berceau touffu d'orangers & de citronniers entrelacés de chevrefeuille & de jasmin.

Je suppose d'abord, commença-t-il, que vous connoissez mes aventures du tems que j'étois revêtu de la pourpre impériale : mais il faut bien vous garder d'ajouter foi à tous les bruits que la postérité a débités sur mon compte ; certains imbécilles les ont saisis avec avidité, & répandus avec empressement : surtout défiez-vous des présages singuliers que le fanatisme a inventés pour faire croire que ma mort étoit agréable au ciel, & nécessaire au bonheur de la terre. Tous ces contes absurdes & populaires, ne méritent pas que je m'arrête à les réfuter. Si les historiens ont regardé l'histoire de ma vie & de ma mort, comme une occasion de faire briller leur imagination, & d'amuser des sots par des sottises, je leur laisse leur ignorance, & je n'envie point le plaisir qu'ils y ont pu trouver.

Après être descendu du trône dans l'empire des morts, je retournai donc dans le monde, & je tombai à Laodicée en Syrie, dans une famille romaine, d'un état honnête, mais non qualifiée.

J'étois d'un caractère vif & turbulent ; j'abandonnai ma famille à l'âge de dix-sept ans, pour me rendre à Constantinople, où je séjournai jusqu'à ce que le desir de voyager me conduisît en

Thrace, peu après que l'empereur Valens eût reçu les Goths dans ces contrées.

Là je vis & j'aimai une beauté gothique, femme d'un certain chef des Goths, nommé Roderic.

Le cas particulier que j'ai toujours fait du beau sexe, me porte à cacher son nom aujourd'hui, parce que sa conduite envers moi ne prouve pas un cœur excellent, & parce qu'elle m'a paru toujours mépriser cette vertu sévère qui résiste à la séduction, & très-éloignée de cet attachement qu'une honnête femme doit à un amant malheureux pour elle-même.

Je devins donc si passionné pour madame Roderic, que je ne trouvai point d'autre moyen de me satisfaire, que de me vendre en qualité d'esclave à son mari.

Il étoit d'une nation qui connoissoit peu la jalousie; il me présenta donc à sa femme par une raison qui eût retenu un jaloux, c'est-à-dire, parce que j'étois un jeune homme bien fait.

Je ne fus pas long-tems sans remarquer quelques petites circonstances qui flattoient mes desirs, & la suite ne fit que fortifier le germe de mon espérance.

Je m'apperçus très-bien que je ne déplaisois pas à madame Roderic, & qu'elle recevoit mes soins avec complaisance; lorsque ses yeux rencontroient les miens, elle ne les baissoit jamais sans quelque trouble, & ce trouble n'a sûrement jamais lieu lorsque le cœur est innocent & pur.

La considération de mon état m'empêcha long-tems de hazarder une attaque en forme; elle me sembloit aussi vouloir observer si sévèrement le *decorum*, que je ne devois pas m'attendre qu'elle blesseroit les loix austères de la bienséance pour me prévenir.

Ma passion éteignit mon respect, & me fit résoudre à courir les risques d'un assaut en régle.

Je profitai de la première absence de mon maître, pour pousser l'ouvrage jusqu'au fort, & j'eus le bonheur de l'emporter d'emblée.

Je dis d'emblée, car la résistance fut réelle, & me parut avoir été mesurée sur ce que prescrit la bienséance.

Elle me menaça plusieurs fois de crier; je lui représentai qu'elle s'épuiseroit inutilement, puisque personne ne pouvoit l'entendre; apparemment que je la persuadai, car elle ne jeta, dans le fait, aucun cri; cependant elle eût certainement été délivrée.

Lorsqu'elle se fut persuadée que sa chasteté avoit été forcée, elle prit son parti, & me permit volontiers de moissonner fréquemment les fruits agréables de ma victoire. Hélas! le sort jaloux de mon bonheur, me fit payer bien cher mes plaisirs.

Un jour que nous nous étions entièrement aban-

donnés aux délices de notre félicité, nous fûmes surpris par le retour imprévu de Roderic, qui arrivant d'abord à l'appartement de sa femme, me laissa à peine le tems de me cacher sous le lit. Le désordre où il la trouva, en auroit certainement fait deviner la cause à tout autre homme moins confiant; mais il parut n'avoir aucun soupçon, & tout se seroit très-bien passé, si par une malice de la fortune, il n'avoit découvert mes jambes qui n'étoient point assez cachées. Il les empoigne, & me tire violemment de dessous le lit; se tournant ensuite vers sa femme avec un œil furieux, il porta la main sur un poignard qu'il avoit au côté. Je crois qu'elle alloit être immolée à sa jalousie, si je ne l'eusse assuré qu'elle étoit absolument innocente, & si je n'eusse protesté que j'étois seul le coupable, dont toutefois le crime n'avoit encore consisté que dans la mauvaise intention.

Elle appuya si bien ce que je disois, qu'il reconnut son innocence.

En revanche, sa fureur se tourna sur moi; il me menaça de toutes sortes de tourmens.

Soit frayeur, soit finesse, la bonne femme n'osoit employer aucune raison pour le dissuader de l'exécution des menaces qu'il me faisoit; peut-être le moindre chagrin qu'elle auroit fait paroître à mon sujet, auroit excité la jalousie de son mari, &

l'auroit porté à quelque chose de funeste contre elle-même.

Après un moment de réflexion, Roderic me déclara qu'il avoit trouvé une punition proportionnée à mes desseins criminels, qui me garantiroit en même-tems de toute tentation de pareille espèce.

Sa cruelle résolution fut aussitôt exécutée; l'on me rendit indigne de porter le nom d'homme.

Etant donc hors d'état de l'offenser, ni aucun autre mari, Roderic n'eut point de scrupule à me laisser davantage dans sa maison. Mais sa femme qui avoit été la cause de mon malheur, ne m'accorda, depuis ce tems, pas un regard favorable; elle dédaigna de me consoler par un seul mot gracieux. Elle fit pire encore, car s'étant fait un grand échange d'esclaves contre des chiens, entre les Romains & les Goths, cette bonne dame eut la bonté de me troquer contre le petit chien d'une veuve romaine, à qui elle donna encore en retour une somme considérable.

Je restai sept ans au service de cette veuve, & je fus très-maltraité pendant tous ce tems. Je travaillois continuellement, sans recevoir d'autre marque de reconnoissance que des coups de bâton, appliqués par une grosse servante, qui ne m'appeloit jamais autrement que l'animal. Tous les efforts que je faisois pour plaire, tous les soins officieux que je m'empressois de rendre, étoient inutiles; ni la veuve, ni ses femmes, ne vouloient manger de ce que j'avois touché, & difoient que j'étois attaqué de la peste.

Je ne vous ferai pas un plus long récit des mauvais traitemens que j'eus à essuyer; vous ne pouvez en imaginer, ni en trop grand nombre, ni d'aucune espèce que je n'aie soufferts dans cette maison romaine.

Un prêtre payen m'obtint enfin en préfent de cette veuve, & la scène changea totalement. Autant j'avois eu sujet de me plaindre de la rigueur de ma condition passée, autant j'eus à me féliciter de mon fort présent. Je parvins en peu de tems à captiver la faveur de mon maître, au point que les autres efclaves me rendoient presque autant de respect qu'à lui-même, lorsqu'ils se furent apperçus que leurs bons ou mauvais traitemens dépendoient entièrement de moi.

Je devins le confident même du prêtre : je fus le dépofitaire de ses plus grands secrets, & le complice de ses fourberies.

C'étoit avec mon secours qu'il emportoit secrètement pendant la nuit, les facrifices des autels, & le peuple imbécille imaginoit que les dieux eux-mêmes les mangeoient; chaque jour étoit un festin; les mets les plus exquis, les plus flatteurs, ne nous manquoient jamais.

Une intelligence si particulière entre un prêtre payen & un esclave chrétien, aura peut-être de quoi vous surprendre; mais mon maître qui connoissoit toutes les intentions des dieux, avec lesquels, à ce qu'il me disoit, il avoit l'honneur de converser souvent, m'assura qu'ils ne blâmoient jamais des hommes de vivre en frères avec d'autres hommes, quand bien même ils auroient des opinions différentes.

Cette heureuse vie dura quatre ans, & fut terminée par la mort de mon maître, dont l'intempérance & la gourmandise abrégèrent les jours.

Je passai ensuite au service d'un homme, dont le caractère étoit bien différent, c'étoit saint Chrysostôme. Au lieu d'alimens succulens & recherchés, il me nourrissoit de belles paroles qui remplissoient les oreilles d'excellentes vérités, mais qui laissoient l'estomac très-vide.

Bien loin d'être à portée d'acquérir de l'embonpoint, par la pratique des règles d'une cuisine délicate, je n'appris que des recettes d'hermite, & je n'entendis parler que de mortifications & de pénitences. Je vous avoue que je fus tellement édifié de tout cela, qu'en peu de mois je ressemblois à un squelette. Cependant l'habitude de ce régime me fit bien, au bout de quelque tems, surtout, lorsque mes passions eurent plié sous les principes

austères

austères de mon saint, lesquels, à ce qu'il m'assuroit, devoient me procurer une prochaine récompense.

Ce saint étoit, au reste, un homme d'un bon naturel, & je n'en reçus jamais aucun reproche amer, si ce n'est une seule fois que j'avois oublié de mettre sous le chevet de son lit Aristophane, qui étoit son compagnon de nuit. Il étoit fort entiché de ce poëte grec; souvent j'étois obligé de lui lire ses comédies.

Lorsqu'il se rencontroit quelques passages trop libres, le saint ne pouvoit s'empêcher de sourire, en disant, c'est dommage que la matière ne soit pas aussi pure que le style : cependant il étoit si amoureux de ces passages si purs de mots, & si impurs de choses, que je me suis vu contraint de les lui lire plus de dix fois. D'ailleurs il paroissoit avoir beaucoup d'horreur pour toutes les impuretés.

Au reste, le caractère de ce bon homme a été différentes fois attaqué par des payens ses contemporains, qui l'ont accusé d'avoir du goût pour le sexe. Mais la manière dédaigneuse & même méprisable dont je l'en ai entendu parler plusieurs fois, semble devoir le justifier pleinement.

Ce saint homme me donna la liberté; je passai au service de Timasius, un des officiers principaux de l'armée impériale. Je réussis si bien auprès de ce nouveau maître, qu'il me procura un emploi considérable dans le militaire; il me fit son ami & son confident.

Tant de prospérités me rendirent orgueilleux. Plus il m'accordoit de faveurs, plus je me confirmois dans l'opinion que j'en méritois davantage; plus je devenois insensible à ses bienfaits, que je regardois alors comme des devoirs de sa part, plutôt que comme des graces.

La fierté de mon ame ne put supporter le joug de la reconnoissance. Du murmure je passai au mécontentement. L'envie succéda, la haine marcha bientôt à sa suite. Je devins l'ennemi secret d'un maître, dont j'eusse été toute ma vie le fidèle domestique, s'il m'eût moins accablé de bontés.

Mon rang, ma fortune me firent lier avec un certain Lucilius, créature du premier ministre Eutropius, qui l'avoit élevé à la dignité de colonel. Ce Lucilius étoit un homme d'un caractère pervers, sans ame comme sans talens, ou du moins il ne possédoit que le plus méprisable de tous, celui d'être habile à tromper & versé dans toute espèce d'artifices.

Imaginant que je pourrois servir à l'exécution des vues du premier ministre, il commença par sonder mes principes sur l'honneur & sur la probité, qu'il qualifioit de mots vides de sens & de réalité.

Lorsqu'il se fut apperçu que j'entrois dans ses sentimens, il me recommanda au ministre, comme un homme utile & capable d'exécuter les desseins les plus criminels.

Lucilius me proposa donc de me présenter à Eutropius, qu'il me dépeignit comme un homme prévenu en ma faveur par sa recommandation, & comme un ministre éclairé qui savoit apprécier le mérite & récompenser les talens.

Je me rendis volontiers aux propositions de mon ami Lucilius, & nous convînmes de nous rendre le soir même chez le ministre; rien de plus aimable que cet homme d'état. Il me reçut avec cette politesse extérieure des cours qui est si séduisante; il me marqua l'estime la plus profonde, dans des termes si énergiques, que moi qui ne connoissois pas les grandes scènes du grand monde, je me tins pour certain qu'Eutropius étoit le protecteur le plus sincère & le plus désintéressé que je pusse avoir. Je me sentois plein de la plus vive reconnoissance pour Lucilius, qui m'avoit procuré ce bonheur : la suite fera voir combien j'étois neuf avec mes vieux préjugés.

Après souper, la conversation tomba sur la conduite mal-adroite des hommes de mérite, qui prétendoient mériter des bienfaits & des récompenses de la part des grands, sans se montrer absolument disposés à tout sacrifier pour leur service.

Quel cas, puis-je faire, dit Eutropius, de la science, de l'esprit, du courage & de toutes les autres vertus d'un homme, s'il ne m'eſt pas utile? Celui qui manque de tous ces avantages, mais qui prend mes intérêts à cœur, qui eſt dévoué à mes ordres, n'a-t-il pas réellement le plus grand mérite à mes yeux, & ne lui dois-je pas toute ma faveur?

Mes réponſes étoient ſi conformes aux ſentimens du miniſtre & aux vues de ſon favori, qu'ils en devinrent plus hardis.

Après quelques détours encore, on parla de Timaſius, & l'on en parla dans les termes les plus mépriſables : la méchanceté, l'envie & la calomnie ſe mêloient du portrait; les couleurs en furent des plus noires & des plus affreuſes. Moi, j'écoutois tout ſans dire mot, & ſans penſer ſeulement à défendre mon bienfaiteur. Lucilius qui m'obſervoit, jura que Timaſius étoit indigne de vivre, & que dès ce moment il falloit rechercher les occaſions de s'en défaire.

Il pourroit y avoir du danger, reprit Eutropius. A la vérité, Timaſius eſt très-coupable; ſes crimes ſont ſi bien connus de l'empereur, que ſa mort ne manqueroit pas d'être très-agréable à ſa majeſté, & de mériter de ſa part de grandes récompenſes : mais le point de queſtion eſt de ſavoir ſi vous êtes en état de lui rendre ce ſervice important.

Si Lucilius n'eſt pas en état, dis-je avec vivacité, j'y ſuis moi; perſonne n'a de plus juſtes raiſons de ſe charger de cette entrepriſe; car, outre ſes perfidies envers mon prince, à qui je dois toute fidélité, il m'a fort offensé moi-même, en employant, au grand préjudice de l'état, des sujets infidèles comme lui, & en me préférant des gens qui ne me valoient sûrement pas.

Il seroit superflu de rapporter tout ce qui se passa dans cette conversation; c'est assez que de dire quelle en fût la suite.

En nous séparant, le ministre me serra la main amicalement, vanta beaucoup la noblesse de mes sentimens, & m'assura de la plus tendre bienveillance.

La soirée suivante, il me fit venir seul chez lui. Après m'avoir entretenu de mon empressement, de mes talens & de ses vues; il me proposa enfin d'accuser Timasius du crime de lèze-majesté, en me promettant la plus haute fortune.

Je fis tout ce qu'il voulut, & la perte de Timasius fut le fruit de mon accusation; mais hélas! je n'y gagnai que des regrets.

La première fois que je revis Eutropius, pour lui demander les effets de sa parole, il me reçut très-froidement, & trouva ma mémoire fort extraordinaire.

N'êtes-vous point assez récompensé par l'impunité, me dit-il? car enfin vous avez dénoncé un criminel dont vous étiez le complice, & qui ne fut plus coupable que vous, que parce qu'il étoit plus élevé. Il m'en a coûté bien des follicitations pour obtenir votre grace de l'empereur ; mon zèle feul pour fon service m'a fait employer l'artifice pour acquérir des preuves contre Timafius; vous ferez bien d'être à l'avenir plus circonfpect & plus fidèle. Après cette courte harangue, il me tourna le dos, & adreffa la parole à une autre perfonne.

Je fus fi indigné d'une pareille réception, que dans le moment je jurai de m'en venger. J'aurois en effet rempli mon ferment, fi le miniftre n'eût pris promptement de bonnes précautions pour m'en empêcher en m'envoyant dans l'autre monde.

Vous voyez par mon récit, que j'étois affez bien préparé pour mériter d'être précipité dans l'abîme des ténèbres. Minos en effet alloit prononcer cette condamnation ; mais je l'inftruifis de la vengeance de Roderic, du service rigoureux que j'avois fait chez la veuve Romaine pendant fept années, il trouva tout cela fuffifant pour réparer les crimes d'une feule vie, & me renvoya enfuite pour éprouver un troifième fort dans le monde.

CHAPITRE XI.

Julien raconte sa vie sous le caractère d'un Juif.

Mon lot fut d'être un juif, & un juif des plus avares. Je parus sur la scène à Alexandrie en Egypte, où je reçus le nom de Balthasar.

Il ne se passa rien de remarquable jusqu'au tems de la grande révolte des juifs, qui, suivant les historiens, tuèrent plus de chrétiens qu'il n'y en avoit dans la ville. Il est vrai pourtant qu'on en fit un grand carnage; mais je n'y eus aucune part.

Comme tout le peuple avoit eu ordre de s'armer, je profitai de cette occasion pour vendre deux vieilles épées dont je n'aurois jamais probablement trouvé à me défaire, tant elles étoient rongées par l'antiquité & par la rouille. Moi-même me trouvant alors sans armes, je ne voulus pas hasarder de sortir.

Quoique je fusse persuadé que c'étoit une œuvre méritoire & très-propre à m'ouvrir le ciel, que d'assassiner des Nazaréens, cependant, comme cette religieuse tuerie ne devoit s'exécuter qu'à minuit, & que j'étois obligé de rester jusques-là, tranquille dans mon logis, pour éviter tout soupçon, je ne pus me résoudre à brûler tant d'huile ; je pris le parti de me coucher.

Dans le même tems, j'étois amoureux d'une certaine Hypatria, fille d'un philosophe : c'étoit une demoiselle jeune, d'une grande beauté, remplie de vertus, qui réunissoit les qualités les plus précieuses de l'ame à toutes les perfections du corps : mais deux obstacles s'opposoient à notre mariage ; ma religion & sa pauvreté. Peut-être eût-il été possible de les surmonter tous les deux, si les chiens de chrétiens ne l'eussent assassinée, & qui pis est, brûlée dans cette émeute. Je dis qui pis est, parce que les flammes qui consumèrent ma maîtresse, me firent perdre un diamant de quelque valeur dont je lui avois fait présent, sous la condition toutefois de me le rendre, si notre union ne pouvoit s'accomplir.

N'étant plus retenu par les liens de l'amour à Alexandrie, je me rendis à la cour de l'empereur, dont le prochain mariage avec Athenaïs, me faisoit espérer d'y trouver un bon débit de mes pierreries.

Dans ce voyage, je me déguisai en mendiant, pour deux raisons : la première, parce que ce déguisement me donnoit plus de facilité & plus de sûreté à passer mes pierreries ; la seconde, dans la vue de diminuer mes frais. Cette espérance me réussit si bien, que je ramassai deux oboles de plus que ne me coûta mon voyage, car je ne vivois que de racines, & l'eau faisoit ma seule boisson.

Je me fusse vraisemblablement conduit avec plus de prudence, si j'avois été moins économe & plus diligent. A mon arrivée, le mariage de l'empereur étoit terminé; j'appris que plusieurs de mes camarades s'étoient enrichis par la vente de leurs pierreries, tandis que j'avois encore toutes les miennes.

Rien n'est moins digne d'une histoire, que la vie d'un avare; ce sont sans cesse les mêmes scènes, les mêmes actions; gagner de l'argent, le mettre en sûreté. Je ne vous rapporterai donc que quelques aventures qui se présenteront à ma mémoire.

Un certain juif Romain, grand amateur de vin de Falerne, étant un jour venu dîner chez moi, & craignant de n'y trouver qu'une mauvaise boisson, m'envoya six bouteilles du meilleur crû de Falerne. Croiriez-vous qu'avec ces six bouteilles, j'eus assez d'adresse pour en faire douze? Nous en bûmes six ensemble, & quelque tems après je lui revendis les six autres à très-haut prix, parce que je connoissois son goût.

Un seigneur Romain vint une fois me voir à une maison de campagne que je venois d'acheter très-bon marché d'un homme qui étoit dans un très-grand besoin. Tous mes pauvres voisins s'empressèrent de le divertir avec une musique champêtre : le Romain me remit une pièce d'or pour la partager entre tous ces musiciens. Croyez-vous que je fus assez sot pour suivre ses intentions ? Point du tout ; je la mis dans ma poche, & je leur donnai à la place, à boire de mauvais vin aigre, que je sus encore très-bien leur faire payer au quadruple, en les faisant travailler.

Dans le fond, je n'étois pas absolument sans religion ; mais j'avois l'art de paroître un saint aux yeux de la multitude ; mes principes religieux me portèrent même à régler autant qu'il seroit possible toutes mes actions sur ma conscience.

Voici quelle étoit ma méthode.

Je n'invitois personne à dîner, que je n'eusse des vues sur sa bourse. Lorsque j'avois un convive, j'écrivois sur un registre particulier combien il me devoit pour ce repas, je le portois généreusement au centuple de ce qu'il auroit pu coûter ailleurs. C'étoit du moins un *quid pro quo*, si ce n'étoit un *ad valorem*.

Si je trouvois ensuite l'occasion de tromper ceux qui avoient mangé chez moi, je la saisissois sans scrupule, parce que je regardois la somme que je pouvois surprendre, comme l'acquit d'une dette, pour laquelle ils étoient notés sur mon livre. Et même je ne me contentois pas toujours de la somme portée sur mon livre, lorsqu'il m'étoit facile d'en escroquer davantage; alors je considérois le surplus comme un intérêt qui m'étoit dû, pour le tems que j'avois attendu.

Je dois avouer pourtant que mon adresse à tromper, ne se bornoit pas simplement à mon prochain, elle s'étendoit jusques sur moi-même. A force de me priver de bonne nourriture & de me refuser du feu en hiver, je gagnai une maladie sérieuse qui m'obligea d'appeler un médecin. Malgré ses secours que je payai le moins qu'il fut possible, je n'échappai qu'à grande peine à la mort, parce que je fis usage de quelques drogues gâtées, que j'avois eues à bon marché.

Par tous ces moyens & d'autres semblables, je devins misérable avec beaucoup de bien, & pauvre au sein d'une grande fortune. Mon unique plaisir étoit d'arrêter ma pensée sur tous mes domaines; je contemplois mon trésor avec volupté; c'étoit une idole favorite à laquelle j'offrois cent adorations par jour, chaque fois avec des transports nouveaux, & toujours délicieux.

Quelquefois à la vérité, le bonheur de ma situation étoit empoisonné par deux réflexions.

L'une qu'il me faudroit un jour abandonner pour jamais, mon cher trésor; celle-ci auroit été insupportable, mais elle ne m'occupa que rarement.

L'autre réflexion étoit, qu'il me manquoit encore beaucoup d'argent, c'est ce qui me tourmentoit cruellement. Je n'avois de consolation que dans l'espérance de gagner à l'avenir, & à cet égard mes projets étoient si extravagans, que je pouvois dire avec Virgile :

His ego nec metas rerum nec tempora pono.

Oui ! quand j'aurois possédé tous les trésors du monde, à l'exception d'une seule drachme, cette privation m'auroit certainement causé plus de chagrin, que la plus grande jouissance ne m'eût procuré de plaisir.

Les efforts continuels que je faisois pour augmenter mes richesses : les inquiétudes que je me donnois pour les conserver, m'ôtoient toute espèce de contentement, pendant le jour, & me privoient du repos toutes les nuits ; au point que la mort vint en hâte me délivrer de la vie. Je peux dire avec vérité, que je n'ai jamais été si malheureux dans le monde, que sous le caractère de juif avare.

Minos me parut avoir la même opinion d'un avare, car, au moment où j'attendois, en tremblant, un arrêt terrible, il m'ordonna de retourner au monde & de continuer mes voyages, attendu que je n'avois pas encore mérité d'être damné,

& qu'on ne pouvoit l'être qu'une seule fois. J'appris ensuite que le diable ne vouloit recevoir aucun avare.

CHAPITRE XII.

Aventures de Julien sous le caractère d'un général, d'un riche héritier & d'un charpentier.

MA nouvelle entrée dans le monde fut à Apollonie en Thrace, & je dus le jour à une belle esclave Grecque, qu'entretenoit Eutychès, favori de l'empereur Zenon.

Dès ma quinzième année, on m'honora d'une compagnie de cavalerie. Peu de tems après, sans avoir vu ni évolutions, ni armée, je fus fait colonel au préjudice de nombre d'officiers plus anciens & plus instruits.

Le crédit de mon père, qui étoit un courtisan parfait, ou, pour parler plus clairement, un flatteur de la dernière effronterie, rejaillit sur moi, & me procura le plus libre accès chez l'empereur. Je profitai si bien des occasions que j'avois de me rendre agréable à sa majesté, je fus si bien imiter mon père dans l'art de flatter, que l'empereur vouloit m'avoir sans cesse auprès de sa personne.

Cette faveur me mit à portée de faire mes premières armes à la Cour, où j'étois lorsque Marcian vint assiéger & investir le palais impérial.

L'empereur me donna dans la suite le commandement d'une légion, qui eut ordre de marcher en Syrie, sous Théodoric le Goth; pour moi je restai toujours à la cour avec le caractère, & les appointemens de général, sans avoir rien à faire & sans courir aucun danger.

Comme la cour de l'empereur Zénon étoit très-galante, c'est-à-dire, très-voluptueuse, les femmes gouvernoient l'empire.

Une certaine Fausta, femme d'un homme médiocre, avoit alors la plus grande autorité sur l'esprit de l'empereur, non pas tant par sa beauté que par l'agrément & la vivacité de son esprit. Je vivois avec elle en très-bonne intelligence; nous disposions de tous les emplois militaires; le mérite & l'ancienneté n'entroient pour rien dans notre choix; ceux qui offroient le plus, étoient sûrs de la préférence.

Mes anti-chambres étoient, l'hiver, remplis d'officiers qui venoient solliciter des graces, & m'exposer leurs services, sans que l'expérience qu'ils faisoient journellement de mon indifférence & de mon insensibilité, pût les éclairer sur la perte de leur tems.

Tous les jours je les voyois très-assidus & trèsempressés à me faire la cour, à me rendre autant de respect, à me témoigner autant d'attachement, que s'ils m'eussent dû leur état & leur fortune. Cependant leurs représentations, leur indigence, celle de leur famille étoient des choses que je regardois comme étrangères, & que je me hâtois d'oublier en finissant mes audiences.

Les poëtes m'offroient aussi leurs hommages; ils m'accabloient d'odes; d'épîtres & de poëmes, où ils célébroient mes talens dans le métier de la guerre. Ce que je trouve à présent de fort singulier, c'est que je recevois cet encens avec plaisir; je m'en enivrois avec vanité, sans faire attention qu'on me montroit plutôt ma foiblesse, puisque je ne méritois aucune des louanges qu'on me donnoit.

Mon père mourut; je parvins alors au plus haut degré de faveur auprès de l'empereur. Tous ceux qui connoissent la cour, se feront aisément une idée de la considération & de la soumission que me témoignoient tous les courtisans, sans distinction de rang & d'état.

Une inclination de tête, un souris, un geste, étoient une faveur particulière; mais avec une parole gracieuse je faisois un heureux. Et en effet, ces bagatelles étoient, à l'égard de la personne qui les recevoit, un véritable bienfait, qui lui faisoit honneur aux yeux des autres, qui lui attiroit leurs respects, parce qu'elles sont à la cour comme les lettres de change dans le commerce; elles se transmettent de l'un à l'autre avec une valeur toujours réelle.

Le favori, le ministre, est le garant de tout. Son souris est la valeur reçue, que le premier heureux passe à un second, celui-ci à un troisième, &c.

Par exemple, un homme de médiocre qualité, cherche un emploi; à qui s'adresse-t-il? Ce ne sera pas au ministre, au favori dont il est séparé par un trop grand intervalle.

Il va donc trouver monsieur *A*, créature de *B*, qui est le camarade de *C*, connu pour familier de *D*; celui-ci est le complaisant d'*E*, qui sert de bouffon à *F*, lequel vit secrètement avec *G*, fille entretenue par *H*, bâtard avoué d'*I*, dont le ministre ou le favori, du prince se sert comme, d'un osier qui se plie à tout.

La faveur de l'homme élevé en place, a la même succession rétrograde & descend depuis le trône jusqu'à la cabane, ou depuis le duc jusqu'au citadin.

Il est manifeste que la cour ne pourroit pas plus exister sans cette espèce de monnoie, qu'une ville de commerce pourroit se soutenir sans le crédit des papiers; avec cette différence pourtant, que la réalisation de l'effet n'est pas si certaine à la

cour;

cour; & que le favori peut très-bien protester contre son souris, sans s'exposer au danger de faire banqueroute.

J'étois assis tranquillement au degré le plus élevé de la roue de fortune, & le plus voisin du trône, lorsque l'empereur étant mort, eut Anastase pour successeur.

On ignoroit si je resterois en faveur. Cette incertitude me procura les mêmes honneurs que l'on m'avoit rendus sous le règne précédent, jusqu'à ce que j'allai faire hommage au nouvel empereur. Le froid de l'accueil qu'il me fit, glaça bien vîte toutes les physionomies, que j'avois d'abord trouvé enflammées de zèle & d'empressement pour mon service.

Tous ceux qui remplissoient mon anti-chambre me tournèrent le dos, avec autant de promptitude qu'un régiment qui fait un quart de conversion. Mon souris dès-lors n'eut pas plus de valeur que la signature d'un banqueroutier, & chacun se défendoit de le recevoir.

Mon séjour ne fut pas long à la cour. Je me rendis en Thrace, dans ma patrie, où j'avois légitimement acquis de vastes domaines, des libéralités de mon maître, & du fruit des préférences que j'avois accordées. Je voulus me livrer à des occupations économiques, mais n'ayant ni goût ni connoissance dans ce genre, l'ennui vint m'accabler; il s'y joignit le plus vif chagrin de la perte de mon crédit & de ma gloire; je succombai sous les traits de ces deux ennemis.

Minos, en me voyant, parut irrésolu sur le sort qu'il me feroit éprouver. Vous avez trempé, me dit il, dans de grands crimes; vous avez commis bien des injustices; cependant comme vous n'avez ni répandu, ni fait répandre de sang, étant général, je vous permets de retourner dans le monde.

Je naquis à Alexandrie, & même par une fatalité singulière, je dus la vie à la femme de mon fils; ce qui me rendit l'héritier des grands biens que j'avois amassés moi-même.

Je fus dissipateur au même degré que j'avois été ci-devant avare; & ce que j'avois amassé en plusieurs années, avec beaucoup de peine, je le mangeois en très-peu de tems, & sans plaisir.

Obtenant tout ce que je desirois, sans languir un instant, je ne ressentois jamais la volupté qui suit la possession d'une chose pour laquelle on a soupiré. Avec cela végétant mollement, sans penser, sans réfléchir, mon esprit m'étoit entièrement inutile. Toute la satisfaction qu'on peut se procurer par l'exercice des facultés intellectuelles, m'étoit absolument étrangère & inconnue. Aussi n'acquis-je par mon éducation que des sens matériels, & des organes grossiers; de manière qu'au milieu de l'abondance de tout, j'étois aussi fatigué par la satiété, que sans cesse excédé par le dégoût. En un mot je me retrouvois dans la même situation, où m'avoit jeté l'avarice; j'avois tout alors, & je n'osois jouir; actuellement je ne desirois rien, & j'étois mécontent.

Mes grands biens ne me rendoient donc pas heureux. La mélancolie, l'indifférence, les maladies vinrent m'assiéger l'ame, & ronger mon cœur; le flambeau de ma triste vie s'éteignit insensiblement, sans que mon corps languissant ressentît ni crainte ni douleur.

Le jugement de Minos ne me fut pas favorable, car il m'ordonna de prendre une bonne dose d'avarice, & de roder encore avant de retourner au monde, trois ans sur les bords du Cocyte, tourmenté par le souvenir d'avoir dissipé, comme petit-fils, de grands biens que j'avois amassés comme grand-père.

A mon retour sur le globe terrestre, je dus le jour à un charpentier, & Constantinople fut ma patrie.

La première chose remarquable que j'y vis, fut le triomphe de Bélisaire. Il étoit en effet magnifique; mais ce qui me plut surtout, ce fut le malheureux Gélimer, roi des Vandales; sous les chaînes qui le traînoient à la suite du char triomphal, il portoit encore un caractère de noblesse & de majesté, qui l'élevoit fort au-dessus de son vainqueur. Ce souverain infortuné se souvenant, dans cette circonstance, de sa grandeur passée, & considérant avec mépris la gloire fastueuse du triomphateur, s'écria, O vanité ! vanité ! tout est vanité !

Mon père m'apprit son métier, & l'on peut juger facilement, qu'il ne se passa que peu de scènes intéressantes sur un théâtre si bas.

J'épousai une femme que j'aimois ; sa conduite fut celle d'une honnête femme ; je passois les jours dans un dur travail, & ma santé devenoit plus robuste. Après la fatigue de la journée, je prenois un repas frugal, qui étoit aussi délicieux pour moi, que le repas d'un riche, parce que j'avois appetit, & parce que ma femme que j'aimois, me tenoit compagnie. Ainsi s'écoulèrent mes jours sans vicissitude dans mon sort, sans orage de la part de la fortune.

Je parus, à ma mort, devant Minos avec la plus grande confiance, & dans l'espérance que j'allois aussi-tôt être introduit dans les champs Elisées. Mais pour mon malheur, je fus contraint d'avouer certaines petites tromperies de mon métier. Par exemple, je multipliois les dimensions de mon travail, lorsque j'étois payé par mesure ; & si je travaillois à la journée, ma paresse alongeoit l'ouvrage.

Après cet aveu, je me disposois à passer plus

loin, sans attendre mon arrêt; mais Minos me prit par l'épaule, & me repoussa très-violemment sur la terre.

CHAPITRE XIII.

Julien est petit-maître.

MA nouvelle rentrée fut à Rome, où je naquis héritier d'une famille distinguée, & très-opulente.

Comme mes père & mère en conclurent, que je ne manquerois ni de science, ni de talens, ils eurent la tendresse de ne pas me tourmenter pour m'en donner. Les seuls instituteurs de ma jeunesse étoient, un maître à danser qui m'enseignoit de fort jolis mouvemens de pieds, & un certain Ficus qui m'instruisoit dans l'art de baisser la tête avec grace & promptitude, qui m'apprenoit à tourner les yeux d'une manière doucereuse & agréable.

Lorsque je fus devenu maître dans ces hautes sciences, je crus, ainsi que mes parens, être un jeune homme parfait; & nous ne nous occupâmes plus qu'à rechercher chez les artistes & les marchands de la cour, tout ce qu'il pouvoit y avoir de plus charmant, de plus nouveau pour mon ajustement. Enfin dans ma vingtieme année, j'étois un des plus jolis monsieur de Rome. Dans les quarante-cinq années suivantes, je m'ajustois élégamment, je dansois, chantois, sautois, & pirouettois; je faisois des révérences & les yeux doux, ensuite les yeux doux, & des révérences. C'est dans ces nobles travaux, que je parvins à ma soixante-sixième année, qui termina ma carrière, des suites d'une fluxion de poitrine, que je gagnai dans un bal.

Minos déclara que je n'étois pas digne de l'Elisée, & que j'avois été de trop peu d'importance pour être damné. Je m'en retournai dans le monde.

CHAPITRE XIV.

Aventures de Julien dans la personne d'un moine.

LE sort me fit naître cadet d'une bonne maison, & l'on eut grand soin de m'envoyer au collège. Mais la science jetoit alors une si foible lueur, qu'elle ne pouvoit percer les ténèbres de l'ignorance qui couvroient la face de toute l'Europe. Mon précepteur savoit à peine composer quelques phrases latines, & ne connoissoit le grec que de nom. Cet instituteur ne me communiqua donc que peu de connoissances, & encore moins de vertus. Mes parens trouvèrent que j'en savois assez pour me dévouer à l'Eglise. Dès que j'eus atteint l'âge requis, je pris l'habit religieux.

Je vécus plusieurs années enfoncé dans ma cellule, menant une vie conforme à un naturel sombre, qui m'inspiroit le mépris du monde; c'est-à-dire en d'autres termes, que je portois envie aux grands talens, aux grands emplois, & que je haïssois tout le genre humain. Malgré ce caractère, je savois me vaincre assez, quand les circonstances l'exigeoient, pour m'humilier devant l'homme le plus méprisable, s'il pouvoit m'être utile.

Je me conduisis de cette manière envers Etienne l'eunuque, mignon de l'empereur Justinien II, quoique ce favori fût une des plus viles créatures, que la terre ait jamais portées; je composai son panégyrique, dans mes sermons, je le proposai même pour modèle à tous les courtisans.

Mes flatteries lui plurent, & m'acquirent sa bienveillance, au point qu'après m'avoir présenté à l'empereur, il me tira de mon couvent pour me procurer une place à la cour. Je pris au mieux près de l'empereur. Il me donna toute sa confiance, & je lui fis commettre toutes sortes de cruautés.

Comme j'étois naturellement acariâtre, misantrope & cinique, je ne haïssois rien tant que de voir briller sur les visages, la joie & la satisfaction ; les manières agréables des autres hommes me déchiroient le cœur. Je déclamois sans cesse contre toute espèce de fêtes & de divertissemens. Je traitois la politesse, l'aménité, de frivolité & de légereté ; je recommandois vivement la froideur & la gravité, ou même, pour dire la vérité, j'enseignois l'hypocrisie.

Le malheureux Justinien fut si docile à mes instructions perverses, que le peuple, animé par des excès multipliés, le renversa du trône, & le chassa de sa capitale.

Pour moi, je gagnai ma cellule. C'est une erreur de la part des historiens, d'avoir débité que j'avois été assassiné. Mon couvent me mit à l'abri de la fureur d'une populace effrenée, que je maudissois autant que j'en étois maudit.

Trois ans après cette catastrophe, Justinien étant venu déguisé à Constantinople, eut la bonté de se ressouvenir de moi, & de me faire une visite. De mon côté je fis semblant de ne le pas connoître ; la reconnoissance que je conservois de ses bontés passées étoit même si vive, que d'abord je résolus de ne le pas recevoir.

Cependant il me vint une heureuse idée, dont j'espérois tirer un excellent parti. Je lui déclarai donc, en l'examinant de plus près, que je le connoissois très-bien. Je lui demandai pardon de ma mauvaise mémoire; je maudis ma vue foible, & je l'embrassai de la manière la plus tendre.

Je le priai très-instamment de passer la soirée avec moi, il y consentit. Au bout d'une demi-heure je prétextai quelques raisons pour m'absenter un instant, & je courus en hâte au palais impérial pour dénoncer à Apsimar l'étranger qui étoit dans ma cellule, espérant d'en recevoir une récompense, proportionnée au service éclatant que j'allois lui rendre.

Apsimar ordonna en effet à un détachement de ses gardes de me suivre, & de s'emparer de Justinien; mais, soit que mon absence eût inspiré quelques soupçons à cet infortuné, soit que d'autres motifs l'eussent fait changer de résolution, nous ne le trouvâmes plus à mon retour, & tous nos soins à le découvrir furent inutiles.

Apsimar qui comptoit sur cette proie, fut très-courroucé de l'avoir manquée. Il me menaça des plus affreux tourmens, si je ne lui livrois pas le monarque détrôné. Mais le premier feu de sa colère étant passé, je parvins à éteindre tout-à-fait son ressentiment, par des flatteries & des artifices.

Justinien second eut le bonheur de remonter sur le trône impérial. Je fus un des plus empressés à l'aller féliciter, & à l'assurer de ma soumission. Probablement il avoit été instruit de ma perfidie, car il me reçut d'abord froidement, & ensuite me reprocha publiquement ma trahison. Moi, je niai tout avec effronterie, parce que j'étois sûr qu'il n'y avoit pas de preuves contre moi, & je tentai de me disculper. Je le trouvai enfin irréconciliable, je ne songeai plus qu'à me venger.

Tous mes sermons retentirent du nom de Justinien, & je l'y dépeignois comme un ennemi de l'église, comme un athée, un hérétique, un payen, un imbécille, un arrien ; mes imputations furent à la vérité confirmées par la suite de son règne, car il donna des preuves de la plus exécrable barbarie. Mon bonheur voulut que je rendis l'esprit le même jour qu'un grand nombre de soldats, qui avoient commis au Bosphore de Thrace, par ordre de Justinien, des cruautés atroces.

Minos les fit tous précipiter dans le gouffre infernal ; & comme il étoit extrêmement las de toutes les condamnations qu'il avoit prononcées, il ordonna que les assistans qui n'avoient point eu part à ces forfaits, & qui ne pouvoient se promettre l'entrée de l'Elisée, retourneroient dans le monde sans être entendus.

Je profitai promptement de cette amnistie, & je pris le chemin du globe terrestre.

CHAPITRE XV.

Julien devient racleur de violon.

Rome fut le lieu de ma naissance; ma mère étoit Africaine; & sans avoir une beauté particulière, elle fut favorite du pape Grégoire II, peut-être à cause de sa dévotion.

Je ne saurois dire quel fut mon père; mais je présume que ce n'étoit pas un homme d'une grande considération, puisqu'après la mort de Grégoire, qui faisoit beaucoup de bien à ma mère, nous tombâmes dans une situation si misérable, que nous fûmes obligés de mendier du pain dans les rues de Rome.

Notre principale ressource étoit dans mon violon, dont je jouois passablement, car j'avois naturellement beaucoup de goût pour la musique; & d'ailleurs cette science avoit fait partie de l'honnête éducation que j'avois reçue aux dépens du pape.

Notre gain étoit pourtant fort modique, & quoique j'eusse toujours un assez grand nombre d'auditeurs dans les places, il y en avoit fort peu qui se crussent obligés de gratifier le pauvre diable qui divertissoit le public.

Quelques-uns même, pour se piquer d'être des gens sensés & habiles, s'en alloient, en secouant la tête, après m'avoir entendu une heure entière, & disoient tout haut : en vérité, c'est une honte que de souffrir dans les rues de pareils vagabonds.

A dire le vrai, mon violon n'auroit pu nous procurer de quoi vivre, si nous eussions uniquement compté sur la libéralité de mes auditeurs. Mais ma mère, en femme adroite, faisoit valoir aussi son industrie. Tandis que par ma musique j'amusois agréablement les yeux & les oreilles du peuple, ses poches occupoient ma mère, & son succès étoit si grand, que nous y trouvions l'un & l'autre un abondant entretien. Malheureusement notre prudence n'égaloit pas notre bonheur: si nous eussions réglé notre dépense sur nos besoins plutôt que sur nos profits, il est certain qu'en peu de tems nous eussions été assez à notre aise pour abandonner la vie dangereuse & malhonnête que nous menions.

Tel est l'arrêt du sort, qu'en général tout ce que l'on gagne à force de travail & par des voies légitimes, se conserve très-bien, au lieu que ce qui s'acquiert par des moyens illicites & par l'extravagance, se dissipe aussi rapidement qu'il s'est amassé.

Nous dépensions donc tout ce que nous gagnions; par-là nous accoutumant à une folle profusion, nous fûmes contrains de jouer d'adresse encore plus que du violon ; ou, pour trancher le mot, nous devînmes de francs coquins, sans cependant avoir une inclination naturelle au libertinage.

Nous fîmes assez long-tems ce petit trafic sans être découverts ; mais comme la fortune a coutume d'abandonner à eux-mêmes les gens d'un talent extraordinaire, elle nous joua aussi ce vilain tour. Ma mère fut prise sur le fait, & menée devant le juge, ainsi que moi, comme son complice.

Notre bonheur voulut que ce magistrat fût grand amateur de musique, & qu'il m'eût plusieurs fois envoyé chercher pour jouer devant lui. Il m'avoit toujours mal payé, & sans doute que sa reconnoissance lui parla en ma faveur, lorsqu'il me vit avec ma mère. Au reste, quel que soit le motif qu'il ait eu de nous traiter avec douceur, nos délateurs furent renvoyés, & nous obtînmes notre élargissement avec honneur. Il est vrai qu'il me fallut jouer quelques airs en sa présence, & que je n'eus point d'autre récompense que d'être renvoyé absous. Ce qui facilita beaucoup aussi notre liberté, c'est que la personne volée étoit un poëte, sur lequel notre juge prit occasion de s'égayer par des plaisanteries.

Les poëtes & les musiciens, disoit-il, doivent vivre en bonne intelligence & en frères, puisqu'ils ont épousé les deux sœurs. Lorsque l'on produisit la pièce d'or qui avoit été volée, il faut, s'écria-t-il, que nous soyons dans l'âge d'or, puisque les poëtes portent de l'or sur eux; or dans cet âge fortuné l'on ne connoît pas les filoux.

Il est de règle ordinaire qu'un danger évité est un avis salutaire; moi, j'avois un autre opinion, & j'étois persuadé qu'un accusé, qui est renvoyé absous, doit reprendre courage, parce que c'est une marque assurée de la prédilection de la fortune.

Dès-lors, en dépit des loix, des juges & des punitions, nous continuâmes hardiment notre agréable métier de filou.

Un jour que nous avions été appelés chez un riche prêtre; tandis que ses domestiques s'amusoient à danser au son de mon violon, ma mère trouva l'occasion de s'emparer d'un grand plat d'argent, sans toutefois avoir envie de commettre un sacrilège; cependant il fut prouvé que ce vase étoit destiné à des usages sacrés, & que le prêtre ne l'avoit pris chez lui que pour traiter sa famille avec plus de magnificence.

Ma mère fut convaincue de ce vol, & menée avec moi chez le même juge qui nous avoit traité si favorablement.

Sa conduite ne fut pas la même que la première fois; dès que le prêtre parut, il montra autant de férieux & de févérité, qu'il avoit eu ci-devant de gaieté & de douceur.

Nous fûmes condamnés tous les deux à être fouettés dans les carrefours & dans les rues.

Ce jugement fut exécuté avec beaucoup de ponctualité, car le prêtre, qui honora notre supplice de sa préfence, exhortoit le bourreau à bien s'acquitter de son devoir, & lui crioit charitablement : appuyez, mon ami, c'est pour le salut de leurs ames.

Quoique dans ces circonstances défagréables, nos épaules fussent cruellement déchirées, cependant mes douleurs, celles de ma mère, me furent moins fenfibles, que l'affront que l'on fit à mon violon. Il fut porté devant nous comme pour servir de triomphe au bourreau; la populace en faifoit des risées & des railleries, qui marquoient son mépris pour l'art que j'avois l'honneur de profeffer.

Je regardois la mufique comme une des plus nobles, comme une des plus heureuses inventions de l'efprit humain, & de-là je m'enorgueilliffois beaucoup de mon savoir.

Le traitement qu'effuyoit mon pauvre violon, de la part de cette foule imbécille & ignorante, me fendoit le cœur, & m'affectoit au point que j'eusse facrifié le refte de ma peau pour lui fauver cette avanie.

Ma mère ne survécut que peu de tems à cette punition. Moi j'allois toujours enfonçant dans l'abîme de la misère, lorsque mon bonheur me rendit agréable à un jeune seigneur, qui me donna un logement chez lui, & me combla de bontés.

Il étoit possédé d'une fureur musicale qui avoit éteint toute autre passion. Il me choisit pour lui donner la pratique même de l'art du violon, qu'il ne connoissoit que par théorie.

Soit défaut de disposition, soit défaut de génie, il ne fit que peu de progrès. Cependant suivant l'usage de mes confrères, j'encensois son talent, je louois son habileté; ces flatteries me gagnoient sa bienveillance, au point qu'il m'eût fait un sort avantageux, si je les eusse continuées. Mais je m'apperçus qu'elles lui avoient donné une si haute opinion de son savoir, qu'il commençoit à préférer son jeu au mien, dès-lors tant d'orgueil me devint insupportable.

Un jour que nous jouions un concerto, le petit seigneur joua si faux, que je ne pus m'empêcher de l'en faire appercevoir. Il répliqua que c'étoit ma faute, que je lui avois donné le faux ton; essuyer un semblable affront de son propre écolier, c'étoit au-dessus de la patience humaine. Je m'emportai, je jetai mon instrument de dépit en jurant, en disant avec vivacité, que j'étois trop vieux pour recevoir des leçons de musique.

Il me répondit sur le même ton, qu'un racleur de violon dans les rues, n'étoit pas fait pour le reprendre. La dispute se termina par un défi de jouer devant un maître de l'art. Il prononça en ma faveur, mais la victoire me coûta cher. Je perdis mon écolier & toutes ses bontés. Je fus éconduit tout aussi-tôt; il me fit les reproches les plus amers de la punition honteuse dont mes épaules portoient l'empreinte, & de la misère d'où sa compassion m'avoit tiré.

Une dame, nommée Sabine, qui se croyoit grande connoisseuse en musique, & qui m'avoit entendu, n'eut pas plutôt appris que j'étois sorti de chez ce seigneur, qu'elle se chargea de mon entretien & de ma personne. Cependant je n'étois rien moins que content; car j'étois souvent obligé de jouer devant sa compagnie; & autant de fois, hélas! elle m'assommoit d'avis & de leçons, d'autant plus insupportables, qu'ils n'avoient pas le sens commun.

Je me persuade, non sans raison, que ces contrariétés avancèrent ma mort; car l'expérience m'ayant appris à sacrifier à mon pain toute espèce de ressentiment, les dégoûts, le chagrin concentrés à l'intérieur, me causèrent une maladie dangereuse.

Madame Sabine, malgré tous les défauts de mon jeu sur lesquels vraisemblablement elle ne mesuroit pas sa bienveillance, me fit donner tous les secours possibles. Trois des plus fameux médecins furent appelés, & comme la dame étoit riche, en trois jours j'eus onze visites.

Un d'eux vint seul faire la douzième, & c'est lui qui me rendit l'utile service de dégager mon esprit de la matière. Peut-être, hélas! réussit-il sans le vouloir. Voici la recette qu'il employa, & qui pourra n'être pas inutile à quiconque voudra assassiner avec une formule médecinale.

J'avois une fièvre continue, avec des redoublemens furieux, accompagnés de transports & de délire. Ma tête étoit brûlante comme un charbon ardent. Le docteur imagina de me guérir par les contraires. Il me fit mettre l'occiput sur un gros glaçon, en fit poser un autre sur l'abdomen, & en plaça un dans chaque main qu'il m'ordonna de laisser hors du lit. Cette opération sembla me transporter tout-à-coup dans la zone glaciale. Mon docteur m'examinoit & jetoit de tems en tems les yeux sur un thermomètre qu'il avoit attaché au rideau de mon lit. Le mal de tête se dissipa tout-à-coup, mon pouls devint moins fréquent, & je me sentis entièrement soulagé.

Mon premier soin fut de faire de grands remercîmens au médecin, en l'assurant que j'étois presque guéri. Il ordonna de me laisser encore trois minutes dans cette athmosphère glacée, de retirer ensuite tous les glaçons; puis il sortit. Je me soulevai un peu pour voir moi-même le thermomètre, & je reconnus qu'il étoit un degré au-dessous du point de congélation; chose inouie dans le mois d'Avril, sous un climat tel que celui de Rome.

Le même médecin revenoit triomphant au bout de quatre heures avec ses deux autres confrères, pour me faire une treizième visite, mais on leur dit qu'il y avoit trois heures que j'avois expiré. Ils hochèrent la tête & s'en allèrent.

Lorsque je parus devant Minos, il me demanda si j'avois apporté mon violon; & sur la négative que je lui fis, il me pria de m'en retourner, en ajoutant que j'étois heureux de ce que Lucifer n'aimoit pas la musique.

CHAPITRE XVI.

Julien paroît dans le monde sous le caractère d'un sage.

ROME fut encore le théâtre de ma vie, mais j'y reparus avec un caractère différent; je fus chargé par le destin d'y jouer une scène très-sérieuse. Dès ma jeunesse je donnai des marques de ma destination, car on ne me vit rire que fort rarement;

d'où tous ceux qui m'approchoient, concluoient que j'étois un enfant de grand esprit; quelques-uns même prédirent que je serois un juge, d'autres un évêque. Dans ma seconde année, mon père me donna un joujou, je le cassai aussi-tôt avec mépris. Le bon-homme prit cela pour une preuve de ma sagesse, & s'écria, tout extasié, fort bien! mon cher enfant, je te suis caution que tu seras un jour un grand homme.

Pendant mes études on ne me vit jamais m'adonner aux jeux & aux divertissemens des écoliers, & cependant je n'en étudiois pas davantage, & mon savoir n'en étoit pas plus étendu. Mais ma conduite sérieuse me gagna tellement l'affection de mon précepteur, qui étoit un homme sage, que je devins son favori, qu'il proposoit sans cesse pour exemple à mes camarades. Aussi étois-je l'objet de leur jalousie. Et si pourtant ils me témoignoient une certaine estime, c'étoit un tribut qu'ils payoient par force, & dont ils s'indemnisoient, en me chargeant en eux-mêmes de haine & de malédictions.

La réputation de jeune homme d'esprit & bien élevé dont je jouissois alors, je ne la conservai dans la suite qu'avec beaucoup de peine & de contrainte; car la violence que j'étois obligé de me faire pour renoncer aux divertissemens de mon âge, me causoit maints chagrins qui me flétriſſoient l'ame & qui ſurpaſſoient de beaucoup le plaiſir que j'avois quelquefois à ſoutenir la dignité imaginaire de mon caractère ſérieux.

Telle fut ma conduite juſques dans ma vingt-troiſième année, ſans que j'éprouvaſſe aucune affection remarquable. Mais ayant fait connoiſſance avec une jeune Napolitaine, nommée Arianne, dont la perfection de la taille & la régularité des traits attiroient les regards & enchaînoient les cœurs, je ne pus défendre le mien d'une bleſſure profonde. La vivacité d'Arianne, les charmes de ſon caractère, les agrémens de ſa converſation, achevèrent de me rendre le plus ardent & le plus humble de ſes eſclaves.

Cette aimable perſonne avoit dix-huit ans, lorſque je la vis la première fois dans une maiſon où j'allois fréquemment. Je m'enflammai d'autant plus facilement, que je remarquai que mes ſoins étoient reçus avec diſtinction.

Après un ſéjour de trois mois à Rome, Arianne en partit emportant mon cœur & toutes mes eſpérances.

D'un autre côté j'avois toutes les aſſurances de retour qu'on peut déſirer d'une demoiſelle, qui règle ſa conduite ſur la plus auſtère bienſéance.

Son départ me cauſa un chagrin d'autant plus ſenſible, qu'il n'étoit pas facile de m'en diſtraire. J'eus beau chercher un remède dans la diſſipation,

& surtout dans la musique; du caractère sérieux dont j'étois, cette science ne servit qu'à réveiller mes desirs & accroître mes peines.

Ma passion devint si violente, qu'elle me fit résoudre à la satisfaire. Un de mes premiers soins fut de m'informer de l'état des parens d'Arianne, que je ne connoissois pas. J'appris que, quoique leur état & leur fortune passassent mes espérances, cependant l'un & l'autre n'étoient pas assez considérables pour justifier mon mariage aux yeux des gens sensés & raisonnables. C'est alors qu'il se passa au-dedans de moi-même un vif combat entre la sagesse & le desir de ma félicité. La première triompha. Il est impossible de dire ce qu'il m'en coûta pour sacrifier mon inclination à cette réputation d'homme sage, que j'avois acquise avec tant de peine, & conservée à force de privations.

Ce combat intérieur duroit encore lorsqu'Arianne revint à Rome. Qu'on juge quel ennemi ma sagesse avoit à redouter alors, puisque l'absence de mon amante m'avoit causé tant de tourmens!

Ma réputation eût sûrement succombé sous l'ardeur de ma passion, si je n'eusse imaginé de satisfaire cette dernière, sans porter atteinte à la première. C'est-à-dire que je pris la résolution d'entretenir secrètement ma maîtresse. Selon les mœurs romaines, il n'y avoit nulle indécence dans cette conduite, pourvu qu'extérieurement je conservasse toujours les règles de la bienséance, mon secret fût-il même connu de tout le monde.

Pour parvenir à mon but, j'avois employé toutes les ressources d'un homme passionné, & toutes les finesses des complaisans. Son confesseur avoit été corrompu, une vieille matronne étoit dans mes intérêts, mais tout fut inutile. Sa vertu fit plus de résistance encore que ma sagesse. Elle paya mes propositions du plus grand mépris, & refusa de me voir dès cet instant.

Arianne retourna encore à Naples, & me laissa dans une situation semblable à celle d'un homme qui seroit enchaîné sur un brasier ardent. Une noire mélancolie m'accompagnoit tout le jour, toutes mes nuits étoient marquées par des insomnies.

L'histoire de mes amours, mes vues de mariage étoient divulguées par tout, mais mes amis soutenoient que j'étois trop sage, pour me marier si follement. Cette bonne opinion qu'ils avoient de moi, flattoit mon amour-propre, mais par combien de tourmens ne l'achetai-je pas.

Un soir, qu'après avoir mûrement réfléchi, je m'arrêtois à la résolution de préférer ma félicité à tout, un de mes amis vint m'apprendre qu'Arianne étoit mariée. Quoique cette nouvelle me brisât le cœur, je fus pourtant assez maître de moi pour ne rien laisser paroître de ma douleur devant mon ami. Dès que je fus seul, je m'abandonnai au plus cuisant désespoir; je me serois estimé trop heureux de pouvoir posséder ma chère Arianne, au prix de ma sagesse, de ma fortune, & de tout ce que j'avois de plus cher. Il falloit me consoler, & attendre du tems, ma guérison parfaite. Pour comble de malheur, le Romain qu'Arianne avoit épousé, vint prendre un logement dans mon voisinage; j'avois sans cesse sous les yeux l'image de cette aimable femme, qui menoit la conduite la plus respectable. Je trouvois dans le tableau de la félicité des deux époux, les plus justes motifs de douleur & de regret.

Si j'eus sujet de maudire ma sagesse, de ce qu'elle m'avoit fait perdre Arianne, en revanche je lui dus la facilité de pouvoir épouser une veuve, qu'un de mes amis me proposa comme un parti d'autant plus sortable, que sa fortune surpassoit la mienne, autant que la mienne surpassoit celle d'Arianne. Ma réputation d'homme sage parla si favorablement à cette veuve, qui étoit elle-même d'un caractère sérieux & d'une conduite très-réglée, que notre mariage fut aussi-tôt arrêté. La conclusion s'en fit, dès que la bienséance, dont ma future vouloit strictement suivre les régles, eut terminé son deuil, c'est-à-dire, le second jour de la seconde semaine de la deuxième année qui suivit le décès de son mari.

Malgré l'honnêteté de sa conduite, malgré la régularité de ses mœurs, ma femme me rendit malheureux. Sa personne n'étoit rien moins qu'aimable, & son caractère étoit revêche & acariâtre. Pendant quinze ans que dura notre union, il ne se passa pas un seul jour que je ne maudisse, dans le fond de mon cœur, & ma femme & le soleil qui avoit éclairé notre hymen. La seule douceur qui corrigeoit un peu l'amertume de ma vie, c'étoit de voir que mes amis prônoient la sagesse de ma femme, & n'oublioient pas la mienne.

Vous voyez que l'amour me fit payer cher la gloire de passer pour sage. D'autres fois je l'obtins à meilleur marché, je veux dire par l'hypocrisie. Je me privois de mille petites récréations que je paroissois mépriser, tandis qu'intérieurement j'avois la plus grande inclination à m'y livrer. L'hypocrisie qui me causa surtout le plus de déplaisir, ce fut celle qui me portoit à dénoncer comme abominable & scandaleux, un livre que je me faisois une fête de lire dans mon cabinet.

Mais je ne veux pas trop étendre l'histoire de ma conduite, qui ne contient d'ailleurs rien de bien remarquable : toute ma vie fut une dissimulation continuelle qui m'eût rendu fort heureux, si j'avois pu me tromper moi-même aussi facilement que je trompois les autres : pour peu que je réfléchisse, j'étois aussi-tôt convaincu, que dans le fait je n'étois pas aussi sage que je paroissois l'être aux yeux des hommes, & cette réflexion empoisonnoit beaucoup le plaisir que je recevois de la bonne opinion, que les autres avoient de ma sagesse.

Ce reproche que fait la conscience quand on la consulte, ressemble au *memento mori*, que toute créature doit se dire. C'est le plus dangereux ennemi de toute flatterie; c'est le contrepoison de toutes les fausses louanges. Je ne déciderai pas, si nos philosophes ou nos sages modernes, ne veulent point prendre la peine de réfléchir, ou si plutôt la longue habitude où ils sont de tromper les autres, les aveugle sur la tromperie qu'ils se font à eux-mêmes, mais il est certain qu'il en est plusieurs parmi eux qui ne se connoissent pas plus, que le monde les connoît.

Qu'un philosophe paroîtroit ridicule, si l'on pouvoit pénétrer dans le cabinet de sa sagesse! C'est alors que l'on seroit étonné de trouver au milieu des mets les plus délicats, l'homme frugal & tempérant, qui parle avec mépris de tous les plaisirs du goût; de voir un sage se piquant d'être sobre, faire en public l'éloge de l'eau, & dans le secret, caresser sa bouteille, & se gorger de vin; d'appercevoir enfin un sage qui dénonce un tableau un peu libre, ou un roman gai, comme le poison des bonnes mœurs, oublier sa morale dans les bras de sa gouvernante.

J'abandonne le pinceau, & je ne continuerai pas la peinture d'un caractère sous lequel j'ai joué le rôle le plus ridicule, de tous ceux que j'ai représentés sur le théatre du monde. Ma sagesse finit enfin.

Un de mes amis qui demeuroit dans la partie orientale de l'empire, ayant deshérité son fils, m'institua son héritier. Je reçus cette nouvelle au milieu de l'hyver, au moment où je venois de relever d'une maladie dangereuse, & d'attendre ma grande année climatérique, la soixante-dixième.

Imaginant bien que la famille du défunt s'opposeroit de tout son pouvoir à l'exécution de son testament, je consultai un de mes amis, sur la conduite que je devois tenir, savoir si je me rendrois sur les lieux aussi-tôt, ou si je donnerois ma procuration & confierois mes intérêts à quelqu'un jusqu'à ce que la saison fût devenue plus commode, pour faire ce voyage.

J'opinois beaucoup pour ce dernier parti, parce que je me voyois assez riche sans cet héritage, parce que j'étois dans un âge avancé, & que je ne connoissois personne que je désirasse d'enrichir après ma mort.

Mon ami fut d'avis que je partisse promptement.

Il me représentoit que si le bonheur lui eût envoyé une pareille succession, il seroit déjà en route; que sage comme j'étois, je ne devois pas donner une occasion de me tromper, ce qui arriveroit infailliblement, si j'envoyois ma procuration; enfin il appuyoit fortement sur cette maxime : *ne facias per alium quod per te fieri potest*. J'avoue, poursuivoit-il, que la saison est désagréable, que l'état de convalescence où vous vous trouvez, mérite quelques égards, mais toutes ces circonstances ne sont pas des obstacles invincibles; d'ailleurs c'est à surmonter les obstacles insurmontables pour le vulgaire, que je reconnois principalement le philosophe.

Le conseil de mon ami leva toute incertitude; en conséquence je me mis en route dès le lendemain. Je fus pris du mauvais tems deux jours après; le troisième, la fièvre m'assaillit, & consuma mes forces & ma vie.

Minos demanda cette fois mes projets. Je m'approchai avec confiance de la porte de l'Elisée, espérant que la sagesse qui brilloit sur mon front, étoit un passeport assûré, sans avoir d'examen à subir; mais à mon grand étonnement, Minos me dit d'une voix terrible: Monsieur, à l'air sérieux, où allez-vous si vîte? Voulez-vous bien, avant de passer plus avant, me faire le récit de votre conduite dans le monde?

J'entrai tout de suite en matière, & j'avois continuellement les yeux sur la porte que je croyois devoir s'ouvrir à chaque phrase de mon histoire. J'étois dans l'erreur, je ne fus point admis, & Minos m'apostropha ainsi.

Je crois, monsieur l'homme sage, que votre retour dans le monde est le parti le plus sage que vous ayez jamais pris, & le plus propre à faire honneur à votre sagesse; ce seroit une extravagance complette d'entrer dans l'Elisée; car il n'y a qu'un fol qui puisse exporter une marchandise, d'un lieu où elle est en grand crédit, pour l'importer dans un endroit où elle n'a aucune valeur. Retournez donc au monde avec votre air sérieux, l'Elisée n'est pas le lot de ceux qui sont trop sages pour être heureux.

Cet arrêt m'étourdit un peu, mais ne m'accabla pas. Je représentai à mon juge, que puisque l'entrée de l'Elisée m'étoit interdite, je me flattois de n'avoir commis dans ma vie aucun crime, qui méritât que je fusse condamné à reparoître au monde sous le caractère de sage. Vous attendrez votre sort, me dit-il, il me quitta dans le même instant.

CHAPITRE XVII.

Julien parvient à la dignité royale.

JE naquis à Oviédo en Espagne, du Comte de Veremond; & mon oncle Alphonse le Chaste, roi de Castille, m'adopta pour l'héritier de son trône.

De tous les voyages que j'ai faits sur terre, il n'en est aucun dans lequel ma jeunesse se soit passée avec autant de disgrace & de désagrémens.

J'étois dans une gêne continuelle; ou gouverné par des médecins qui me désoloient avec leurs remèdes, ou sans cesse entouré de gouverneurs & de précepteurs, qui m'accabloient de maximes & de leçons. Les heures même de mes récréations, que j'eusse données suivant mon goût, à des jeux de l'enfance, il falloit les perdre à des parades magnifiques; ce qui donnoit à mon cœur innocent, & exempt d'ambition, des chaînes cent fois plus pesantes, que celles du plus humble des courtisans, dont le devoir étoit de m'assommer, chaque jour, de soumissions & de flatteries.

Les choses restèrent en cet état jusqu'à l'âge de puberté, que mes jours devintrent plus doux, je peux dire même délicieux. Les plus belles femmes de la cour s'empreſſoient de me plaire. J'avois le bonheur de voir les beautés les plus raviſſantes, recevoir la déclaration de mes deſirs avec docilité ; mon plus grand embarras étoit de choiſir ma victime.

Enfin toutes les femmes ſe conduiſoient envers moi de la même manière que les hommes ſe conduiſent auprès des plus aimables perſonnes dont ils veulent attirer l'attention. Celles même qui ſe piquoient de la plus auſtère bienſéance, loin d'oppoſer de la réſiſtance à mes feux, ne cherchoient qu'à les exciter & regardoient la préférence que je leur accordois, comme une bonté particulière qui méritoit encore leur reconnoiſſance.

J'avois auſſi beaucoup de plaiſir à faire du bien ; car j'étois d'un caractère débonnaire ; & je ne manquois pas d'occaſions pour le ſatisfaire. Je me ſervois de tout le crédit que j'avois auprès du roi, pour lui recommander des perſonnes de mérite indigentes, & pour me procurer la ſatisfaction de les voir ſecourues.

Si j'avois bien connu la félicité de mon état actuel, rien n'auroit dû m'affliger davantage que la mort du roi, qui fit retomber ſur moi tout le fardeau de la royauté.

Mais tel eſt l'aveuglement de l'ambition, & tels ſont les charmes d'une couronne, que quoique j'eusse la plus sincère reconnoissance, & le plus tendre attachement pour mon oncle, qui m'avoit toujours comblé de bontés, cependant je ne ressentis qu'une légère douleur de sa perte; mon couronnement eut bientôt essuyé les larmes que j'avois données à ses funérailles. Je montai sur le trône sous le nom de Ramire I.

Si l'éclat du trône m'éblouit, il ne m'aveugla jamais. Ma mémoire fut toujours remplie des devoirs que j'avois contractés envers ceux qui étoient sous mon sceptre.

Je les voyois comme un père voit ses enfans; dont la prospérité est confiée à ses soins par la Providence, ou je les considérois, comme un sage propriétaire regarde les fermiers de ses terres, qui reconnoit que leur bien-être fait la base du sien propre.

D'après ces réflexions, j'ose dire que la félicité de mes sujets fut toujours l'objet de mes vœux, & le but de toutes mes entreprises.

Le roi Mauregas s'étoit indignement engagé pour lui & ses successeurs, à livrer annuellement aux Mores le tribut de cent vierges. Je résolus de délivrer mon état de ce joug honteux. Quand l'empereur Abderame II m'envoya demander l'exécution de cet infame traité, je renvoyai ses ambassadeurs avec indignation; je les aurois certainement fait étrangler, si je n'eusse réfléchi que

c'étoit

c'étoit faire un double outrage à la nature, & au droit des gens.

Je me préparai dès-lors à la guerre; Je m'empressai de mettre sur pied une puissante armée. A cet effet j'assemblai mon peuple; & du haut de mon trône je lui représentai que ni l'ambition, ni la vengeance personnelle n'avoient part à cette guerre, mais que sa sûreté, son honneur étoient les uniques, les justes motifs qui la faisoient entreprendre & la rendoient indispensable.

J'eus la satisfaction de voir tous mes sujets approuver ma résolution, & jurer unanimement, qu'ils étoient prêts à exposer tout ce qu'ils avoient de plus cher, pour l'honneur de ma couronne.

Mes troupes furent bientôt prêtes; mes sujets de toute condition accouroient bravement sous mes drapeaux; il ne resta que peu de monde pour la culture des terres; les évêques même, les ecclésiastiques suivirent l'armée.

Nous en vînmes aux mains près d'Avelda, & sans la nuit qui survint, la monarchie d'Espagne étoit anéantie.

Je me retirai sur une montage pour m'abandonner à ma douleur; non pas tant encore à cause du danger où je voyois ma couronne, que par rapport à la perte de tant de braves gens, qui s'étoient confiés à ma conduite.

K

Si j'ai, me difois-je, l'ame déchirée par les regrets de voir tant d'hommes morts dans une guerre, qui n'a été entreprife que pour leur sûreté, à quel degré euffent donc été mes remords, fi, comme tant d'autres princes, j'avois facrifié ces hommes à mon ambition, à ma vanité, ou à un inutile agrandiffement de mes états.

Après m'être abandonné pendant quelques jours à la violence de mon chagrin, je me mis à rêver aux moyens de détourner un plus grand malheur; une heureufe idée jeta tout-à-coup dans mon cœur un rayon d'efpérance.

Faifant attention qu'il fe trouvoit un grand nombre de prêtres dans mon armée, & que rien n'avoit plus de pouvoir fur les efprits que la fuperftition; je réfolus de profiter de cette réflexion, d'affurer que faint Jacques m'avoit apparu, & m'avoit promis une victoire complette.

Je méditois encore fur cette idée, lorfque l'évêque de Najara entra chez moi. J'avois quelque fcrupule à lui confier le myftère qui m'occupoit, je fentois cependant que j'avois un extrême befoin de fon miniftère. J'eus donc recours à un petit artifice pour le perfuader, & le tourner à mes vûes.

Je feignis de ne l'avoir pas apperçu, & je ne répondis rien à ce qu'il me dit. Cependant je parlois à faint Jacques, comme fi je l'euffe vu; je le remerciois à haute voix de ses faveurs, & de la victoire qu'il me promettoit. Ces complimens finis, je me retourne comme par hasard, j'apperçois l'évêque, je cours à lui, je l'embrasse, je l'assure n'avoir pas su qu'il étoit présent; je lui découvre, d'un air transporté, l'apparition du saint, & je lui demande très-sérieusement s'il ne l'avoit pas vu.

L'évêque qui étoit un homme fin & rusé, répond aussitôt que le saint lui a pareillement apparu, & que si je l'avois vu moi-même, j'en avois l'obligation à ses prières, puisqu'il avoit passé les deux jours précédens, à en adresser les plus ferventes à ce bienheureux Jacques, qui étoit son patron. Il y a peu d'heures, ajouta-t-il, que j'ai vu le saint, & je venois vous rendre compte qu'il m'a non-seulement promis la défaite des infidèles, mais qu'il m'a notifié en même tems la mort de l'évêque de Tolède.

Cette dernière circonstance me fit douter si le récit de l'évêque ne contenoit pas quelques vérités, car quoique je ne fusse pas superstitieux, la réalité de la mort qu'il m'avoit annoncée, & qui me fut bientôt confirmée, étonnoit mon esprit, & tentoit ma crédulité. Dans la suite j'appris que l'homme sacré de Najara avoit perdu récemment trois chevaux, à l'occasion de certaines nouvelles qu'il avoit reçues de Tolède. Il ne m'en fallut pas davantage pour m'éclairer sur la révélation de son saint patron.

Le lendemain de ma vision, l'évêque monta sur le rostrum ; il publia ce miracle avec tant d'énergie, il souffla le feu de l'enthousiasme avec tant de force, que toute l'armée animée du même esprit, ne respiroit que le combat, & sembloit être devenue invincible.

L'évêque, suivant l'usage de tous les ministres des religions, emprunta les foudres du ciel pour épouvanter la terre. Il termina son discours par des imprécations fulminantes contre ceux qui auroient le moindre doute d'un heureux succès; il déclara que quiconque oseroit en former, se rendroit coupable de la damnation éternelle, puisqu'il accuseroit le saint de mensonge ; enfin il assura qu'il étoit lui-même caution de la promesse du saint.

Je m'apperçus bientôt que ce discours avoit produit le plus grand effet, & l'enthousiasme enflammoit toutes les têtes. Pour en accroître encore la force & l'activité, je fis usage d'un autre stratagême, qui servit beaucoup au succès du premier. J'avois à mon service un homme adroit & rusé, que j'avois très-heureusement employé dans des intrigues galantes, je pris le parti de le charger de l'intrigue sacrée ; ainsi d'un dieu du paganisme, j'en fis un saint moderne.

Je lui fis endosser un vieil habillement de différentes couleurs, qui étoit inconnu, je le fis déguiser de manière à être méconnoissable. Il montoit un cheval blanc, & portoit de la main gauche une large croix rouge.

Dans cet accoutrement, je lui ordonnai de passer devant l'armée, & de s'écrier : *courage; saint Jacques combat pour vous!* Toute l'armée répéta ces mots; chaque soldat combattit en démon forcené plutôt qu'en homme, & malgré notre petit nombre, nous remportâmes la victoire la plus complette.

Après cette déroute, l'évêque de Najara parut, & rapporta que le saint lui avoit fait le récit de tout ce qui s'étoit passé. Il m'a donné ordre, ajouta-t-il, de toucher une somme considérable pour son service, & de demander, en son nom, l'établissement d'une dîme en grains & en vin, pour l'entretien de son église. Le saint veut encore que, pour éterniser la victoire mémorable que nous venons de remporter, on lui paye chaque année une solde de chevalier, qu'il me charge ainsi que tous mes successeurs, de recevoir.

Toute l'armée cria unanimement qu'il falloit tout accorder; je fus obligé d'y donner mon consentement malgré ma répugnance, & dans la crainte d'aliéner les esprits par ma résistance.

J'avois dès-lors tout terminé avec saint Jacques;

mais je n'étois pas quitte de l'évêque, qui faisoit les fonctions de son légat. Huit jours après, on apperçut des lumières dans un bois près du champ de bataille. Au bout de quelques jours on y découvrit le tombeau du saint. On vint me faire le rapport de cette belle découverte, & l'évêque étoit présent. Il me contraignit par ses discours, à bâtir une église, qu'il fallut doter de riches revenus. Bref, ce prétendu légat me tourmenta si fort avec les miracles de son saint, que pour me défaire de lui, je le nommai, avec la permission du pape, à l'évêché de Tolède, qu'il ambitionnoit.

Je passe à d'autres faits. Un certain officier supérieur qui s'étoit battu vaillamment dans la bataille contre les Maures, où il avoit reçu plusieurs blessures, me sollicitoit vivement pour avoir son avancement.

J'étois sur le point de lui accorder une place qui venoit de vaquer, quand un de mes ministres me rapporta avec une crainte affectée, qu'il avoit promis cette place au fils du comte d'Alderedo, homme puissant, qu'un refus ne manqueroit pas de mécontenter, puisqu'il avoit déjà rappelé son fils de l'académie, pour le mettre en possession de l'emploi.

Toutes ces raisons m'arrachèrent mon consentement pour le jeune d'Alderedo; mais je recommandai dans les termes les plus forts à mon ministre, l'officier de mérite dont je voulois récompenser les services; il m'assura qu'il s'en souviendroit sûrement.

Cependant je viens de rencontrer dans l'Elisée, ce brave homme de guerre, qui m'a appris qu'il étoit mort dans la plus grande misère.

Quiconque a été souverain ou prince, ne peut se représenter fidèlement, combien les faussetés de ses favoris, la conduite intéressée de ses ministres, lui font imputer de fautes dont il est innocent.

Le comte de Saldagne avoit été très-long-tems détenu en prison; son fils dom Bernard del Carpio, qui s'étoit fort distingué dans la guerre contre les Maures, me supplia de lui accorder la délivrance de son père, pour récompense de ses services. Le vieillard avoit suffisamment été puni par sa détention; le jeune homme avoit un mérite si bien reconnu, que je sentois ma reconnoissance & la justice, parler en sa faveur; mais mes ministres s'opposèrent fortement à la résolution favorable que j'avois prise. Ils me représentèrent que mon honneur exigeoit que je vengeasse l'insulte faite à ma famille; que la demande du jeune del Carpio avoit plutôt l'air d'une menace que d'une prière; que le compte orgueilleux qu'il faisoit de ses services, la récompense qu'il sollicitoit, étoient de

K iv

véritables reproches; que consentir à ce qui étoit demandé si hautement, c'étoit ou crainte ou foiblesse dans un monarque; enfin, qu'en accordant la rémission de la peine infligée par mon prédécesseur, c'étoit déclarer que son jugement avoit été injuste. Toute la famille de Saldagne est l'ennemi juré de votre maison, m'ajouta un de mes ministres en secret; voyez maintenant s'il est possible de relâcher son chef.

Avec ces différentes représentations mes ministres parvinrent à leur but, le jeune del Carpio n'obtint qu'un refus, qui lui fit quitter la cour, & lui causa la mort peu de tems après. D'un autre côté, les tourmens d'une prison éternelle accablèrent le vieillard, & le précipitèrent au tombeau, ainsi que je l'appris dans la suite. Cette seule injustice me coûta deux de mes plus fidèles sujets.

Je dois dire aussi que mes ministres cherchoient continuellement à me donner une très-mauvaise opinion de mon peuple. Tantôt c'étoit un mutin dont il falloit accabler le corps, pour ôter l'essor à son esprit; tantôt ils le peignoient prêt à se révolter, & rempli de sentimens qui ne s'accordoient pas avec la soumission qu'il me devoit.

Cependant j'étois généralement aimé & respecté, malheureusement pour moi, je ne l'ai sçu qu'après ma mort.

Ce portrait défavorable du peuple dans la

bouche d'un ministre, est un ressort secret qui empêche le souverain d'agir d'une manière ouverte & confiante avec ses sujets; car comme cette conduite ne manqueroit pas de faire adorer le prince, elle seroit aussi très-dangereuse pour le ministre qui ne connoît que son intérêt, auquel il sacrifie sans cesse le maître & les sujets.

Je vous ai rapporté les aventures les plus remarquables de ma vie; je peux vous assurer que tout ce qu'entreprennent les rois, ne mérite pas la même attention. Quantité d'actions médiocres n'attirent les regards, que parce qu'elles se montrent du haut d'un trône. Il est bien des heures & des tems où l'on ne trouveroit point de différence entre la vie d'un monarque & celle d'un manœuvre.

Ce rôle eût peut-être été le dernier que j'eusse joué dans le monde, si Minos n'eût pas été choqué de mon ingratitude envers del Carpio. L'histoire de saint Jacques lui donna seulement occasion de rire; mais au récit des autres traits, il rida le front, fronça le sourcil, & me renvoya avec cette réponse laconique: roi, retournez au monde.

CHAPITRE XVIII.

Julien devient bouffon de cour.

MA nouvelle rentrée dans le monde fut en France. Je naquis à la cour du roi Louis III, & j'eus ensuite l'honneur d'être le bouffon, ou le fou de Charles le Simple.

Je crois pouvoir dire avec raison, que j'ai plutôt fait extravaguer les gens de cour, que je n'ai extravagué moi-même. Bien loin d'être ce qu'on entend communément par fou, j'étois fin & rusé. Je connoissois la foiblesse de mon maître, de plusieurs courtisans, & je sus en tirer bon parti.

Le bon Charles ne me chérissoit pas moins, que l'empereur Domitien chérissoit le comédien Paris, & de même que ce dernier, je distribuois les charges & les dignités. Je me fis un grand parti parmi les courtisans; ils me traitoient réellement en fol, & cependant ils faisoient l'éloge de mon esprit, peut-être pour s'exercer dans l'art sublime des flatteries.

Parmi ces seigneurs, il en étoit un surtout qui ne se distinguoit que par la plus noire méchanceté. L'esprit, le bon sens, le courage, l'extérieur lui manquoient absolument. Les qualités du cœur n'étoient pas moins rares chez lui; enfin c'étoit un monstre le plus malin qui fût au monde.

Ce personnage, jaloux de gagner mon affection, prodiguoit sans cesse des éloges à mon esprit, descendoit dans une infinité d'autres petites adulations, qui, quoique maladroites & déplacées, produisirent cependant un si bon effet, que je lui accordai la plus ardente protection. Soit vanité de ma part, soit reconnoissance pour ses douceurs, je fis si bien qu'il obtint un évêché. J'avois cru m'attacher ce flatteur, mais la crosse & la mitre que je lui avois procurées, l'élevèrent si fort, qu'il ne daigna plus s'abaisser jusqu'à moi.

Les plus grands seigneurs de la cour, le roi même n'étoient point à l'abri de mes insolences; j'en vais rapporter un exemple.

Sa majesté Simple me dit un jour : tu as tant de pouvoir qu'on te prend presque pour le roi, & moi pour ton bouffon. Je fis semblant d'être fâché de ce propos, & je témoignai de l'humeur. Comment donc, ajouta le roi, as-tu honte d'être roi ? Non, sire, répondis-je, mais j'ai honte de mon bouffon.

Hebert, comte de Vermandois, avoit été reconcilié avec le roi par mon entremise. Il lui persuada ensuite d'enlever au comte Balduin la ville d'Arras, dont Hebert fit l'acquisition contre la cession de Peronne. Balduin vint à la cour pour redemander sa ville d'Arras, mais il négligea, soit par orgueil, soit par ignorance de me prévenir en sa faveur. L'ayant rencontré un jour à la cour, vous n'avez pas, lui dis-je, choisi le bon chemin, pour parvenir à votre but. Il me répondit, avec dédain, qu'il n'avoit pas besoin du conseil d'un fou. Je lui répliquai que je n'étois pas surpris de ce qu'il réussissoit si mal, puisqu'il ne suivoit effectivement que le conseil d'un sot. J'ajoutai qu'il y avoit des fous qui avoient plus de crédit qu'il n'en avoit apporté. Il répondit brusquement qu'il ne menoit point de fou avec lui, puisqu'il voyageoit toujours seul! Eh, monsieur, répliquai-je, je suis souvent seul, & cependant on dit que j'ai toujours un sot avec moi.

Cette réponse excita la risée de ceux qui étoient présens. Balduin fut si piqué, qu'il me donna un soufflet. Je courus aussitôt me plaindre au roi, qui sur le champ renvoya le comte de la cour, sans vouloir écouter sa demande.

Ce que je rapporte ici, prouve plus mon impertinence & ma vanité, qu'il ne fait honneur à mon esprit; car réellement mes plaisanteries furent plus admirées qu'elles ne le méritoient. Mais dans un pays dont tous les habitans se haïssent & se portent envie mutuellement de tout leur cœur, quoiqu'à l'extérieur ils s'épuisent en civilités, & s'estropient réciproquement à force de caresses;

à la cour, dis-je, rien n'est plus aisé que de se faire la réputation d'homme d'esprit, parce que la raillerie qui blesse la vanité d'un seul, flatte toujours la haine du plus grand nombre.

D'ailleurs, les goûts étant aussi mobiles que les feuilles des forêts, & la volonté du prince & de ses favoris, étant le moule où se modèlent les volontés de tous les autres, il n'étoit pas étonnant que je passasse pour un bouffon très-spirituel, puisque sa très-simple majesté me regardoit comme le plus fin des courtisans, & le plus ingénieux de ses sujets. Je suis sûr que le cheval de Caligula passa à la cour de son maître pour un consul aussi habile qu'aucun autre.

Chaque parole que je disois excitoit le rire, & passoit pour une fine raillerie, surtout auprès des dames, qui très-souvent rioient avant que j'eusse parlé, ou qui se faisoient un plaisir de répéter ce qu'elles venoient d'entendre, quoique moi-même j'eusse honte d'avoir dit une bêtise.

Je ne maltraitois pas moins les dames que les hommes, & l'impunité suivoit toujours mes impertinences. Cependant un jour que j'avois raillé sur la beauté d'une dame nommée Adélaïde, qui étoit en faveur auprès du roi, elle prit si mal la raillerie, qu'elle résolut de me faire perdre les bonnes graces de mon maître. Elle y réussit fort bien; car que ne peut pas une femme animée par la vengeance, auprès d'un homme qui mérite le nom de simple ?

Dès ce moment la familiarité du roi avec moi diminua de jour en jour. Si je prenois encore des libertés, il me donnoit des marques de mécontentement si visibles, qu'elles n'échappèrent pas aux courtisans, qui sans cesse ont les yeux attachés sur leur idole & sur ses mouvemens. Aussi quand j'eusse été assez aveugle pour ne pas appercevoir moi-même le changement du roi, la conduite des gens de cour envers moi, ne m'eût que trop confirmé ma disgrace. Autant on avoit marqué d'empressement pour m'entretenir, autant on apportoit de soin à m'éviter.

Je devins bientôt l'objet des railleries des pages & des valets. Un officier de la garde, avec lequel je vivois très-librement depuis long-tems, & à qui j'avois ci-devant rendu service, me donna même un soufflet, en me disant de me familiariser avec mes semblables.

Jusques-là j'étois sûr du changement du roi; mais je n'en pouvois deviner le sujet. Adélaïde étoit à l'abri de mes soupçons, car nombre de fois j'avois plaisanté sur son honneur que j'avois mis en équivoque, sans qu'elle se fût offensée. Mais cette femme ayant déclaré publiquement que je devois m'attendre à être renvoyé de la cour, comme un personnage stupide, j'en conclus que toutes personnes de son sexe, sont en général moins sensibles aux doutes qu'on jette sur leur honneur, qu'aux outrages qu'on fait à leur beauté.

Mes affaires étoient donc dans le plus mauvais état à la cour. Je n'y excitois plus de sourires; on me fuyoit de tous les côtés; cependant le roi me trouvant un jour sans mon habillement ordinaire, m'honora de ces mots : Bouffon, pourquoi sans ton habit ? Monsieur, répondis-je, les bouffons sont maintenant si communs à votre cour, que mon habit m'ennuie. Pourquoi, reprit sa simple majesté, sont-ils actuellement plus communs que ci-devant ? C'est, repartis-je, qu'il y a bien des dames qui jouent tous les jours auprès de vous le rôle de bouffon.

Le roi ne comprit rien à ma réponse; mais plusieurs de ceux qui l'entendirent, s'applaudissoient d'avance de me voir fustigé pour une pareille impertinence. La reine à qui on rapporta ma réplique, & qui savoit qu'elle regardoit Adélaïde, contre laquelle sa majesté avoit des raisons d'être piquée, me demanda au roi, & me prit à son service.

Mon rôle devint à sa cour aussi brillant qu'il l'avoit été ci-devant à celle du roi; mais l'acteur n'étoit pas plus spirituel, & les spectateurs étoient aussi sots. D'ailleurs la reine jouissant d'un pouvoir qui ne s'étendoit pas au-delà de sa cour, la considération dont je jouissois moi-même, avoit les mêmes bornes; l'on n'achetoit plus comme autrefois ma protection à force de présens.

La reine qui étoit d'un caractère sérieux & indolent, fut bientôt ennuyée de mes folies; on ne s'occupa plus de moi; sa cour ne me regarda plus qu'avec mépris. Ma petite vanité offensée de voir ma personne par-tout rebutée & avilie, s'enfla tellement par la rage & le dépit, qu'elle m'étouffa.

Après avoir ainsi quitté le monde & la cour, il fallut paroître devant Minos; quelques-unes de mes aventures le firent rire, mais le plus grand nombre lui fit pitié : on n'a pas besoin de bouffon dans l'Élisée, me dit-il; en conséquence vous n'avez qu'à retourner d'où vous venez.

CHAPITRE XIX.

Julien paroît dans la personne d'un mendiant.

LE sort me redonna un corps à Rome, où je naquis dans une famille nombreuse & pauvre, c'est-à-dire, pour parler vrai, qu'elle ne trouvoit sa subsistance que dans la charité de son prochain.

A moins d'avoir professé la gueuserie, on ne peut avoir une idée juste de cet art, qui est aussi régulier & aussi méthodique que tout autre. Il a ses loix & ses secrets qui demandent, pour être connus, un noviciat aussi long que l'ordre monastique le plus austère.

La première science nécessaire c'est d'avoir une mine pitoyable. Il est vrai que pour réussir, il faut des dispositions naturelles; mais avec un peu d'étude il n'est personne qui ne parvienne à se faire une physionomie digne de compassion, surtout s'il s'exerce dans son adolescence, lorsque les muscles de son visage sont encore tendres & flexibles.

Il en est de même de la voix, qu'on doit avoir aigre & plaintive. Heureux celui que la nature a comblé de ses dons à cet égard! mais l'application & les soins peuvent corriger un organe trop robuste, & trop assuré.

Les femmes ont également des exercices à suivre avant d'être admises au premier rang des gueux. Indépendamment des deux points, dont on vient de parler, elles doivent savoir pleurer. Certes, ce n'est pas une chose difficile pour elles, car toute leur espèce a sans cesse les larmes à commandement.

Nulle condition n'exige des connoissances si profondes dans la nature humaine, que la profession de mendiant. L'étude des caractères, des inclinations des hommes, est d'une nécessité si indispensable, que je suis persuadé qu'un homme d'état en seroit plus habile, s'il avoit vécu quelque tems avec des gueux.

Il y a même plus de ressemblance qu'on ne l'imagineroit d'abord, entre ces deux caractères, puisque tous leurs principes, tous leurs mouvemens tendent à un même but, à tromper leurs semblables. Si ces deux états diffèrent pourtant en quelques points, c'est que le mendiant se contente de peu; & que l'homme d'état n'est jamais content.

Un philosophe ancien a dit, qu'il est de la prudence humaine, de ne jamais donner à personne un titre inférieur à celui qu'il mérite réellement. Je ne sais si mon père avoit fait sa philosophie, mais il fut de même avis que cet antique philosophe, dont il m'inculpa la maxime à coups de fouet.

Ce fut à l'occasion du pape. J'avois eu le bonheur d'approcher le saint père de fort près, & rien ne m'annonçoit sa sainteté. Je lui adressai donc ces paroles : Monsieur, par la grace de Dieu, au nom du seigneur, je vous supplie.... Petit drôle, repartit le pape d'un air très-sérieux, tu mérites d'être châtié pour prendre le nom de Dieu en vain; il avoit raison, car il ne me donna rien.

Mon père, qui avoit entendu la charitable sentence du saint père, s'empressa de l'exécuter, & me donna cent coups de verge. Moi qui croyois que j'étois fustigé pour avoir pris le nom du Seigneur en vain, je promettois de ne plus le prendre; mais à cette promesse mon père me répliqua que le nom de Dieu n'entroit pour rien dans la correction paternelle qu'il me donnoit, mais qu'elle avoit pour but de m'apprendre à être plus prudent une autre fois, & à appeler le pape votre sainteté.

Si tout le monde étoit aussi bien avisé que le sont les ecclésiastiques, on ne verroit bientôt plus de mendians; car, tant que j'ai vécu dans cet état, je ne me souviens pas d'avoir reçu plus de deux aumônes, des gens de cette robe.

La première, je la dus à un homme d'un teint frais, & d'un embonpoint vermeil, qui, je crois, étoit directeur de nones; il me donna une petite pièce d'argent, en m'assurant qu'il ne lui en restoit pas tant à lui-même.

Mon second bienfaiteur ecclésiastique fut un joli jeune homme, amoureux de sa personne, qu'il avoit embellie pour la première fois d'un rabat & d'un habit d'abbé. Je l'abordai en lui disant, mon très-révérend, mon bon frère, voyez mon état & considérez votre habit. Cela est bon, mon fils, me répondit-il; tenez, priez Dieu qu'il me conserve la santé.

Auprès des dames, je me servois de cette formule générale; *ma belle & gracieuse dame, Dieu bénisse votre famille, Dieu conserve votre beauté.* Ce dernier vœu produisoit surtout un bon effet;

& d'autant meilleur, que la personne étoit plus laide.

C'étoit une règle généralement reçue parmi nous, que plus un homme avoit un train magnifique, moins il y avoit d'espérance dans sa charité. Au contraire un carrosse brun sans dorure, avec un seul domestique, nous apportoit infailliblement quelque aubaine.

Nous remarquions aussi beaucoup de différence dans la libéralité des mêmes personnes selon le tems & les circonstances.

Un joueur, par exemple, est communément plus libéral lorsqu'il perd, que lorsqu'il gagne. Dans ce dernier cas tous ses cheveux lui coûteroient moins à donner qu'un schelling.

Un avocat qui revient de sa maison de campagne pour plaider à la ville, un médecin qui sort pour aller voir ses malades, méritent des sollicitations dans ces instans; mais quand ils rentrent chez eux, leur ame est un roc insensible.

Une autre de nos maximes qui est très-sûre, c'est que ce sont ceux qui sont les moins riches qui donnent le plus souvent. Le premier art d'un mendiant consiste donc à distinguer le riche & l'indigent; c'est une chose qui demande de la pénétration, puisqu'il s'agit de ne pas prendre l'apparence pour la réalité; car l'indigent est perpétuellement occupé à se donner l'apparence du riche, au lieu que ce dernier se contente d'être, sans chercher à paroître ce qu'il est en effet.

On peut juger sûrement, d'après cette règle générale, que toutes les fois qu'une personne se donne les plus grands soins de paroître brillante & magnifique, il est constant qu'elle fait plus qu'elle ne peut.

Nous autres mendians nous n'avons rien de plus avantageux que de discerner ces gens fastueux, de flatter leur vanité, & de louer leur pompe. C'est un moyen sûr d'exciter leur générosité.

Il est cependant une espèce de gens riches qui aiment à faire parade de leurs libéralités. Ce sont ceux que l'aveugle fortune a fait subitement passer de la misère à l'opulence; quelquefois l'avarice domine en eux, mais le plus souvent c'est la dissipation.

Je me souviens d'avoir une fois demandé quelque petite chose à un homme de cette trempe qui venoit de toucher une grosse somme; aussitôt il me donne une poignée de guinées. L'ami qui l'accompagnoit lui ayant fait des représentations à ce sujet. Pourquoi ne lui donnerois-je pas, reprit-il; qu'est-ce que vingt guinées sur dix mille?

A juger des choses sur le fond plutôt que par la forme, l'état de mendiant est peut-être cent fois plus heureux qu'aucun de ceux où nous porte l'ambition. Notre barque n'arrive au port qu'après bien des orages, qu'après une foule de dangers & d'écueils que l'on n'évite qu'à force de fatigues & de travaux. Un mendiant raisonnable, au contraire, n'a qu'à se rappeler sans cesse que les hommes sont pétris de vanité & de foiblesse. C'est sur ce ressouvenir que sont fondés sa fortune & ses revenus. Qu'il flatte, qu'il caresse leurs défauts; ses profits sont assurés.

Il est une félicité si bien alliée avec l'argent qu'on acquiert facilement, que rarement il cause des inquiétudes à l'acquéreur; autant on a d'occasion d'obtenir, autant on en cherche pour dissiper. Il résulte de-là que notre argent ne nous apporte que du plaisir & jamais de soucis; ni la volupté, ni la sensualité ne nous sont inconnues. L'esprit dégagé de toute inquiétude sur l'avenir; entièrement livrés au présent, je défie le plus opulent des hommes, de goûter des ravissemens plus délicieux que ceux que nous goûtons dans les bras de l'amour.

En mon particulier, cette charmante passion m'a procuré sur la terre une félicité que je n'ai retrouvée que dans ce lieu de délices. J'épousai la fille d'un mendiant qui mourut gueux, après avoir toujours joui d'un bon revenu. Il ne lui laissa pour héritage qu'une petite maison, avec un jardin bien entretenu, située au pied d'une colline assez près d'une grande route. Je n'eus jamais que des sujets de m'applaudir de notre union. Elle étoit douce, complaisante, pleine d'attention; à la chûte du jour je trouvois un excellent souper préparé, & je la régalois de l'histoire de mes aumônes, du portrait de ceux qui m'avoient donné. Nous nous applaudissions mutuellement de les avoir si bien trompés; c'étoit un divertissement réel pour nous que de nous arrêter à l'idée que nous étions plus sensés & plus heureux que tous ces sots qui se laissoient duper si facilement.

Peut-être me suis-je trop arrêté sur mes rôles de mendiant, je finis en vous disant, que je mourus à l'âge de cent deux ans, sans avoir connu d'autre maladie que les foiblesses qui accompagnent un grand âge.

Minos, après avoir entendu le récit de ma vie, me demanda combien j'avois menti de fois. Il n'y avoit pas moyen de lui cacher la vérité. J'avouai sincèrement que mes mensonges pouvoient aller à cinquante millions ou environ.

Un pareil menteur, dit-il d'un air sévère, oseroit-il espérer d'entrer dans l'Elisée? Je m'en retournai aussitôt que j'eus entendu ces mots, & j'eus pour la première fois le plaisir de n'avoir pas été renvoyé par ses ordres.

CHAPITRE XX.

Julien naît prince, & ensuite homme d'état.

JE naquis d'une princesse Allemande ; mais, pour conserver ma mère, on me déchira par morceaux, de manière que ma vie finit au même instant qu'elle avoit commencé.

Les ames qui sont séparées des corps avant d'avoir atteint leur cinquième année, doivent, immédiatement après cette séparation, retourner animer d'autres corps.

Après avoir passé différentes enfances, le destin me prépara un nouveau rôle considérable sur le théâtre du monde. Je naquis en Angleterre sous le règne du roi Ethelred II : mon père étoit Ulnoth, comte ou *thane* de Sussex. Je fus ensuite connu sous le nom du comte Goodwin, & je commençai d'attirer les regards du monde, dans le tems d'Harald Harefoot ; je m'avançois au trône du royaume de Wessex, au préjudice d'Hardecanut, fils d'Emma, qui s'efforça dans la suite de mettre la couronne sur la tête d'un autre de ses fils. Je découvris son dessein ; je le communiquai au roi, en lui proposant de se défaire des deux jeunes princes que leur mère avoit fait venir nouvellement de Normandie, avec le consentement du roi.

Emma s'étoit attiré la vénération publique, & la confiance du roi, par une grande dévotion, & par un mépris affecté des biens de ce monde.

Je conseillai à Harald de l'inviter à venir à sa cour avec ses enfans, afin d'avoir plus de facilité à la débarrasser d'un monde qu'elle méprisoit. Mais cette prudente mère qui se défioit de moi, n'envoya qu'Alfred, & garda Edward auprès d'elle. Je n'eus pas plutôt le jeune Alfred en ma puissance, que je le fis transférer à Ely, où je donnai ordre, par la bouche du roi, de le raser, de lui crever les yeux, & de l'enfermer dans un couvent.

Cette action, quelque cruelle qu'elle paroisse, coûte peu de scrupule à un ministre, parce que l'intérêt du prince est un vernis, qu'il sait appliquer aux entreprises les plus injustes, & qui sert de voile à tout ce qui est le fruit de sa propre cupidité.

Edward, second fils d'Emma, s'enfuit en Normandie pour éviter le sort de son frère. Après la mort d'Harald & d'Hardecanut, il s'empressa de rechercher mon amitié; il me proposa un accommodement si avantageux, que je travaillai volontiers à lui procurer la couronne, dans la confiance que mon pouvoir sauroit bien enchaîner son ancienne inimitié.

Une des conditions de notre accommodement fut qu'il épouseroit Editha, ma fille.

Edward y consentit avec peine, & moi je m'en repentis bientôt; car, quoique j'eusse toujours eu la plus grande tendresse pour Editha, son élévation lui donna tant d'orgueil, que, loin de me témoigner le respect qu'elle me devoit, elle me déclara, aussi souvent que je lui donnois des avis, qu'étant reine, mon caractère de père étoit effacé par celui de sujet. Malgré cette hauteur, je fus cependant très-sensible à son divorce avec Edward.

En aidant ce prince à monter sur le trône, je m'étois bien promis de régner sous son nom, puisque c'étoit un homme simple & sans génie. Mes espérances ne furent pas déçues. Je disposois de tout, il ne me manquoit réellement de l'autorité royale, que les marques extérieures. Mes courtisans étoient en plus grand nombre que ceux du roi. Tel qui ne faisoit que s'incliner devant sa majesté, se prosternoit humblement devant moi.

Qu'on juge combien un pareil destin flattoit ma vanité, combien mon ambition étoit satisfaite, & combien mes trésors grossissoient.

Edward le confesseur, ou saint Edward, comme quelques-uns l'ont nommé, vraisemblablement par plaisanterie, étoit, comme je l'ai dit, dépourvu d'esprit, & même du sens commun; car, après avoir reçu ma fille en mariage, il refusa de le consommer, uniquement par haîne contre moi, puisqu'Editha étoit reconnue pour la plus belle femme de son tems.

Il se rendit également coupable envers sa mère, de l'ingratitude la plus noire. En récompense des soins qu'elle s'étoit donnés pour lui procurer une couronne, il la relégua dans une triste prison, où elle passa le reste de ses jours; je dois dire à la vérité, que ce fut par mes conseils. A l'égard de l'histoire des neuf socs ardens, sur lesquels on dit qu'elle fut obligée de marcher, ou des neuf terres qu'elle me donna pour en être dispensée, c'est une pure invention. Comment m'eût-elle donné des terres, elle n'en possédoit pas une seule?

Le premier désagrément que j'eus dans le ministère, me fut causé par mon fils Swane, qui avoit violé à Herford-Schire, l'abbesse de Lon, appelé dans la suite Leon-Minster. Après cette action, qui n'étoit rien pour le fils d'un ministre tout-puissant, il se sauva en Danemarck, d'où il sollicita sa grace auprès du roi. Elle lui fut refusée d'abord, par le conseil de quelques ecclésiastiques, & principalement par celui d'un certain chapelain, à qui j'avois empêché le roi de donner un évêché.

Mon fils, irrité de ce refus, tomba sur les côtes du royaume avec plusieurs vaisseaux, les ravagea en commettant mille cruautés, qui réellement eurent un bon effet, puisque sa majesté, dont la timidité étoit depuis longtems la foiblesse capitale, prit une si grande terreur de cette irruption, qu'il pardonna bien vîte à mon fils, non-seulement son premier crime, mais encore celui de sa révolte, qui étoit bien plus punissable. Aussi cette conduite lui fit perdre la reconnoissance du coupable, & lui attira de plus le blâme de tous les gens sensés.

Le roi favorisoit beaucoup les Normands. Il avoit nommé un certain homme de cette nation à l'archevêché de Cantorbery, & lui avoit donné la plus grande confiance. Je ne pus supporter la faveur d'un homme qui étoit parvenu sans ma protection. Sa seule présence excitoit mon envie, & me donnoit de l'appréhension.

Un premier ministre ne se croit assuré de la faveur de son souverain, qu'autant qu'il n'a point de rivaux. Le moindre partage le rend aussi jaloux que le plus tendre mari l'est du cœur de sa femme. S'il élève quelqu'un, il sait toujours se réserver assez de pouvoir sur lui, pour le remettre en son premier état, quand il ose contrarier sa volonté; mais quiconque devient favori du roi, sans la bienveillance du ministre, une des premières règles de la politique est de le précipiter bien loin du trône.

En un mot, la faveur des rois est aussi mobile que la faveur des femmes; le seul moyen de la conserver, c'est d'éloigner tous ceux qui pourroient y prétendre.

Je reconnus bientôt que l'archevêque de Cantorbery avoit le plus grand crédit auprès du roi; il procura une charge considérable à un certain Rollo, Romain de nation, homme sans naissance, & dépourvu de toute espèce de talens. Lorsque je représentai au roi qu'un homme de cette trempe étoit indigne d'un pareil emploi, il me répondit que c'étoit un ami de l'archevêque. En ce cas, répliquai-je, c'est l'ami d'un ennemi de votre majesté. Je ne poussai pas la conversation plus loin pour cette fois, mais je m'apperçus bientôt que l'archevêque avoit été informé de cet entretien. J'en conclus que le roi se confioit sûrement plus à lui qu'à moi.

L'autorité que l'on a sur l'esprit d'un prince, étant une fois perdue, il est difficile de la recouvrer, à moins qu'on ne puisse se rendre redoutable. Comme c'étoit par ce moyen que je l'avois acquise & que je l'avois conservée, je cherchai donc les occasions de la regagner par la même voie.

Le comte de Boulogne me servit très-heureusement dans cette circonstance. En s'en retournant dans son comté, il avoit envoyé ses gens pour lui préparer son logement à Douvres; ils voulurent s'emparer d'une maison malgré le propriétaire; il s'ensuivit une batterie, dans laquelle un des gens du comte fut tué.

Ce seigneur se rendit aussitôt auprès du roi pour se plaindre, & demander la mort des meurtriers de son domestique. Sa majesté trouvant cette demande juste, m'ordonna de punir rigoureusement les coupables, parce que j'étois leur juge naturel, comme comte de Kent.

Au lieu de marquer ma déférence aux volontés du roi; les Anglois, répondis-je avec chaleur, ne punissent personne sans l'entendre, & ne laissent perdre ni leurs droits, ni leurs priviléges. Je ferai citer l'accusé; s'il est coupable, il sera puni dans son corps & dans ses biens; s'il est innocent, je l'absoudrai. Je suis comte de Kent, il est de mon devoir de défendre & de protéger tous ceux qui sont sous ma domination.

Cet incident entroit très-bien dans mes vues, puisque ma rupture avec le roi avoit l'air d'être occasionnée par mon attachement aux intérêts du peuple. En effet, je me conduisis avec tant d'adresse, que tout le monde accourut en foule, sous l'étendard de ma révolte ; & je leur insinuai encore que je n'avois pris les armes, que dans la vue de les garantir d'une puissance étrangère.

Le mot d'étranger inspire généralement en Angleterre une haine si forte, peut-être parce qu'on y a souffert de grandes persécutions des nations étrangères, surtout des Danois, que ce fut un nouveau motif pour le peuple, de prendre mon parti avec tout le fanatisme qui embrase des têtes stupides.

Ce qu'il y eut de remarquable, c'est qu'après mon bannissement de l'Angleterre, étant revenu à la tête d'une armée de Flamands, que je destinois à piller Londres, je publiai que je ne songeois qu'à défendre les Anglois, contre toute puissance étrangère, & l'on ajouta foi à mes déclarations. Ce qui fait voir qu'il n'est point d'absurdité qu'on ne puisse persuader au peuple, quand une fois l'on a gagné sa confiance.

Le roi sauva Londres, en se réconciliant avec moi, & en reprenant ma fille pour sa femme ; ensuite je congédiai ma flotte & mon armée.

Aussitôt que j'eus regagné la faveur du roi, ou, ce qui m'étoit indifférent, la même autorité que j'avois eue, je me livrai à mon ressentiment contre l'archevêque. Il avoit déja, de lui même, pris le parti de se retirer dans un couvent de Normandie, mais ma vengeance n'étoit pas satisfaite. Je le fis bannir du royaume en forme. Son siége archiépiscopal fut déclaré vacant, & je lui nommai un successeur.

Ma nouvelle autorité fut de courte durée. Le roi qui me craignoit fort, & qui me haïssoit encore davantage, n'osant user de violence ouverte contre moi, employa le poison.

Il fit débiter ensuite, le conte ridicule, que j'avois desiré de trouver la mort au premier morceau que je mangerois, si j'avois eu part au meurtre de son frère Alfred, & que la vengeance divine avoit éclaté visiblement contre mon invocation téméraire, puisqu'en effet le premier morceau m'avoit étranglé.

Ce rôle d'homme d'état est un des plus mauvais qu'on puisse jouer dans le monde; car il entraîne beaucoup de dangers, il cause de grandes inquiétudes, & ne rend que peu de satisfaction. En un mot c'est une pilule qui seroit très-amère & très-dégoûtante pour tous les hommes, si elle n'étoit dorée par la vanité, & édulcorée par l'ambition. Aussi Minos use-t-il de beaucoup d'indulgence & de compassion envers ceux qui l'ont avalée. Je ne condamne jamais, me dit ce juge équitable, lorsque je parus devant lui, un premier ministre qui a fait une seule bonne action en sa vie, quand même il auroit commis un forfait chaque jour.

J'étendis

J'étendis le sens de cette explication un peu trop loin, & j'en conclus que l'entrée de l'Elisée ne pouvoit m'être refusée; mais Minos me déclara qu'il falloit me retirer, parce que jusqu'à présent il n'y étoit encore entré aucun premier ministre. Vous devez être assez content de ne pas être précipité dans le gouffre infernal, car tout autre n'y auroit pas échappé, s'il avoit commis seulement la moitié de vos crimes.

CHAPITRE XXI.

Aventures de Julien devenu soldat.

JE revis le jour à Caën en Normandie; le nom de ma mère étoit Mathilde. Quant à celui de mon père, il me seroit très-difficile de le dire, car la bonne Mathilde me révéla, peu d'heures avant sa mort, que ses présomptions tomboient sur cinq capitaines du duc Guillaume, qui fut surnommé depuis le *Conquérant*.

A l'âge de treize ans, étant grand & robuste, j'entrai au service de ce duc, j'abordai avec lui près de Pemsey dans le comté de Sussex, & je fis mes premières armes à la bataille de Hasting.

Il est impossible de vous peindre l'excès de la frayeur qui me saisit lorsque l'armée donna, &

surtout lorsque je vis tomber les deux camarades qui étoient à mes côtés. Cette crainte se dissipa pourtant; mon sang s'échauffa, j'oubliai le danger. Mon courage s'anima de manière que je pus soutenir, que je me battis de mon mieux, jusqu'à ce que je reçus à la cuisse une blessure qui m'ôta les forces & la connoissance.

Je restai couché parmi les morts, exposé sans cesse au danger d'être écrasé par les chevaux de l'armée, & par ceux des ennemis, jusqu'au lendemain matin, qu'un parti qui venoit charitablement dépouiller & enlever les morts, me trouvant un souffle de vie, me transporta à l'hôpital, où ma jeunesse, aidée de bons soins, me fit un peu recouvrer l'usage de ma cuisse.

Aussitôt que Douvres eut été conquis, j'y fus transporté avec les autres malades, & ma blessure acheva de se guérir en peu de tems. Mais malheureusement, en jouant avec d'autres convalescens au grand air, je gagnai une fluxion qui m'affoiblit extrêmement, & je ne fus guéri qu'après beaucoup de tems.

Pendant que je me trouvois dans cet état avec une grande foiblesse, & manquant du nécessaire, j'avois la douleur d'entendre dire, comment mes camarades passoient leur tems à piller, à voler, à se divertir dans toutes sortes de débauches.

Après mon rétablissement je restai en garnison

dans le fort de Douvres. Les officiers y étoient passablement bien ; mais les soldats manquoient de tout, & qui pis est, étoient logés si fort à l'étroit, que, faute de place, nous couchions quatre sur une botte de paille ; ce qui occasionna des maladies qui emportèrent plusieurs centaines d'hommes.

J'avois séjourné quatre mois dans ce fort, lorsque le comte de Boulogne vint secrètement de France, pour nous surprendre pendant la nuit ; nous le reçûmes si mal, qu'il fut obligé de se retirer précipitamment avec une poignée de monde. J'eus le bras cassé dans cette affaire ; trois mois suffirent à peine pour être parfaitement guéri de cette nouvelle blessure.

Dans ma convalescence, j'avois fait connoissance avec une jeune demoiselle du voisinage, dont les parens étoient d'un état à ne pas donner leur fille à un soldat. Mais comme cette jeune personne ne sentoit pas moins d'inclination pour moi, que j'en avois pris pour elle, & que ses parens l'aimoient tendrement, ils consentirent à me l'accorder, & dès ce moment on prit jour pour la célébration de notre mariage.

Le soir qui précéda ce jour fortuné, je m'enivrois d'avance du plaisir que me préparoit le jour suivant, lorsque je reçus ordre de marcher le lendemain matin, & de me rendre au camp près de

M ij

Windsor, où Guillaume rassembloit une armée pour soumettre les provinces occidentales. Il n'y a qu'un amant passionné qui puisse se faire une idée de tout ce qui se passa dans mon ame, lorsqu'on nous annonça cet ordre cruel. Ce qui augmentoit encore ma douleur, c'est qu'il étoit défendu de laisser sortir personne du fort jusqu'au départ, de manière qu'il m'étoit impossible de prendre seulement congé de ma maîtresse.

Ce jour qui devoit éclairer mon hymenée parut enfin, mais que la scène étoit différente de ce qu'elle devoit être ! La perspective riante que j'avois la veille, étoit changée en un tourment réel. Nous étions au milieu de l'hiver. Nous faisions des marches très-longues & très-pénibles ; le froid & la faim s'unissoient pour nous accabler. La nuit même que je devois passer dans les bras de ma bien-aimée, je fus réduit à coucher sur la terre, morfondu par une bise piquante & sans cesse agité par une inquiétude cruelle qui chassoit le sommeil, pour accroître mes souffrances. Enfin cette nuit terrible fit une si forte impression sur mon ame, que, pour en dissiper entièrement le souvenir, il a fallu que je fusse plongé trois fois dans le fleuve de Lethé.

A ces mots j'interrompis Julien pour lui dire qu'on ne m'avoit point fait souffrir cette triple immersion à ma sortie du bas-monde. Il me répondit qu'elle ne se pratiquoit qu'à l'égard des esprits qui retournoient dans le monde, afin de leur ôter le souvenir du passé, de crainte, comme dit Platon, que ce souvenir n'apportât un grand trouble dans leurs idées futures.

« Je reviens à mes aventures. Nous continuâmes notre route avec les mêmes fatigues jusqu'à la ville d'Exester, que nous assiégeâmes, & qui se rendit bientôt.

Le roi Guillaume y fit construire un fort, où il plaça une garnison de Normands, au nombre desquels j'eus encore le malheur d'être compris.

Nous nous y trouvâmes plus gênés que nous n'avions été à Douvres, parce que, comme les habitans étoient mal intentionnés, il nous fut défendu de sortir du fort; ou bien, pour nous mettre à l'abri du danger, nous n'en sortions que par troupeau. Quelques instances que je fisse auprès du commandant, je ne pus obtenir un congé d'un mois pour aller voir ma maîtresse, dont jusqu'alors je n'avois point reçu de nouvelles.

Au printems suivant, le peuple s'étoit adouci; un autre officier vint prendre le commandement du fort, j'en obtins alors la permission d'aller à Douvres. Ah ! ciel, pouvois-je prévoir l'affreux accident qui m'attendoit ? J'y trouve le père & la mère de ma bien-aimée, plongés dans la plus profonde affliction de sa mort, arrivée depuis huit jours, & qui lui avoit été causée, à ce qu'on m'assura, par le désespoir de mon départ précipité. Ce récit me toucha jusqu'aux larmes. Je devins furieux. Je maudis le roi & son service. Je fis des imprécations contre l'univers entier, qui dans ce moment n'avoit plus d'attraits pour moi. Je me jetai sur la fosse de ma défunte maîtresse, & j'y restai couché deux jours & deux nuits entières sans prendre de nourriture.

Cependant les conseils d'autrui, le propre sentiment de ma faim, & la raison me firent abandonner un poste où l'amour m'avoit placé, mais dans lequel je ne trouvois qu'à nourrir ma douleur.

L'anéantissement d'un objet que l'on aime, est le mal le plus douloureux & le plus sensible qui puisse affliger la vie humaine; car outre qu'il manque de cet adoucissement que donne l'espérance, on ne peut absolument attendre de consolation que du tems & de la raison. Il est vrai que leur effet, pour être tardif, n'en est pas moins sûr; j'en fis moi-même l'expérience. Au bout d'un an, je me trouvai aussi heureux, aussi content que je l'avois jamais été; l'objet de cette passion auquel j'avois attaché ma félicité & dont la perte m'avoit rendu pour un tems le plus misérable des humains, étoit totalement oublié.

A l'expiration de mon congé, qui étoit d'un

mois, je rejoignis ma troupe à Excster, d'où, peu de tems après, nous eûmes ordre de nous porter dans les provinces du Nord, pour dissiper les forces réunies des comtes de Chester & de Northumberland. Arrivés à Yorck, le roi pardonna aux chefs rebelles, mais punit sévèrement quelques autres qui étoient moins puissans, & moins coupables.

Moi j'eus ordre de m'assurer de la personne d'un homme qui n'étoit jamais sorti de sa maison, & de le conduire en prison. Une pareille action me faisoit horreur. Dans tout autre état l'espoir de la récompense la plus considérable ne m'eût jamais rendu l'instrument d'une pareille injustice. Mais telle est la soumission d'un soldat aux volontés de son roi, & de son général, que j'arrêtai l'homme désigné sans scrupule, sans même que les larmes de sa femme, ni les cris de trois petits enfans fissent aucune impression sur mon ame.

Quoique cette cruauté soit peu de chose en comparaison de celles que je commis dans la suite, elle fut cependant la seule qui répugnât à mes sentimens. Bientôt après nous entrâmes, sous les ordres du roi-même, dans le Northumberland, pour punir les habitans de ce qu'ils s'étoient joints aux Danois près d'Osbone. On nous abandonna le pays à discrétion ; je ne fus pas un des derniers à profiter de cette liberté. Parmi différentes barbaries dont je fus l'auteur, je n'en rapporterai qu'une, dont le souvenir me fait encore frémir.

J'entre dans une maison où je trouve une jeune femme très-jolie, qui jouoit avec un petit enfant assis sur ses genoux. A l'instant le feu de la concupiscence s'allume à l'ardeur de la rapacité qui me conduisoit; j'égorge l'enfant, je viole la mère, & je mets le feu aux quatre coins de la maison. Je passe rapidement sur bien d'autres faits héroïques de cette nature, à l'aide desquels les princes deviennent des héros & des conquérans; la barbarie fut poussée si loin envers ces pauvres habitans de Northumberland, que dans l'espace de soixante milles qui séparent Yorck de Durham, on n'y laissa pas subsister deux pierres l'une sur l'autre, Maisons, églises, tout fut brûlé & renversé jusqu'aux fondemens.

Après cette fameuse expédition, nous marchâmes à Ely contre Hereward, vaillant & habile capitaine qui commandoit un corps de rebelles qui combattoient encore pour leur liberté, & ne vouloient pas reconnoître Guillaume pour roi. Ils furent bientôt réduits; mais la gloire, plutôt que le bonheur, m'ayant fait trouver à un endroit où Hereward combattoit lui-même avec une troupe de braves, le terrein fut disputé vigoureusement; je reçus pour mon compte trois blessures, l'une à la tête, une à l'épaule, & une autre dans le bras.

Ma guérison traîna longtems, & m'empêcha de suivre le roi en Écosse ; le printems suivant, comme j'étois Normand, je suivis le roi en Normandie, ainsi que tous mes compatriotes qui restoient de la bataille d'Ely, & nous marchâmes contre Philippe, roi de France, qui avoit eu dessein de profiter des troubles d'Angleterre, pour dépouiller Guillaume de son duché de Normandie. Il y eut une escarmouche près de la ville du Mans, & j'y fus blessé si dangereusement à la cuisse, qu'il en fallut faire l'amputation.

Ainsi privé d'une partie de moi-même, je reçus alors mon congé. Je gagnai ma patrie, où, dans la misère affreuse qui me persécutoit, je n'avois d'autres plaisirs que celui de raconter mes prouesses guerrières, toujours avec quelques petites circonstances, qui, si elles n'étoient pas dans l'exacte vérité, servoient du moins à embellir mes récits. J'atteignis enfin le terme de ma misère & de ma vie, à soixante-trois-ans.

J'avois compté que les souffrances de mes dernières années suffiroient pour effacer le souvenir des cruautés de Northumberland, & pour exciter la compassion de Minos. C'est une grace, me dit ce juge, que de vous faire retourner dans le monde. Obéissez.

CHAPITRE XXII.

Aventures de Julien dans la condition de tailleur.

LE destin me fit naître en Angleterre, dans un état que l'ingratitude des hommes a couvert de mépris, quoiqu'ils lui aient la double obligation de voir leurs corps garantis des injures de l'air, & de sentir leur ame flattée dans la plus sensible de ses passions, je veux dire la vanité. Pour parler plus clairement, je naquis tailleur d'habits. Certes si l'on veut réfléchir sur cette profession, elle mérite la considération préférablement à toute autre : car enfin, qui est-ce qui marque plus sûrement la différence des conditions, si ce n'est le tailleur.

Le souverain donne les titres, mais c'est le tailleur qui fait les hommes. C'est à son habileté qu'on doit l'estime du peuple, l'attention du beau sexe, & souvent tout le mérite personnel. Si les grands seigneurs impriment du respect au premier abord, c'est lorsqu'ils en ont reçu le sceau de leur tailleur. Enfin la bonne mine, les agrémens extérieurs n'attirent l'admiration qu'autant que le tailleur sait les mettre dans un jour favorable.

Trois habits superbes que je fis pour la cérémonie du couronnement du roi Etienne, prouvèrent mon habileté, & commencèrent ma réputation.

Il est difficile de dire si celui qui porte un habit magnifique, sent plus de plaisir en admirant sa personne, que nous ne goûtons de délices nous autres tailleurs, à considérer notre ouvrage.

Le jour de la cérémonie, je fis tous mes efforts pour la voir de près. Si je pouvois vous exprimer combien je ressentis de satisfaction, quelles furent les douces émotions de mon ame, en entendant dire, assurément le comte de Devonshire, & le seigneur Hugt Bigot, sont les plus beaux & les plus magnifiques de toute la cour ; précisément c'étoit moi qui avois fait leurs habits.

Rien ne seroit plus agréable en effet que de travailler pour les seigneurs de la cour, parce que personne n'a plus de talent pour apprécier & faire valoir un habit, si l'on n'en étoit dégoûté par une petite circonstance fâcheuse, c'est qu'on en est rarement payé.

Eh bien ! malgré que j'aie plus perdu à la cour que je n'ai gagné à la ville, j'ai toujours eu plus de plaisir à porter un habit chez un homme de cour que chez toute autre personne, quand même j'eusse été payé comptant chez cette dernière; chose qui n'est jamais arrivée chez le premier.

On doit faire deux classes des gens de la cour; les uns n'ont jamais envie de payer, les autres n'en ont que l'envie, & n'ont jamais le pouvoir. Parmi ces derniers il faut placer les jeunes seigneurs que nous habillons à l'entrée d'une campagne, & qui ont le malheur de périr avant d'être avancés.

En tems de guerre on prend mal à propos les tailleurs pour des politiques, parce qu'ils s'informent soigneusement des progrès de l'armée, du succès d'une bataille. Il est certain qu'ils ont bien des raisons pour prendre cette peine, car il ne se donne pas une bataille qui ne fasse faire banqueroute à trois ou quatre honnêtes gens de cette profession.

En mon particulier j'ai surtout eu sujet de maudire la malheureuse bataille de Cardigan, dans laquelle les scélérats de Cambriers tuèrent la plupart des meilleurs troupes du roi, & quantité de mes habits tombèrent entre leurs mains sans que j'en eusse reçu le paiement.

J'ai appris depuis que j'ai quitté le monde, d'un de mes misérables confrères qui a gagné l'Elisée en mourant à l'hôpital, qu'il s'étoit introduit un usage qui les garantit des mauvaises dettes.

Lorsqu'ils s'apperçoivent qu'une pratique est vereuse, ils l'enregistrent sur leur livre pour le double du prix de leurs fournitures, puis ils lui envoyent un honnête homme muni d'un petit parchemin pour exiger leur paiement. Si le débiteur ne satisfait point, l'honnête homme emmène le beau seigneur chez lui, & l'y retient sous sa garde jusqu'à ce que le tailleur soit payé. De mon tems au contraire, quand l'homme de qualité ne vouloit pas payer, ce qui arrivoit très-souvent, il n'y avoit aucun moyen de l'y contraindre.

Vous aurez peut-être remarqué, dit Julien, en interrompant son récit, que, sans réflexion sur mon état actuel, je parle des différens rôles que j'ai joués dans le monde, comme si j'en étois encore chargé. Je vous en demande pardon. Je viens de me prendre moi-même sur le fait, en racontant mes aventures de tailleur. Je sens que ces affections mondaines ne peuvent plus convenir à mon état actuel. Quoi qu'il en soit, je poursuis. Je ne dois pas vous cacher que j'avois dans ma profession une certaine méthode qui me rendoit les pertes moins sensibles.

J'avois divisé mes pratiques en trois classes; la première comprenoit celles qui payoient comptant; la seconde celles qui faisoient longtems attendre leur paiement. Les pratiques qui ne payoient jamais, composoient la troisième classe.

Je me contentois d'un profit médiocre avec les premières, parce qu'il étoit assuré. A l'égard des deux autres espèces, je les unissois de manière que les débiteurs qui payoient à longs termes, réparoient la perte que m'occasionnoient ceux qui ne payoient point du tout. De cette manière j'avois peu de pertes réelles, & j'eusse laissé des biens considérables à ma mort, si je n'avois pas consumé tous mes bénéfices à entretenir une maîtresse, tandis que ma femme avec deux enfans restoient dans l'indigence.

J'avois donné à cette maîtresse une jolie maison située sur le bord de la Tamise, & pourvue abondamment de tout ce qu'elle pouvoit desirer. Quoique son bien-être ne dépendît que de ma volonté, elle me gouvernoit cependant d'une manière aussi absolue que si j'eusse dépendu d'elle. Je ne lui obéissois pas moins qu'un cheval dressé, obéit à la main d'un écuyer habile; cependant je n'étois point épris de sa beauté, j'en connoissois même toute la médiocrité. Mais elle possédoit un certain art de volupté; elle savoit si bien choisir les instans de l'employer, qu'il n'étoit pas en mon pouvoir de résister à ses volontés.

Cette femme dépensoit si rapidement, qu'elle sembloit avoir dessein de me réduire à la mendicité. Moi-même je concourois de toutes mes forces à l'exécution de son dessein; car, outre mon extravagance d'avoir une maîtresse & une petite maison, je pris encore des chasseurs à mon service, non que leurs jeux me procurassent du plaisir, mais parce qu'il étoit de la mode d'en avoir

Le loisir de les exercer ne me manquoit pourtant pas; j'avois autant de bon tems que personne, puisque tout mon ouvrage alors consistoit à prendre la mesure de quelques pratiques distinguées. Je ne coupois pas un seul habit; certes c'étoit encore moins par paresse que dans la crainte de le gâter, puisque j'étois aussi ignorant qu'un tailleur de roi.

Ces raisons m'obligeoient d'avoir un garçon habile qui savoit si bien profiter des circonstances où il me voyoit, qu'il étoit réellement le maître chez moi; il gouvernoit ma maison aussi despotiquement qu'un ministre gouverne un prince indolent ou voluptueux. Tous mes autres garçons lui témoignoient plus d'estime qu'à moi-même, parce qu'ils regardoient ma bienveillance comme la suite nécessaire de la sienne.

Je mourus enfin noyé de dettes, & consumé par les plaisirs. Minos réfléchit un instant après avoir entendu l'histoire de ma vie, & m'ordonna de retourner dans le monde, sans m'en dire la raison.

CHAPITRE XXIII.

Julien raconte sa conduite étant aldermann, c'est-à-dire échevin.

L'Angleterre fut encore ma patrie; je reçus le jour à Londres, d'un père qui eut onze enfans, dont j'étois l'aîné, & qui étoit magistrat dans cette ville.

Quoiqu'il eût amassé de grands biens dans le commerce, il ne m'en revenoit pas une assez grosse part pour espérer de vivre sans occupation. Je me livrai donc au commerce de poisson, qui me procura une grande fortune.

Ce feu dévorant qu'on appelle ambition dans les princes, & qui porte le nom d'esprit de parti chez les particuliers, j'en avois été enflammé dès ma jeunesse; à l'âge de vingt-un ans, je m'étois déclaré zélé partisan du prince Jean, & ennemi de son frère Richard, pendant son voyage & sa captivité en Terre-Sainte.

Je faisois dès-lors des harangues publiques sur les affaires d'état. Je m'efforçois de semer le trouble, & de répandre le mécontentement dans la ville de Londres. J'étois pourvu d'une belle voix; mes discours promettoient de grandes choses; je les

les prononçois avec autant d'assurance que de franchise. Tous ces avantages me procurèrent bientôt quelque autorité sur l'esprit des jeunes citoyens, qui ne réfléchissoient pas, & même auprès de ceux d'un âge mûr qui étoient aussi dépourvus d'esprit que de jugement.

Ce succès enfla ma vanité naturelle, au point que je me regardois comme un homme dont les grands talens n'avoient ni rivaux ni supérieurs.

Rempli de cette bonne opinion de moi-même, j'écrivis au fameux Robin Hood, qui faisoit alors grand bruit avec son adhérent le petit Jean à York-Schire.

J'invitai le premier à venir à Londres au nom de toute la ville; je l'assurai qu'il y seroit très-bien reçu, d'après la haute idée que j'avois donnée de son mérite à tous les citoyens, parmi lesquels d'ailleurs j'avois le plus grand crédit. Je ne sais si ma lettre parvint à Robin Hood, mais je n'en reçus point de réponse.

A-peu-près dans ce tems, parut dans Londres un certain Guillaume Fitz-Osbom, ou, comme on l'appeloit vulgairement, Guillaume à barbe longue, homme impudent qui avoit captivé l'attachement de la populace à force de déclamer contre les riches, & contre leurs vues d'oppression. Je pris le parti de ce fanatique, je prononçai une harangue publique à sa gloire, en le peignant comme un homme uniquement voué à la défense de la liberté publique.

Quoique l'ingrat parût faire peu de cas des éloges que je lui avois donnés, je continuai toujours de soutenir son parti, dans la vue de le supplanter, & de devenir moi-même le chef de la faction.

L'archevêque de Cantorbery dérangea beaucoup mes projets, & me défit de mon rival. Guillaume fut arrêté dans une église, & pendu avec neuf de ses partisans.

J'avois été moi-même conduit en prison comme adhérent de Guillaume, & j'eusse subi le même sort, si je n'avois été délivré par le crédit de mon père, qui jouissoit d'un grande considération, à cause de ses talens, & pour avoir prêté récemment à la Reine une somme considérable pour la rançon du roi.

Le souvenir de ce danger me fit tenir tranquille quelque tems. Je redoublai de soins pour faire prospérer mon commerce. J'inventai différentes méthodes pour faire hausser le prix des poissons, & pour m'en réserver le débit; ce qui m'apporta des bénéfices très-considérables. Mon opulence me donna quelque crédit dans Londres, mais ma vanité qui savoit bien le distinguer de celui que j'avois ambitionné ci-devant, n'en étoit que peu flattée, parce qu'enfin dans toute affaire de commerce, l'argent est le mobile de l'autorité, & fait tout le mérite.

Mais, comme on a remarqué que la même ambition qui conduisit Alexandre en Asie, amène aussi le gladiateur sur l'arène, & que cette passion n'est pas plus susceptible de repos, que le vif-argent ; je ne pus vivre dans ma tranquille aisance, peut-être aussi que l'ambition communiquoit à mon sang autant d'activité qu'en avoit ressenti jadis celui des plus grands héros de l'antiquité.

Un des premiers effets de mes démarches fut de me procurer la place de chef d'une compagnie de commerce que Richard venoit d'établir avec beaucoup de privilèges ; bientôt je fus élu Aldermann.

Ce n'est qu'en s'opposant à la cour, qu'un particulier peut s'ouvrir une vaste carrière, & se procurer l'estime du peuple.

Je m'attachai donc à contrarier de toutes mes forces, les vues du roi Jean, qui venoit de monter sur le trône, sans examiner quel étoit leur but. Ce prince à la vérité autorisoit mon opposition par ses défauts ; car la mollesse dans laquelle il vivoit plongé, l'indifférence qu'elle lui inspiroit pour la perte de la Normandie, que le roi de France venoit de lui arracher, excitoient la haine publique, & confirmoient mes projets ambitieux, qui tendoient à me rendre redoutable au prince, dans la vue de lui faire acheter ensuite mon consentement avec le sacrifice de mon parti.

Certainement si je n'eusse eu d'autre objet que le bien public, je n'aurois pas manqué de soutenir le parti du roi contre l'orgueil du pape Innocent, qui, ligué avec le roi de France, obligea Jean de remettre sa couronne entre ses mains, de la recevoir ensuite comme son vassal, & de se reconnoître pour tributaire du saint siége ; droits inouis que l'arrogance seule avoit pu former, que la foiblesse accorda, & qui causèrent dans la suite des maux infinis à la nation.

Le roi eut besoin d'argent, & ne pouvoit en trouver. Il eut recours à la ville de Londres, où j'avois alors une si grande influence, qu'il n'avoit rien à ésperer, s'il n'achetoit mon suffrage. Je connoissois aussi moi-même toute mon importance, ce fut un motif pour me vendre au plus haut prix.

Je demandois une charge, une pension & la dignité de chevalier. On me fit d'abord chevalier, & l'on me promit tout le reste.

En conséquence je me rends à l'hôtel-de-ville, & j'y parle pour l'intérêt du roi, avec le même zèle que j'avois ci-devant employé contre lui. Je m'efforçai de prouver que les vues de la cour étoient légitimes, & je finis par exhorter vivement mes concitoyens à ouvrir leurs bourses pour les seconder. Mon éloquence n'eut point l'effet que je m'en étois promis.

Le peuple se regarda d'abord avec étonnement. Un personnage plaisant s'écria : ce sont *des poissons gâtés par la cour*. C'étoit une allusion à mon commerce. Aussitôt ces paroles passent de bouche en bouche, & retentissent comme un coup de tonnerre qui se trouve prolongé par l'écho des nues & des forêts.

Le mécontentement de l'assemblée étoit général. Je pris le parti de m'évader, mais la populace me reconduisit jusqu'à mon logis, en criant *poissons gâtés par la cour*.

Je fus ensuite rendre compte au roi de ce que j'avois souffert pour ses intérêts. Au lieu de me remercier, il me dit que la ville porteroit la peine de sa résistance & me tourna le dos, sans s'embarrasser de ce que je réclamois l'accomplissement de sa parole royale.

Je fus solliciter quelques courtisans qui m'avoient témoigné beaucoup d'amitié, & chez lesquels j'avois mangé après les avoir traités chez moi, personne ne daigna me faire une réponse ; tout le monde me fuyoit comme l'on fuit un homme attaqué d'une maladie contagieuse.

L'expérience m'apprit dans ces conjectures, que, si rien n'est plus poli & plus agréable qu'un homme de cour en certain tems, rien aussi n'est plus grossier & plus impertinent en d'autres tems.

Sûr comme je l'étois, d'être aussi mal accueilli à la ville qu'à la cour, il fallut pourtant bien y revenir, puisque je n'avois pas d'autre résidence. La réception qu'on me fit surpassa mon attente. Dès que je parus, la populace s'assembla & vomit toutes sortes d'injures contre moi; c'étoit à qui pourroit en dire des plus avilissantes. Des paroles on en vint aux actions. Je ne reçus aucune blessure, j'arrivai chez moi avec tous mes membres entiers, mais j'avois le corps tellement couvert d'ordure & de boue, que je ne pouvois plus distinguer la couleur de mes habits.

Pour être débarrassé des insultes du peuple en me trouvant dans mon logis, je n'en fus pas plus tranquille. Ma femme, dont j'attendois quelque consolation, m'accabla de reproches, elle fit de grandes complaintes sur mon malheur, & sur celui de ses enfans.

» Comment avez-vous pu, crioit-elle, faire
» une semblable démarche sans m'en parler,
» & sans prendre mes conseils? Quand même
» vous n'eussiez pas été dans l'intention de les
» suivre, il étoit au moins du devoir, de la poli-
» tesse, & de l'amitié de les demander. Vous
» n'avez apparemment pas grande idée de mon
» esprit; mais je me console de cette insulte par
» la justice que les autres me savent rendre.

» Vous n'avez jamais fait que des extrava-
» gances, toutes les fois que vous avez voulu
» suivre votre tête. Je ne vous aurois jamais soup-
» çonné de manquer de bon sens au point d'aban-
» donner le parti du peuple pour celui de la
» cour ».

Ce dernier reproche me fut d'autant plus sensible de la part de ma femme, qu'elle m'avoit sans cesse persécuté pour m'engager à embrasser les principes de la cour, par lesquels je pouvois être assuré, disoit-elle, de m'avancer & de faire la fortune de ma famille.

Pendant toutes mes menées avec le ministère, mon commerce avoit dépéri. J'étois sans crédit à la ville. Je n'avois rien gagné à la cour, je pris le parti de réaliser tous mes effets, & de me retirer à la campagne où je passai le reste de mes jours, méprisé généralement, sans cesse querellé par ma femme & fort peu chéri de mes enfans.

Minos trouva que j'avois assez été puni de mon vivant, il me renvoya de nouveau habiter le monde.

CHAPITRE XXIV.

Aventures de Julien devenu poëte.

Rome me vit renaître dans une famille plus considérée qu'opulente. En conséquence de ce qu'on m'avoit voué à l'état ecclésiastique, je reçus une fort bonne éducation; & c'est à quoi se réduisit toute ma fortune. Mon père qui mourut bientôt, laissa plus de dettes que de biens; je fus contraint par-là de me jeter dans les bras de saint François.

Je fréquentois encore les savantes écoles de cet ordre sublime, que je sentis naître en moi une certaine démangeaison de versifier, que je pris pour un rayon du génie d'Apollon. C'étoit une chose fort curieuse que de voir un capucin faire la cour aux neuf muses, au lieu de prêcher sur les bienheureux stigmates; mais mon penchant m'entraînoit vers le Pinde : je m'y livrai de si bon cœur, que j'en devins ridicule aux yeux de mes frères, qui, par moquerie, ne m'appeloient jamais autrement que le frère poëte.

Mon premier ouvrage fut l'éloge du pape Alexandre IV, qui, charitablement, méditoit alors de détrôner le roi de Sicile, afin de lui ôter les embarras d'une couronne. Un si beau sujet ne me fournit pas moins de deux mille strophes de six vers chacune.

Après bien des peines & des mouvemens, j'eus le bonheur de présenter moi-même mon poëme à sa sainteté, dont j'espérois mon avancement pour récompense. Après avoir attendu, pendant une année, sans qu'on parlât de l'ouvrage, & sans qu'on fît l'éloge de l'auteur, l'impatience me prit. Je fus trouver un jésuite de ma connoissance qui étoit le favori du pape, pour savoir au moins, comment sa sainteté avoit trouvé mon poëme. « Le » saint père, me répondit-il froidement, est ac- » tuellement occupé d'affaires trop importantes, » pour s'amuser à lire un poëme de capucin ».

Je fus aussi piqué de cette réponse, que mécontent du procédé du pape; cependant je ne perdis pas courage. Je remis aussitôt la main à la forge, & je fabriquai un nouvel ouvrage qui portoit pour titre *le cheval de Troye*.

C'étoit un poëme entièrement allégorique. J'y représentois l'église introduite dans le monde, de la même manière que la fameuse machine de Troye l'avoit été dans cette ville. Les prêtres étoient les soldats qui y étoient cachés. Les ténèbres du paganisme étoient la ville qu'ils avoient détruite.

Je me souviens encore de quelques strophes

qui vous feront sûrement plaisir, nous dit Julien:

Mundanos scandit fatalis machina muros
Farta Sacerdotum turmis : exindè per alvum
Visi exire omnes, magno cum murmure olentes.
Non aliter, quàm cum humanis furibundus ab antris
It sonus, & nares simul aura invadit hiantes.
Mille scatent, & mille alii; trepidare timore
Ethnica gens cæpit : falsi per inane volantes
Effugere Dei, desertaque templa reliquunt.
Jam magnum crepitavit equus, mox orbis & alti
Ingemuere poli : tunc tu pater, ultimus omnium
Maxime Alexander ventrem maturus equinum
Deseris; heu! proles meliori digna parente.

C'est-à-dire :

« Déjà la fatale machine est parvenue au centre
» du monde. Soudain une légion de prêtres, dont
» son ventre est farci en sort avec un grand mur-
» mure, & se fait sentir au loin. Tel un vent
» furieux échappé brusquement des cavernes hu-
» maines, va frapper tout-à-coup les nez de son
» odeur empestée. Mille & mille sont saisis de
» frayeur. La tourbe payenne ne respire qu'en trem-
» blant. Les faux dieux s'enfuyent, leurs temples
» restent déserts.

» Cependant le cheval de bois continue de
» vomir, avec fracas, la troupe bénite qu'il ren-
» ferme. La terre en est ébranlée; les pôles du

» monde en gémissent. C'est alors qu'on te vit
» paroître, grand Alexandre. Tu fus le dernier de
» tous à quitter la prison. O digne fils d'une mère
» moins indigne!......... ».

Je crois que Julien auroit répété tout son poëme, si je ne l'eusse interrompu. Je remarquois qu'il ressentoit dans presque tous ses récits, les mêmes émotions, que s'il eût encore effectivement représenté les personnes dont il contoit les aventures.

Je le priai de poursuivre son histoire. Il sourit & continua dans les termes suivans:

Nous autres poëtes, nous trouvons un plaisir si sensible à lire nos ouvrages, que je doute qu'il en soit un plus satisfaisant & plus doux. Quelle seroit notre félicité, si nos auditeurs goûtoient un plaisir semblable! mais hélas! c'est ici l'*ingens solitudo*, dont se plaint Horace. Car il faut observer que la vanité des hommes est encore plus vaste & plus insatiable que leur avarice; qu'un mendiant se présente, il en sera mieux reçu que celui qui va quêtant des louanges.

Je fis souvent l'épreuve de cette vérité. Tous les religieux de ma communauté m'évitoient pour ne pas entendre mes poésies, & pour se dispenser d'en faire l'éloge.

Le seul qui me marquoit de la déférence, étoit un frère qui faisoit aussi des vers; mais si mauvais, que j'achetois bien cher la complaisance qu'il avoit de m'écouter, & les louanges qu'il me prodiguoit; puisqu'il me falloit ensuite supporter la lecture de ses vers, & le payer en même monnoie.

Mon dernier ouvrage me causa plus de déplaisir encore que le premier; au lieu de gloire, il ne me valut que des plaisanteries. De plus, mon supérieur m'imposa une punition rigoureuse pour avoir mis trop d'exactitude dans mes tropes; j'avois comparé le pape à un pet. Ainsi, loin de me procurer de la considération & de l'avancement dans mon ordre, je perdis toute espérance d'être jamais plus que poëte, & simple profès.

Ces essais malheureux me découragèrent pour quelque tems, mais malgré ma résolution de laisser reposer ma muse, je ne pus tenir contre le desir de lui faire de nouvelles caresses. Un poëte ressemble parfaitement à un homme qui aime une femme laide. Le premier trouve dans sa muse, comme l'autre dans sa maîtresse, un plaisir qui perd de son prix au jugement du monde; cependant il s'en console en se persuadant que ce jugement n'est qu'une affaire de goût.

Il seroit inutile de vous citer d'autres fragmens de mes poésies; toutes eurent le même sort que les premières. Quoique quelques-unes des dernières fussent dignes d'un bon accueil, je puis le dire aujourd'hui sans vanité, ma réputation de mauvais écrivain, étoit si bien établie, que le mérite d'Homère même, quand j'aurois pu l'acquérir, ne m'auroit pas procuré des suffrages, puisque personne ne vouloit plus me lire.

Les poëtes de mon tems, ainsi que vous pouvez le savoir, ne se sont pas rendus bien fameux. Un seul d'entr'eux jouissoit de quelque célébrité, & j'ai eu la consolation d'apprendre, depuis quelque tems, que ses œuvres étoient totalement tombées dans l'oubli. Il n'y a qu'un poëte, plein de fiel & de jalousie, qui puisse se faire une idée de l'envie & de la haine que je portois à ce poëte contemporain. Par exemple, votre ***, dont j'ai entendu parler depuis quelques années, & que vous avez connu, concevra, sans peine, toute l'intensité de ces sentimens odieux.

Je ne pouvois pas souffrir qu'on dît du bien de mon rival, qui, pourtant, me rendit quelques services; mais au lieu de témoigner de la reconnoissance à ce bienfaiteur, je m'enveloppai du manteau d'anonyme, & j'écrivis contre lui une vigoureuse satyre, où je n'épargnai ni la calomnie, ni les injures.

On a remarqué dans des tems assez récens, qu'il n'y avoit point de créatures plus méchantes & plus dangereuses, que les mauvais écrivains & les femmes laides. La raison de cette vérité est que les uns & les autres portant envie aux avantages qui leur manquent, & qu'ils voyent dans autrui, cette funeste passion distile son poison sur toutes leurs idées, sur tous leurs penchans, & les dispose à entreprendre les choses les plus horribles.

Ma vie n'eut qu'une courte durée, parce que le ver rongeur de l'envie me dévora le cœur. Minos ne me jugea pas digne de l'Elisée. J'eusse été précipité dans le gouffre éternel, si Pluton n'eût juré qu'il ne recevroit plus de poëte depuis l'aventure d'Orphée (1). Je fus obligé de m'en retourner.

―――――――――――――――――――

(1) Tout le monde sait qu'Orphée descendit aux enfers, pour en ramener sa chère Eurydice. Mais à moins d'avoir voyagé dans ce ténébreux séjour, on ne sait pas que la lyre enchanteresse de ce prince des musiciens, y causa le plus grand désordre, car les damnés donnoient tant d'attention à sa musique, qu'ils ne ressentoient plus leurs tourmens.

CHAPITRE XXV.

Julien devient templier, & ensuite maître de danse.

LA Sicile fut le lieu de la scène où je revins jouer un nouveau rôle, & je fus admis dans l'ordre des templiers. Je ne vous amuserai pas long-tems du récit de mes aventures dans cet état; elles sont à-peu-près les mêmes que celles qui me sont arrivées étant soldat. Dans le fait, il y a peu de différence entre ce dernier & un capitaine. Que l'on ôte à celui-ci son habit qui est plus fin, son ordinaire qui n'est pas aussi frugal que celui du soldat, dans tout le reste on trouve deux hommes semblables.

Ma rentrée dans le monde fut ensuite en France, où le sort me fit maître de danse. Mon habileté, dans cet art sublime, me fit appeler à la cour pour me confier le soin des pieds de Philippe de Valois, qui, dans la suite, parvint à la couronne.

Je ne me souviens pas d'avoir jamais été dans aucuns de mes rôles précédens, aussi arrogant, & d'avoir jamais eu une si bonne opinion de moi, que j'en eus dans celui-ci.

Je considérois la danse comme le premier des talens. Après David que je regardois comme le premier maître à danser du monde, je m'estimois le plus grand qui eût existé. Cette opinion dominoit même à la cour, car toute la jeunesse de l'un & de l'autre sexe n'étoit censée bien élevée, qu'après avoir reçu de mes leçons.

De mon côté tous ceux qui ne savoient pas danser, étoient des ignorans à mes yeux. Je ne croyois pouvoir mieux louer un homme, qu'en disant qu'il savoit très-bien faire la révérence. D'après cette façon de penser, les savans les plus profonds, les plus braves militaires, les courtisans même, ne me paroissoient d'aucune utilité dans un royaume, s'ils ne savoient ni sauter légèrement, ni marcher avec grace.

Quoique je susse à peine lire, & encore moins écrire, j'entrepris cependant de faire un traité sur l'éducation de la jeunesse.

Dès ce tems-là, comme à présent, un homme à grands talens sans celui d'écrire, trouvoit, avec de l'argent, des écrituriers qui se chargeoient de ses idées, & de les habiller pour le public. Quoi qu'il en soit, j'éclairai mes confrères sur de vieux préjugés, sur des erreurs de routine ; je leur prouvai qu'il ne falloit jamais exercer un enfant à faire des sauts, avant de l'avoir instruit dans les honneurs de l'appartement, c'est-à-dire à entrer, à saluer, à baiser la main d'une dame, &c.

Au reste, c'est vous en avoir assez dit, sur une vie

vie qui ne confifta qu'en coupés, en coulés & en cabrioles.

J'atteignis un âge fort avancé, & j'enfeignois encore à fauter dans un tems où je ne favois plus marcher.

Minos me témoigna peu d'eftime, & me pria de retourner en danfant dans l'autre monde.

J'obéis, & je naquis de nouveau en Angleterre. On me deftina à l'églife, je parvins avec bien de la patience, avec bien de l'intrigue & de l'hypo-crifie, à la dignité épifcopale.

Rien n'eft fi remarquable, dans ce caractère, que le fouhait continuel que je faifois (1).

―――――――――――

(1) Il paroît que depuis cet endroit, il s'eft perdu une partie confidérable du manufcrit, puifque ce qui fuit commence par le feptième chapitre de la dix-neuvième partie. A quel propos vient l'hiftoire d'Anne de Boulen ? à qui eft-elle adreffée ? Voilà deux grandes queftions à décider. Je dirai feulement que l'écriture de ce chapitre paroiffoit être de la main d'une femme. Quoique ce morceau ne porte pas moins d'inftruction, & contienne autant de morale, que tout ce qu'on a vu, on trouvera pourtant quelque différence dans le ftyle. D'ailleurs comme il renferme le portrait d'une femme, je jugerois plutôt que je ne gagerois, qu'il eft en effet l'ouvrage d'une perfonne du fexe.

O

DIX-NEUVIÈME PARTIE.
CHAPITRE VII.

ANNE DE BOULEN RACONTE SA VIE.

JE vais raconter, avec la plus grande fidélité, une vie qui a causé plus d'une dispute parmi les écrivains de l'autre monde.

Les uns m'ont dépeinte avec des couleurs aussi noires que celles dont on se sert pour peindre l'enfer & ses satellites. Les autres m'ont citée comme une sainte, aussi pure qu'un heureux habitant de l'Elisée. Le brouillard des préjugés a offusqué la vue des uns; le zèle des autres leur a montré tous les objets dans le jour qui leur plaisoit davantage.

Mon enfance se passa dans la maison de mon père, au milieu de tous les jeux & de tous les plaisirs enfantins qui convenoient à mon âge. Certainement c'est la plus heureuse époque de ma vie; mes parens, loin de me considérer comme un objet que le sort destine à leur tyrannie, me regardoient comme un gage chéri de leur union, & me conservoient comme un fruit précieux de leur tendresse mutuelle.

J'avois à peine atteint ma septième année, que je passai en France, à la suite de la sœur du roi; une amie de mon père se chargea de mon éducation, qui fut convenable à une jeune personne de qualité.

Je n'éprouvai ni variétés ni vicissitudes dans mes plaisirs & dans mes amusemens, jusqu'à ma quatorzième année que le germe de ma vanité commença de poindre.

Chaque jour le vit croître dès cet instant qui fut aussi le commencement de mes peines. La dame qui me servoit de mère, aimoit beaucoup le monde, & voyoit grande compagnie. Ma jeunesse, mes charmes attiroient l'attention, & se faisoient admirer; mon cœur tressailloit de joie à chaque louange qu'on donnoit à ma beauté. Est-il de satisfaction plus ravissante pour une jeune personne qui est contente d'elle-même? Hélas! je n'en jouis pas long-tems avec autant de tranquillité.

J'atteignois à peine mon troisième lustre, que je fus choisie pour être demoiselle d'honneur de la reine.

Un jeune seigneur, dont la bonne mine & l'élégance faisoient le sujet perpétuel de la conversation des dames, venoit assidûment à la cour. Il mettoit tant d'agrément dans ses manières, il assaisonnoit tout ce qu'il disoit d'une tendresse si naturelle, que toute femme à qui il parloit, se regardoit comme l'objet de son amour.

Outre une bonne dose de vanité, j'avois assez de confiance en mes charmes, pour espérer de m'attacher un homme sur lequel toute la cour avoit des prétentions. Toutes mes idées se tournèrent donc alors vers les moyens d'enchaîner ce cœur, dont la conquête eût enorgueilli les plus belles dames de la cour.

J'étois trop jeune pour employer l'artifice dans mes desseins; la nature seule fit tous les frais; le beau monsieur, qui n'étoit pas novice, s'apperçut bientôt de mes vues, & me donna la préférence la plus marquée.

Soit que mon inclination pour lui fût naturelle, soit qu'elle eût sa source dans l'amour-propre, néanmoins je trouvois dans ses empressemens à me plaire, une félicité incomparable qui influoit sur toute ma conduite.

Je devins si vive & si enjouée, que ma personne & ma conversation en acquirent chaque jour de nouveaux agrémens. Toutes les personnes de ma société sembloient y trouver plus de plaisir que jamais.

Quoique fort jeune, je m'apperçus pourtant qu'il entroit beaucoup de fausseté dans leurs complimens, beaucoup de dissimulation dans leurs foins à me perfuader que j'étois plus aimable; à quelques propos malins, à quelques plaifanteries piquantes, je reconnus diſtinctement le langage de l'envie. Cette connoiſſance fut un nouveau triomphe pour moi, puiſqu'elle me faiſoit ſentir l'humiliation de mes rivales. Auſſi ne manquai-je pas d'en tirer vanité le plus ſouvent qu'il me fut poſſible; mon cœur féminin jouiſſoit doublement, & de l'envie de mes compagnes, & de la poſſeſſion d'un bien que tout le monde ambitionnoit.

Je vivois dans ces heureuſes circonſtances, lorſque la reine ſe trouva forcée par une maladie de conſomption, d'aller habiter la campagne. Ma place m'obligeoit à la ſuivre. Mon jeune héros parvint, je ne ſais par quel moyen, à ſe faire comprendre dans la petite ſuite qui étoit du voyage.

Juſques-là je n'avois eu d'entretien avec lui qu'au milieu d'un grand cercle, & je n'avois conſidéré cet adorateur que comme un inſtrument fait pour flatter ma vanité; ici la ſcène changea bientôt. Mes rivales étoient éloignées. L'art & la nature s'étoient concertés, pour embellir l'endroit que nous habitions. Les ſolitudes charmantes, les boſquets délicieux qu'il renfermoit, les accens mélodieux des oiſeaux, qui ſans ceſſe chantoient leurs amours; enfin le coup-d'œil raviſſant qu'offroit par-tout la nature, miſe en mouvement chaque jour par les rayons du bienfaiteur du monde, tout cet assemblage de beautés produisit en moi le changement le plus subit. La vanité s'évanouit; mon ame entière fondoit de tendresse.

Mon vainqueur avoit trop d'expérience pour ne pas s'appercevoir de ma situation. Il en témoigna tant de joie, que j'en pris occasion de me persuader que son cœur étoit entièrement à moi; cette assurance répandit dans mon ame une émotion délicieuse qui ne peut être sentie que par l'amante la plus tendre & la plus sûre d'être aimée. Hélas! mon bonheur ne fit que passer. Je reconnus bientôt que mon amant étoit de l'espèce de ceux qui ne recherchent l'affection de notre sexe, que pour en faire le sacrifice à leur vanité, & pour immoler leur triomphe au desir insatiable qu'ils ont de se faire admirer. Aussi son indifférence commença dès l'instant qu'il se fut apperçu de ma défaite; cependant ma passion n'en devint que plus forte, ainsi qu'il arrive toujours lorsqu'elle est contrariée. Malgré le désespoir de me voir trompée; malgré les soins & les résolutions que je prenois de vaincre cet amour qui sans cesse tyrannisoit mon cœur, ma fierté humiliée dégénéra en une conduite extravagante, qui est la suite ordinaire des passions violentes.

Tantôt je maudissois mon amant & sa conduite,

L'instant d'après ma tendresse parloit en sa faveur; elle le justifioit pleinement, elle me blâmoit même de voir en lui des choses qui n'y existoient pas.

L'état perplexe de mon ame n'échappa pas à ses regards; il s'en réjouit malignement. Mais comme le peu de témoins qu'il avoit de sa victoire ne suffisoit pas pour procurer une jouissance complette à sa vanité, il prétexta des affaires à Paris, & quitta notre séjour champêtre, me laissant dans une situation plus aisée à imaginer qu'à décrire.

Mon ame ressembloit à une ville séditieuse & remplie de trouble, où chaque nouvelle pensée multiplioit les embarras & augmentoit la confusion. Le sommeil me privant aussi de ses faveurs, l'ardeur de mes inquiétudes passa dans mon sang, & me causa une fièvre violente qui m'auroit coûté la vie, sans la bonté de ma constitution, & sans les soins qu'on prit de moi. Mon corps resta tellement affoibli, que les sentimens de mon cœur en furent altérés. Je me consolois par la réflexion, que la vaine légèreté de mon amant m'avoit heureusement garantie d'une foiblesse que lui seul auroit pu me faire craindre.

Peu de tems après mon rétablissement, nous retournâmes à Paris, où j'avoue que je desirois & redoutois à la fois de revoir la cause de mon tourment.

J'espérois, à la vérité, que le dépit soutiendroit mon indifférence; & ces idées m'occupèrent jusqu'au lendemain de notre arrivée.

La cour étoit fort nombreuse, tout le monde s'empressoit de féliciter la reine sur sa convalescence. Mon amant parut aussi, paré comme s'il eût eu dessein de faire une nouvelle conquête. Loin qu'il cherchât à m'éviter comme une personne qu'il dédaignoit, il s'approcha de moi avec cet air libre & content qui marche avec la victoire. Je remarquai en même-tems que toutes les femmes qui nous entouroient avec une attention maligne, ne desiroient, autre chose pour satisfaire leur petite vengeance, que de me voir embarrassée, & faire une figure ridicule.

Toutes ces observations me troublèrent si fort, que dès que mon amant m'eut parlé, je tombai évanouie dans ses bras. Quand j'aurois eu le plus vif desir de lui faire plaisir, je n'aurois pas mieux réussi. Des eaux de senteurs m'eurent bientôt rendu la vie. Mais j'eus à essuyer tous les mauvais propos, toutes les railleries que la malice peut inspirer à l'envie.

L'une disoit, il me semble cependant que monsieur n'a rien d'assez effroyable pour tuer une jeune demoiselle.

Non, non, répondoit une autre, on en est bien

sûr. Mais les sens de certaines femmes sont quelquefois dans une telle disposition, que les objets gracieux les irritent, & les blessent plus que des objets désagréables. Il y eut encore bien d'autres traits qui étoient plus méchans que spirituels. Avec aussi peu de force que j'en avois, je ne pouvois supporter tant de plaisanteries. Je m'empressai donc de me rendre chez moi, où d'abord le souvenir de ce qui venoit de m'arriver m'auroit jeté dans le désespoir, si je n'eusse réfléchi que cet accident, au contraire, étoit le remède le plus efficace pour guérir ma passion. Je résolus en même tems pour me venger doublement de l'envie de mes rivales, & de la cruauté de mon vainqueur, de m'appliquer à rétablir ma beauté qui avoit été beaucoup altérée, & à lui donner un nouvel éclat, qui m'attirât une nouvelle foule d'adorateurs.

Cette agréable résolution ranima mes esprits, & me procura cent fois plus de tranquillité que la philosophie, avec ses meilleurs conseils, n'auroit pu m'en donner.

Je donnois donc tous mes soins à ma parure, bien décidée de demeurer dans l'indifférence, & de chasser toute impression tendre d'un seul objet, par le désir de plaire à tous. Chaque matinée je l'employois à consulter mon miroir, je cherchois des mines gracieuses; j'étudiois mes gestes & ma contenance. Quoique j'eusse à peine dix-huit ans, j'avois eu tant d'occasions de voir des hommes, que l'envie d'attirer leur attention m'inspira celle de rechercher dans leurs discours & dans leurs actions des régles pour me conduire avec eux d'une maniere convenable à mes vues.

En effet, je remarquai que les hommes aimoient à trouver dans notre sexe tout ce qui étoit le plus opposé à leur propre caractère. En conséquence, je paroissois vive & enjouée avec les hommes sérieux & raisonnables; j'affichois un cœur tendre, je me parois d'une ame délicate & sensible aux yeux de ceux qui pétilloient de vivacité & d'enjouement : froide & retenue pour les gens passionnés; je devenois folle, mes yeux étinceloient avec des adorateurs timides ou embarrassés.

A l'égard des agréables, de cette espèce de damerets, dont la vanité est l'unique idole, l'expérience m'avoit appris que la meilleure façon de les traiter étoit de rire d'eux, comme on rit de jolis bouffons, & de ne leur laisser d'autre espérance que celle qu'ils fondent sur leur petite présomption.

Après toute cette provision de coquetterie, je parus dans le monde comme si j'y fusse entrée pour la première fois.

On me trouva plus belle & plus aimable que

jamais par-tout où je me montrai, & l'étonnement fut général. Mon joli monsieur surtout porta la surprise jusqu'au trouble, car il s'étoit persuadé que je n'échapperois jamais aux chaînes dont il m'avoit enlacé. Il se donna beaucoup de mouvement pour tenter de recueillir encore les fruits de sa victoire, mais j'évitai soigneusement de me trouver près de lui; je refusai constamment de l'entendre; chose qui m'étoit d'autant plus facile, que j'étois sans cesse au milieu d'un cercle nombreux de courtisans.

Dès cette époque, je fus pendant plus de trois ans l'idole à laquelle toute la cour, jeunes & vieux adressoit ses vœux. On me proposa différens bons partis, mais j'espérois toujours d'en trouver de meilleurs; & c'étoit une très-grande satisfaction pour moi, que de voir de jeunes personnes qui avoient autant de mérite que moi, accepter les maris que je refusois.

J'avois assez bien rempli mon but, cependant je n'étois pas parfaitement heureuse; car l'attention que l'on donnoit aux charmes d'une autre, l'insensibilité d'un seul homme me causoient plus de chagrins que je n'éprouvois de plaisirs à voir la foule de mes adorateurs.

L'ambassade de mon père à la cour de France, étant finie, il me reconduisit en Angleterre avec lui; & nous allâmes habiter une maison de campagne agréable, où d'abord l'ennui faillit à me donner des vapeurs. Mais bientôt l'agrement de l'endroit ayant ramené le calme dans mon ame, je repris une nouvelle existence. Je m'amusai de toutes sortes d'occupations champêtres, telles que d'élever des oiseaux, de cultiver un petit parterre; si je ne trouvois pas à ces amusemens, des plaisirs bien touchans; au moins je remarquois qu'ils entretenoient ma gaieté, chose la plus nécessaire à la félicité humaine.

Je goûtois les douceurs de cette vie champêtre, sans craindre les orages des passions violentes, lorsque le hasard fit que Milord Peirey, fils ainé du comte de Northumberland, qui s'étoit égaré à la chasse, rencontrât mon père qui l'invita à venir se reposer au logis. Il me trouva tellement à son goût, qu'il passa trois jours dans notre campagne.

J'avois trop d'expérience pour ne pas m'appercevoir de l'impression que mes attraits avoient faite. Mais j'étois alors si dégagée d'ambition, que je ne craignois rien tant que d'abandonner la vie que je menois. L'idée même d'être une riche comtesse, ne fut pas capable de m'en dégoûter.

La passion de ce jeune lord qui étoit à la fleur de son âge, devint si forte, que la semaine suivante il nous rendit une seconde visite, & se conduisit envers moi avec toute l'estime & la tendresse qu'il crut propres à me plaire. Il me déclara que quoique sa naissance & ses biens pussent lui faire espérer de voir des propositions de mariage bien reçues de mon père, cependant il seroit au désespoir de devoir sa félicité à d'autres moyens qu'à mon inclination.

Une conduite aussi noble m'inspira des sentimens qui ne tenoient rien de ma première passion, puisqu'ils ne me causoient ni insomnies, ni inquiétudes; cependant je me faisois un devoir de lui procurer toute la satisfaction qui dépendoit de moi, sans blesser la décence.

La connoissance que mon père m'avoit donnée de son caractère, en me faisant le portrait de toute la noblesse qui nous avoisinoit, m'assuroit qu'en l'épousant je serois heureuse. Il étoit de bonne conduite, & généralement estimé.

Il ne me resta de crainte qu'à l'égard du sacrifice que j'allois faire de ma vie champêtre, à une vie tumultueuse. Les manières honnêtes, la complaisance de mon amant dissipèrent cette crainte, il fit ses propositions à mon père, qui les accepta très-volontiers.

Il n'étoit plus question que d'obtenir le consentement du comte de Northumberland. A cet effet, comme il falloit se rendre à Londres, il nous pria, mon père & moi, de vouloir bien y venir aussi la semaine suivante, & nous cédâmes à sa prière, malgré les rigueurs de l'hyver qui venoit de commencer. Nous étions à peine arrivés, que milord m'apporta la nouvelle agréable que son père consentoit à notre union, dont le terme fut fixé dans le mois de Mars.

Dès-lors mon amant eut un accès libre chez mon père, & notre commerce de tendresse étoit aussi doux qu'innocent. Hélas! un bonheur parfait n'est pas le partage de l'humanité. Notre vie délicieuse fut bientôt troublée par une tempête d'autant plus terrible, qu'il fut impossible de nous en garantir.

Un jour que le lord revenoit de la cour où son père lui avoit ordonné de paroître, je remarquai une tristesse si profonde sur son visage, un chagrin si sombre dans toute sa personne, que la frayeur me saisit & m'arracha des larmes. Je profitai de ce moment touchant qui donne tant d'empire à une femme, pour presser mon amant, de me dire le sujet de la douleur extraordinaire qu'il vouloit me cacher. J'insistai si fort & si tendrement, qu'il me découvrit que le cardinal Wolsey l'avoit fait venir chez lui, & lui avoit sérieusement ordonné de ne plus penser à moi.

Il lui avoit représenté que nos parens avoient

donné leur consentement à cette union, dont même le jour étoit fixé; mais le ministre avoit répondu d'une manière impérieuse : « n'importe, j'ai des
» raisons pour empêcher ce mariage dont je pré-
» vois des suites très-fâcheuses; j'en informerai
» votre père, certainement il changera de résolu-
» tion; le cardinal l'avoit quitté sans attendre sa
» réponse ».

C'étoit un mystère impénétrable pour moi que de concevoir, par quelles raisons le cardinal se mêloit de mon mariage; mais ce fut un coup de poignard pour mon cœur que de voir que mon père n'accueilloit plus milord Peirey, qu'avec cette froideur repoussante qu'un prince témoigne à un ministre qu'il va disgracier.

Le mystère s'éclaircit quelques jours après: Mon père me fit appeler dans sa chambre, & débuta par un beau discours sur l'admirable pouvoir de la jeunesse & de la beauté; sur les avantages que l'une & l'autre procuroient, quand on étoit assez sensé pour en profiter, avant que l'âge, le plus cruel ennemi de ces biens périssables, en eût flétri la fraîcheur, & avant que le tems eût amené les regrets de n'avoir pas cueilli les fruits qu'ils apportoient naturellement.

Ce préambule m'étourdit, & me causa quelque trouble; asseyez-vous, me dit mon père qui s'en apperçut. J'ai des choses de la plus grande importance à vous communiquer, & je vous connois assez de raison pour espérer que vous voudrez bien suivre mes conseils. Certainement vous pouvez être assurée qu'ils n'auront d'autre but que votre bonheur.

Ne trouveriez-vous pas quelque satisfaction à devenir reine, ajouta-t-il d'un air moins composé; la place est assez belle du moins. Je répondis d'un ton sérieux que j'étois si fort dégoûtée de la cour, que je ne pourrois jamais me résoudre à y vivre, dussai-je devenir la plus grande reine du monde; que d'ailleurs j'avois un amant qui m'aimoit assez tendrement, & qui avoit assez de fortune & d'élévation pour me donner une puissance au gré de mes souhaits.

Cette réponse déplut à mon père, il se fâcha, m'appela extravagante, me traita d'héroïne de roman, & finit par m'assurer que si je voulois être docile à ses avis, je pourrois réellement devenir reine d'Angleterre. Il me déclara que le cardinal l'avoit instruit que le roi m'avoit trouvée fort à son goût la dernière fois que j'avois paru à la cour; qu'il avoit résolu de se séparer de sa femme pour m'épouser, & que jusqu'à ce tems, il desiroit que je restasse fille d'honneur de la reine, afin qu'il continuât d'avoir le plaisir de me voir à la cour.

Il

Il n'est pas possible de rendre la surprise que me causa cette déclaration. Quoique peu d'instans auparavant j'eusse sincèrement marqué peu d'estime pour une couronne que je voyois dans un lointain inaccessible, j'avoue que sa proximité fit chanceler mon cœur; son éclat éblouit mes yeux.

D'abord mon imagination se représenta toute la pompe & la puissance qui accompagnent le trône; les idées de grandeur & d'élévation me troublèrent si fort, que je ne pus répondre. Mon père s'attachoit encore à accroître mon embarras, en ajoutant les couleurs les plus brillantes au tableau que me faisoit la vanité.

Enfin je revins à moi comme d'un rêve. Je priai mon père, je le conjurai par tout ce qu'il avoit de plus cher, de ne me point forcer d'abandonner un homme dont je connoissois l'attachement, & qui étoit assez opulent pour ne pas me laisser de desirs.

Toutes mes représentations furent sans effet. Il m'ordonna de me disposer à retourner à la cour, la semaine suivante, pour y reprendre mes fonctions de fille d'honneur.

Je vous prie aussi, dit-il encore en me quittant, de faire vos réflexions sur tout ce que je viens de vous confier sous le sceau du secret; prenez garde surtout de sacrifier à des sentimens romanesques, l'honneur & la félicité de toute votre famille.

Etant restée seule en proie à mes réflexions, elles tombèrent sur le peu de tendresse que mon père me témoignoit en ce moment, où sans doute il cherchoit moins ma félicité particulière, qu'une échelle pour atteindre au comble de ses vues ambitieuses. Si je me rappelois encore la tendresse qu'il avoit eue pour moi dans mon enfance & dans ma jeunesse, je n'y voyois autre chose que l'attachement que l'on a pour un joujou amusant, ou j'y decouvrois la vanité d'un auteur qui a fait un ouvrage d'une grande beauté.

Après ces reflexions qui ne m'arrêtèrent pas longtems, mes pensées se tournèrent sur milord Peircy qui m'aimoit, sur la couronne qui s'offroit à moi, & je restois indécise dans mon choix.

Quoique mon père m'eût expressément défendu de parler à personne de tout ce qui s'étoit passé, je ne pus m'empêcher d'en faire confidence à mon amant, sans toutefois lui faire l'aveu du goût que j'avois d'abord senti pour la royauté & pour tous ses brillans accessoires.

Je m'attendois à le voir dans la plus grande émotion, à le voir tout-à-fait hors de ses sens; mais point du tout, il pâlit seulement un peu; il me prit la main, me regarda d'un œil tendre, &

me dit avec un air naïf : si la pourpre royale s'offre à vous & peut vous rendre heureuse, rien au monde ne me portera jamais à contrarier vos projets, ma perte fût-elle cent fois plus considérable que celle que je fais en vous perdant.

Cette générosité qui méritoit l'admiration, produisit en moi bien d'autres sentimens. Elle éteignit l'amour que j'avois pour lui, parce que je me persuadai que puisque son attachement n'étoit ni plus solide, ni plus délicat, le mien ne devoit pas l'être davantage.

Je suis sûre que quels que soient les sentimens généreux qui portent un homme à se désister de la possession d'une amante qui s'est déclarée en sa faveur, elle ne manquera jamais de s'offenser de sa légèreté, fût-elle fondée sur la grandeur d'ame & sur la générosité.

Je ne pus m'empêcher de marquer mon mécontentement au lord, & je lui déclarai franchement que j'étois charmée qu'il prît son parti si gaiement.

Il fut si frappé de cette réplique inattendue, & vraiment peu naturelle, que sans me répondre, il me fit la révérence & se retira.

Il seroit impossible de dire quel choc d'idées m'agitoit & bouleversoit ma tête, quand je fus restée seule. Je desirois d'être reine, & je voulois aussi ne l'être pas, & rendre mon amant heureux. Cependant je voyois avec chagrin que mes charmes eussent si peu de pouvoir, que mon amant supportoit l'idée de me perdre sans tomber dans le désespoir, sans mourir de douleur. Bref, le résultat de toutes ces différentes idées fut que je devois obéir à mon père.

Peut-être ne regardera-t-on ce devoir que comme une ombre réfléchie par la vanité, & transformée en réalité par l'ambition. Ce qui est sûr, c'est que je reçus mon amant très-froidement à la première visite qu'il me fit. Etant une fois résolue de l'abandonner, chacun de ses regards étoit un reproche de mon inconstance.

Mon père me conduisit bientôt à la cour, où je n'eus pas de peine à bien jouer mon rôle avec l'expérience que j'y avois acquise dès mes premières années. Rien ne me fut plus facile que de montrer de la retenue envers un homme qui m'étoit nonseulement indifférent, mais que je détestois de tout mon cœur ; & cette retenue qu'il prenoit pour de la vertu, ne servoit qu'à attiser le feu de son amour. Je me contraignois pourtant quelquefois, au point de lui dire des choses agréables. J'exaltois la félicité d'une femme qui pourroit voir agréer son cœur par un prince tel que lui, sans craindre que son amour fût regardé comme une affaire de vanité, ou attribué à des vues intéressées.

Le roi qui étoit amoureux, recevoit ces pilules dorées avec empressement, & poussoit l'affaire de son divorce avec beaucoup de vivacité, tandis que je restois toujours derrière le rideau, pour attendre le dénouement. Lorsqu'il me parloit de ses vues, je tâchois de l'en détourner par les moyens que j'estimois intérieurement les plus propres à l'encourager.

Si votre conscience ne vous porte pas au divorce, lui disois-je, ne vous laissez pas conduire par l'amour que vous avez pour moi. Je serois désolée d'occasionner ce chagrin à la reine. C'est assez d'honneur pour moi d'être sa fille de cour. Elle est si bonne, j'aimerois mieux perdre pour jamais le plaisir de vous voir, que d'être le sujet de votre désunion avec cette princesse, & je sacrifierois mille couronnes au plaisir de la voir heureuse.

Ce discours & plusieurs autres dans le même goût, donnoient au roi la plus haute opinion de la noblesse de mes sentimens, & l'échauffoient au point, qu'il regarda comme une œuvre méritoire, de répudier son épouse dont il n'avoit point si bonne opinion, pour me donner sa place.

Après un an de séjour à la cour, comme on commençoit à parler de l'amour du roi, l'on jugea convenable de m'éloigner, pour ôter tout soupçon au parti de la reine.

Je m'en retournai donc vivre à la campagne avec mon père. Je n'y trouvai plus les mêmes agrémens. J'étois si fort agitée par la crainte de l'inconstance du roi, si fort dévorée de la soif de l'ambition, que mon ame absorbée par ces deux passions, étoit inaccessible à toute idée étrangère.

Mon royal amant me faisoit souvent remettre, par ses favoris, des lettres auxquelles je répondois toujours d'une manière convenable au desir que j'avois d'être bientôt rappelée à la cour.

La violence de mon ambition ne m'empêchoit pourtant pas de remarquer dans notre commerce de lettres, beaucoup de soumission & de contrainte de mon côté, & de voir du sien, un roi qui ordonne, plus qu'un amant qui supplie. Je faisois ensuite le parallèle de cet amour avec celui de milord Peirey : l'avantage restoit à ce dernier ; mais je glissois rapidement sur toutes ces réflexions ; mes yeux étoient fixés sur la couronne ; tous mes sens frémissoient d'impatience de ne la considérer toujours que de loin.

Je ménageois si bien ma conduite avec le roi, je lui montrois tant de zèle pour sa gloire, j'affectois tant de goût pour la retraite, dont cependant je me plaignois comme d'une chose contraire à ma santé, qu'il m'envoya un ordre exprès de revenir. Comme je tardois à dessein de l'exécuter, il engagea mon père à m'obliger à une chose que je desirois de tout mon cœur, & à laquelle je ne résistois que pour exciter son impatience royale.

Pour mieux réussir encore à détacher le roi de la reine, avec laquelle il continuoit toujours de vivre, j'eus soin de faire séduire la princesse Marie leur fille, qui avoit alors seize ans, & qui étoit d'un caractère vif. De jeunes personnes de son âge qui m'étoient dévouées, & qui se disoient ses amies, déclamoient sans cesse contre le peu de conscience du roi & contre ses projets de divorce. Ces propos aigrissoient l'esprit de la jeune princesse, qui parloit de son père dans des termes très-libres, & avec beaucoup de mépris.

Tout se redisoit au roi, qui recevoit ces rapports tels que je le desirois. Il me disoit souvent que de pareils discours venoient moins de la jeune princesse, que de sa mère, à qui elle les avoit entendu tenir. Je le confirmois dans cette opinion, mais pour marquer toujours la bonté de mon cœur, j'ajoutois que rien n'étoit plus naturel que le mécontentement d'une personne que l'on veut dépouiller de la dignité royale à laquelle elle est habituée, & qui peut se flatter de la mériter. Tous les propos qu'elle tient, disois-je bénignement, échappent au dépit, plutôt qu'ils ne sont dictés par la haîne.

Ces artifices firent si bien leur effet, que le roi, vivement piqué contre la reine, se sépara tout-à-fait d'elle.

Mon chemin au trône étant donc solidement tracé, je n'avois autre chose à faire que d'abandonner le roi à ses desirs, sûre qu'ils me meneroient naturellement au but où je tendois.

Je fus faite marquise de Pembrok; mais l'attente d'un titre plus illustre m'ôta le sentiment de cette dignité, que je regardois comme une bagatelle, en comparaison de celle dont j'espérois de me voir bientôt revêtue. En effet la passion du roi devint tellement impatiente, que dès que je fus marquise, je devins sa femme en secret.

Mon ame sembloit avoir pris des affections toutes royales. Ma dignité l'enveloppoit entièrement. Mes yeux éblouis & troublés par l'éclat du trône, ne voyoient plus mes intimes amis, que comme des étrangers que j'avois pu rencontrer anciennement.

Enfin je ressemblois à un homme qui, placé sur une pyramide très-élevée, ne voit dans les créatures qui sont au-dessous de lui, que des nains qui rampent sur la terre. Cet aspect avoit tant de charmes, que je ne faisois pas attention qu'en descendant quelques marches, qui étoient l'ouvrage des hommes, je devenois semblable à ces nains qui paroissoient si méprisables.

Le divorce du roi se trouvant consommé, & ma grossesse paroissant, notre mariage qui avoit été jusques-là tenu secret, fut rendu public, & mon couronnement se fit aussitôt que je fus accouchée de la princesse Elisabeth.

Cette fastueuse cérémonie m'assuroit une place après laquelle mon ambition soupiroit depuis long-tems; mais elle n'y fixoit pas le bonheur. Depuis que j'étois reine, je ne pouvois plus cacher mon peu d'inclination pour le roi, & même mon indifférence se changea en un dégoût décidé pour sa personne. Mon imagination échauffée ci-devant par l'espérance, & à présent réfroidie par la possession, voyoit les objets tranquillement, & les réduisoit à leur juste valeur. Plus je réfléchissois, plus je me disois à moi-même; « quelles grandes » choses ai-je donc acquises avec les grandes » peines que je me suis données »?

Je me comparois fréquemment à un chasseur de renard, lequel, après s'être épuisé de sueur & de fatigues toute une journée, attrape enfin l'objet de ses peines, & n'y trouve qu'un animal infect & dégoûtant, qui n'a rien de bon que l'extérieur. Mon état me sembloit pire encore, car le chasseur abandonne sa proie à ses chiens, moi j'étois obligée de flatter la mienne, & de lui témoigner qu'il étoit l'unique objet de mon amour.

Tout le tems que j'ai passé dans cet état élevé, si exposé à l'envie, mes jours n'ont été qu'un tissu d'hypocrisie & de faussetés. Suivant ce que je reconnois à présent, c'est la condition la plus misérable dans laquelle puisse tomber une créature raisonnable.

Un mari que je haïssois faisoit toute ma société; je n'osois découvrir ma façon de penser à personne, & personne n'osoit avoir de la familiarité à mon égard. Tous ceux qui me parloient, s'adressoient à la reine, & non à moi; car ils auroient dit la même chose à une poupée, si le roi avoit eu la fantaisie d'en prendre une pour sa femme. Il n'y avoit aucune personne de mon sexe qui ne me détestât cordialement, parce que chacune se croyoit plus digne que moi, du rang que j'occupois.

Je me figurois être au milieu d'une forêt déserte, éloignée de tout commerce humain, dans laquelle j'avois continuellement à prendre garde de ne laisser aucune trace de mes pas, crainte d'être poursuivie par les bêtes féroces, ou déchirée par les serpens & les vipères.

Dans cette douloureuse situation j'étois encore obligée de jeter sur la tristesse profonde qui me rongeoit, le voile d'une gaieté qui étoit bien loin de moi. Aussi, pour me distraire un peu de l'humeur sombre qui me suivoit par-tout, je donnois quelquefois dans la frivolité la plus françoise, c'étoit préparer un canevas à l'envie; elle traita de goût criminel, un goût qui n'étoit que futile.

Il arriva, je ne sais par quel accident, que j'accouchai d'un garçon mort; je m'apperçus que cet événement réfroidit beaucoup l'amour du roi, dont le caractère ne pouvoit absolument rien supporter de contraire à ses vues. Loin de me chagriner de ce changement, j'en fus d'autant plus contente, que je n'étois plus surchargée de son ennuyeuse compagnie. Je découvris bientôt qu'il étoit amoureux d'une femme de ma cour. Soit effet de son amour violent, soit effet des rufes de ma rivale, je fus traitée comme j'avois traité la reine répudiée.

Les courtifans qui font des automates, que leur maître meut à fon gré, ne furent pas plutôt inftruits de fon réfroidiffement pour moi, que chacun d'eux fe fit un mérite de dénoncer mes actions les plus innocentes, mes paroles, mes regards les plus indifférens comme autant de preuves de mes crimes.

Le roi qui brûloit d'impatience de fatisfaire fes nouveaux defirs, & qui étoit bien-aife d'avoir des raifons de faire, ce qu'il avoit déjà réfolu d'exécuter fans raifons, écouta favorablement la calomnie, qui m'accufoit d'avoir violé la foi conjugale; je fus mife à la tour.

Pour me fervir de garde & de compagnie perpétuelle, on me donna ma plus cruelle ennemie, qui prit si bien à tâche de me désoler par ses railleries, de me tourmenter par des reproches, que la mort m'eût été mille fois plus agréable qu'une pareille punition.

Cependant on instruisit méthodiquement mon procès. Pour me rendre plus criminelle, on m'accusa d'avoir eu des liaisons avec mon propre frère. Il est vrai que je l'aimois tendrement, mais je ne l'avois jamais regardé que comme mon frère & mon ami.

Bien que tous les crimes que l'on m'imputoit fussent dénués de preuves, mes juges-commissaires, suivant l'usage, me condamnèrent à être brûlée ou décapitée, ainsi qu'il plairoit au bon maître qui achetoit leur jugement. Le roi, peut-être par un ressouvenir de son amour, eut la bonté de choisir le supplice le plus doux.

Je dois avouer que lorsqu'on m'annonça mon arrêt, j'en fus moins effrayée que je ne l'aurois été dans tout autre état. Mais depuis que j'étois reine, j'avois eu tant de chagrins, j'avois essuyé tant de peines, que j'envisageois la mort comme le terme de mes malheurs.

Les seules inquiétudes qui alarmoient ma conscience, c'étoit d'avoir usé d'artifice pour engager le roi à répudier la reine, d'avoir perdu la jeune princesse

Marie, & d'avoir abandonné milord Peirey. Toutefois j'espérois le pardon de ces fautes en faveur de la vie innocente à tout autre égard que j'avois toujours menée ; d'ailleurs, je n'avois négligé aucune occasion de faire du bien. J'avois distribué des sommes considérables aux pauvres, je m'étois toujours très-dévotement acquittée de mes devoirs de chrétienne.

Toutes ces idées m'occupèrent jusqu'à l'instant de la mort, que je reçus avec assez d'assurance.

Quoique ma carrière n'ait pas été au-delà de vingt-neuf ans, ce court espace m'a suffi pour jouer dans le monde plus de scènes importantes, que bien des personnes qui parviennent à un âge fort avancé.

J'avois passé ma jeunesse à la cour, au sein des plaisirs, au milieu d'une foule de courtisans qui m'encensoient continuellement. L'expérience m'avoit appris combien les passions violentes qui subjuguent l'ame, causent de tourmens & d'inquiétudes. J'avois eu un amant que j'estimois, & dont la tendresse me promettoit le sort le plus heureux. Dans mes dernières années j'étois montée au plus haut degré de grandeur où puisse aspirer la vanité d'une femme. Eh bien ! je dois confesser que dans toutes ces conditions différentes, je n'avois jamais goûté de plaisirs plus purs, que pendant mon séjour à la campagne, où la satisfaction de me voir l'objet de l'amour & de l'estime d'un homme d'honneur, répandoit dans tous mes sens un calme délicieux, & pénétroit mon ame des plus agréables sentimens.

Minos réflechit un moment après avoir entendu cette histoire; ensuite il ordonna d'ouvrir l'Elisée à Anne de Boulen, en disant que celle qui avoit été reine pendant quatre ans, & qui avoit souffert toutes les disgraces qui accompagnent ce haut rang, méritoit de droit le pardon de tout ce qu'elle avoit pu faire pour y parvenir (1).

---

(1) Ici finit le manuscrit incomparable; le reste avoit été vraisemblablement employé à envelopper des plumes & du tabac. Il est à croire que cette perte rendra le public toujours stupide, plus prudent à l'avenir, & le portera à examiner plus scrupuleusement, quels sont les écrits qu'il brûle ou qu'il sacrifie à des usages ignobles; car enfin un pareil sort pouvoit arriver au divin Milton. Et qui sait si les Œuvres d'Homère n'ont pas été découvertes dans la boutique d'un chandelier de la Grece?

Fin du Voyage dans l'autre monde.

LES AVENTURES

DE JACQUES SADEUR

DANS LA DÉCOUVERTE

ET LE VOYAGE

DE LA TERRE-AUSTRALE,

Contenant les coutumes & les mœurs des Auſtraliens, leur religion, leurs exercices, leurs études, leurs guerres; les animaux particuliers à ce pays, & toutes les raretés curieuſes qui s'y trouvent.

PRÉFACE.

PRÉFACE.

Quoique les aventures surprenantes de Sadeur, & la découverte du pays dont on va lire les particularités, soient fort extraordinaires, le lecteur n'aura pas beaucoup de peine à y ajouter foi, quand il saura que depuis deux cents ans on parle d'une Terre-Australe inconnue. Il aura seulement lieu de s'étonner qu'on ait été si long-tems sans la découvrir, le monde étant plein de pilotes si habiles & de voyageurs si curieux, & il jugera avec assez de fondement que ceux qui ont entrepris de faire cette découverte ont péri dans le voyage, ou ont été tués par les habitans de ce pays, après y avoir pénétré, comme l'auroit été Sadeur lui-même, sans les prodiges de bravoure & de courage qu'il fit paroître aux yeux des Australiens, en combattant contre des animaux d'une grandeur & d'une force monstrueuses, ce qui charma tellement ces peuples naturellement fort braves, qu'ils lui accordèrent le privilège de demeurer avec eux, contre les loix les plus solemnelles de leur pays.

La naissance de Sadeur, son éducation, ses malheurs & ses naufrages, paroîtront à tout le monde les effets d'une destinée qui sembloit ne l'avoir fait naître que pour le conduire dans cette Terre inconnue, dont nous n'avons eu aucune relation véritable avant lui.

Il est vrai que Magellan s'est attribué l'honneur d'avoir découvert ce pays l'an 1520, sous le nom de *Terra del fuego*, Terre de feu; mais les Hollandois nous ont montré très-clairement qu'il n'avoit vû que certaines isles qui dépendent plutôt de l'Amérique que de la Terre-Australe.

Marc Paul, Venitien, a joui aussi assez long-tems de la gloire de cette découverte, lorsqu'ayant été jeté par la tempête beaucoup au-delà de l'isle de Java, surnommée la grande; il découvrit le royaume de Maletur, la province de Bœach, l'isle de Petan, & une autre isle qu'il nomma la petite Java; mais les Hollandois qui sont établis en la grande Java, & qui en font tout le commerce, assurent par toutes leurs relations, que les pays que ce pilote a vus, ne sont autre chose qu'un amas de plusieurs isles, qui ne tiennent par aucun endroit au continent de la Terre-Australe; & cela est d'autant plus vraisemblable, que Fernandès Galégo ayant parcouru toute cette vaste mer, depuis le détroit de Magellan jusqu'aux Moluques, rapporte qu'il est rempli d'une si prodigieuse quantité d'isles, qu'il y en a compté plus de mille.

Il est encore vrai qu'en comparant la description que nous a fait de la Terre-Australe Fernandès de Quir, Portugais, avec celle qu'on va lire, on est obligé d'avouer qu'il faut qu'il en ait découvert quelque chose : car nous lisons dans sa huitième requête au roi d'Espagne, que dans les découvertes qu'il fit l'an 1610 de la Terre-Australe, il trouva un pays beaucoup plus fertile & plus peuplé que tous ceux de l'Europe; que les habitans y étoient plus gros & plus grands que les Européens; qu'ils vivoient bien plus long-tems qu'eux : & Louis Paës de Torrés, qui étoit amiral de la flote de Fernandès, confirma au conseil d'Espagne la vérité de la relaiton de Quir, ajoutant que l'air étoit

PRÉFACE.

si sain dans ce pays, & si conforme au tempérament de l'homme, qu'on y dormoit également au soleil & à la lune, sur la terre, non-seulement sans éprouver aucune incommodité, mais encore avec plaisir; que les fruits y étoient si excellens, qu'on n'y recherchoit point d'autre nouriture; qu'on y buvoit d'une liqueur plus agréable que le vin; qu'on n'y connoissoit point l'usage des habits, & que les sciences naturelles y étoient fort cultivées. Mais avec tout cela, il faut demeurer d'accord qu'ils n'avoient qu'une connoissance fort superficielle de ce pays, & que ce qu'ils en ont dit ne pouvoit servir qu'à exciter la curiosité qu'on avoit déjà de le connoître, bien loin de pouvoir la satisfaire.

C'est donc à Sadeur, dont on va lire la relation, à qui on aura toute l'obligation de la découverte de cette terre. Et je ne doute point que bien des gens ne soient surpris de ce que le nom d'un homme à qui on est si redevable, est demeuré jusqu'à présent inconnu, aussi bien que le détail de ses découvertes. Mais cette surprise cessera sans doute lorsqu'on saura que les mémoires sur lesquels cette relation a été composée, ont toujours été enfermés dans le cabinet d'un grand ministre, d'où on ne les a pu avoir qu'après sa mort.

VOYAGE
DE JACQUES SADEUR
DANS
LA TERRE-AUSTRALE.

CHAPITRE PREMIER.

De la naissance de Sadeur & de son éducation.

Comme il m'est impossible de faire réflexion sur toutes les aventures de ma vie, sans admirer la variété prodigieuse des évènemens dont elle a été remplie, j'ai cru que j'en devois faire un recueil & en marquer toutes les particularités les plus considérables; car encore que je n'aie aucun moyen de les envoyer en mon pays, & que je ne voie aucune apparence d'y retourner, je crois néanmoins ne pouvoir mieux faire que de les rédiger par écrit, afin de les repasser plus souvent dans ma mémoire, pour ma satisfaction particulière.

J'ai reçu un mémoire d'un père Jésuite de Lisbonne, lorsque j'étois a Villa-Franca, qui contient ma naissance & les aventures de mes premières années, comme je vais les décrire.

Mon père s'appeloit Jacques Sadeur, & ma mère Guillemette Itin; l'un & l'autre étoient de Châtillon-sur-Bar, du ressort de Rethel en Champagne, province de France. Mon père savoit plusieurs secrets dans les mathématiques, desquels il étoit plus redevable à son génie, qu'aux préceptes d'aucun maître. Il excelloit particulièrement aux inventions pour faciliter le transport des gros fardeaux. M. de Vauré, qui avoit alors quelqu'intendance sur la marine, l'ayant connu, l'attira à Bordeaux, & de Bordeaux aux Indes occidentales, avec des promesses dont il ne s'acquitta envers lui qu'autant qu'il le crut nécessaire à son service. Ma mère qui l'avoit suivi le pressa de retourner après neuf ou dix mois de séjour au Port-Royal, & s'étant embarqués le 25 Avril 1603, elle me mit au monde quinze jours après son embarquement. M. de Sarre, qui étoit capitaine du vaisseau, voulut être mon parrain; j'ai donc été conçu dans l'Amérique & je suis né sur l'Océan, présage non équivoque des malheurs dont je devois être agité pendant toute ma vie.

Le voyage fut heureux dans toutes les routes qu'on estime dangereuses jusqu'aux côtes d'Aquitaine, où une tempête imprévue secoua si furieusement le vaisseau, qu'elle le jeta contre les côtes d'Espagne, & le fit échouer proche le Cap de Finistère, en la province de Galice, où je perdis mon père & ma mère. Le même mémoire porte que ma mère, voyant que ce navire faisoit eau de toutes parts, me leva de mon berceau, & m'embrassant avec une extrême tendresse, dit, en répandant une grande abondance de larmes: Ah! mon cher enfant, t'ai-je fait sur les eaux pour te voir aussitôt englouti? Au moins aurai-je la consolation de périr avec toi. A peine avoit-elle achevé cette plainte, qu'un flot plus impétueux que les autres, l'emporta loin de mon père. Ce fut en cette extrémité qu'un chacun connut qu'on n'estime rien de plus cher que la conservation de sa vie. Il n'y eut que mes parens qui, me préférant à leurs propres personnes, s'exposèrent au danger évident de périr pour tâcher de me conserver. L'amour de ma mère fit qu'elle ne me quitta point, & que, m'élevant sans cesse de ses bras sur les eaux, elle en fut enfin suffoquée. Le courage que mon père fit paroître en cette occasion, fut assez remarquable, puisque s'oubliant soi-même, au lieu de se porter vers le bord comme les autres, il vint à nous à la merci des ondes, & embrassant ma mère qui me soulevoit encore, il nous tira jusqu'au rivage & nous mit sur le sable ; mais soit qu'il eût épuisé entièrement ses forces en cette occasion, soit qu'il crût que nous fussions sans vie, il retomba évanoui en me tenant entre ses bras : bien que tous les particuliers fussent alors fort embarrassés, il n'y en eut pas un qui ne considérât ce spectacle & qui n'en fût étonné ; plusieurs même coururent pour nous soulager. Comme l'on reconnut que j'avois encore du mouvement, on m'arracha des bras de mon père, & on m'étendit auprès d'un feu que les habitans allumèrent par compassion : on ne trouva aucune marque de vie en ma mère ; & ayant été exposée quelque tems au feu, on fut persuadé qu'elle n'avoit plus besoin que de sépulture.

Ceux qui avoient plus particulierement connu mon père, déploroient son sort avec des cris qui émurent les habitans du pays. O homme d'éternelle mémoire ! disoient les uns, ô cœur trop généreux ! faut-il que tu meures pour avoir voulu sauver la vie à ta famille ? Ah ! disoient les autres, a-t-on jamais vu un spectacle aussi triste, une mère s'expose pour son enfant ; un père s'expose pour la mère, & tant de généreux efforts se terminent par la mort des uns & des autres.

Je ne sai si tant de cris rendirent quelque senriment à ce bon homme; mais on apperçut qu'il ouvroit doucement les yeux, & on entendit qu'il dit d'une voix foible & languissante: Où es-tu, chère amie! Ce discours qui n'étoit pas attendu surprit l'assemblée, & comme on ne lui répondit pas assez promptement, il ajouta, mourons donc tous trois ensemble. Ce furent les dernières paroles qu'il prononça, après quoi il ferma les yeux & mourut. On dit qu'il s'étoit signalé en plusieurs occasions dans ce voyage; mais il attira l'admiration de tout le monde dans cette extrémité. Tous ceux qui le virent expirer ne pouvoient me regarder sans être touchés de compassion: Pauvre enfant! disoient-ils, que vas-tu devenir? Peux-tu avoir quelque bonheur en ce monde, étant la cause funeste de la mort de ceux qui t'ont donné la vie? Quelques-uns croyoient que je ne pourrois pas lui survivre de beaucoup après les violens efforts que j'avois essuyés dans le naufrage. Mais hélas, je ne faisois encore que commencer une carrière qui dure depuis cinquante-cinq ans avec tant & de si étranges catastrophes, qu'on ne pourra que difficilement les croire. La chaleur du feu me donna assez de force pour me plaindre & pleurer d'un ton qui fit connoître que j'étois hors de danger.

Un habitant du pays savoit suffisamment de françois pour entendre ce qui se passoit; & le souvenir qu'il avoit d'un fils unique qui lui étoit mort depuis peu, & à qui je ressemblois, le porta à me demander : on représenta à M. de Sarre que cette occasion étoit très-favorable pour moi, & qu'il ne la pouvoit refuser sans s'embarrasser & me mettre en un danger évident. Il m'accorda donc plutôt par la nécessité qui le contraignoit, que par aucune autre considération. Cet homme me prit d'abord en la place de son fils, & sa femme ayant ouï le récit de ce qui s'étoit passé, m'embrassa & me reçut en me faisant beaucoup de caresses. M. de Sarre & quelques-uns des plus qualifiés du vaisseau, connoissant qu'ils étoient proche de saint Jacques, prirent la résolution d'aller visiter l'église qui est consacrée à Dieu sous le nom de ce saint, & ils trouvèrent par bonheur des marchands de connoissance qui les équipèrent & qui leur donnèrent le moyen de retourner honnêtement à Oleron. M. de Sarre ne tarda guères, après son arrivée, à faire le détail de ses aventures, & à décrire le naufrage dont il avoit échappé ; mais sa femme fut quelque-tems sans y faire réflexion, parce que la joie de revoir son mari délivré des dangers d'un si long & d'un si fâcheux voyage, l'occupoit toute entière dans ces premiers momens de son retour. Quelque-tems après, elle pria son mari de lui répéter l'histoire de son naufrage, & elle ne pouvoit cesser d'admirer l'amour conjugal & paternel de mes parens qui les avoit réduits à une mort volontaire. Au lieu de concevoir de l'indignation contre moi, elle me prit en une telle affection, surtout après avoir appris que son mari étoit mon parrain, qu'elle le pressoit continuellement de trouver le moyen de me ravoir. Il s'embarqua donc vingt-deux mois après son retour, & il vint en quinze jours à Camarinas, où il me trouva en très-bonne disposition, âgé environ de trente mois, chéri également du mari & de la femme que je croyois mes parens. Si-tôt qu'il leur eut déclaré les raisons de sa venue, & le dessein qu'il avoit de leur payer ma pension, à proportion du tems qu'ils m'avoient gardé, ces bonnes gens s'offensèrent fort & se déterminèrent à ne se pas dessaisir de moi. M. de Sarre alléguoit son droit de parrain, & l'Espagnol insistoit sur la donation & sur la possession. La cause fut agitée devant les juges de Camarinas, qui la décidèrent en faveur de mes nourriciers. M. de Sarre, de peur d'avoir fait un voyage à sa confusion, prit le parti de m'enlever & de fuir à la faveur du vent qui étoit alors favorable. Il entra brusquement avec un valet dans la maison où j'étois, & ne voyant qu'une servante qui me tenoit, il m'arracha de ses bras, & gagna la barque qui étoit disposée à faire voile.

La crainte que j'eus & les cris que je poussai, me firent tomber dans une espèce de pamoison dont je ne fus pas plutôt revenu, qu'on me trouva avec une fort grosse fiévre. Mon nourricier, averti & justement irrité de cet attentat, courut avec quelques-uns de ses gens au port, où voyant que nous étions hors d'attaque, ils firent une décharge qui donna occasion à un vaisseau portugais, qui alloit au sud, de décharger une volée de canon avec tant de malheur pour nous, qu'un boulet fracassa la planche de fleur d'eau de notre vaisseau, & le coula à fond, non sans quelque regret de causer la mort à des personnes qu'ils ne connoissoient pas. Ceux de la rade, voyant cet accident, prirent la fuite, & les Portugais envoyèrent deux chaloupes pour tâcher de sauver ceux qui périssoient; mais quelque diligence qu'ils purent faire, ils ne sauvèrent qu'un valet qui savoit mieux nager que les autres; & comme je flottois sur les eaux à la faveur de la paille de mon berceau, il arriva aussi que je fus recueilli. Je frémis d'écrire ce qu'on ne sauroit lire sans me considérer comme une espèce de vipère qui sembloit ne vivre que pour causer la mort à ceux qui travailloient davantage à me conserver la vie. Les Portugais, craignant un juste reproche de leur crime, se mirent promptement en pleine mer, & trouvant que j'avois encore de la vie, ils eurent pitié de moi & me confièrent aux soins d'une matrone Portugaise qui se trouva sur le vaisseau. Elle témoigna beaucoup de désir de me servir, jusqu'à ce qu'elle eut reconnu que j'étois des deux sexes, je veux dire hermaphrodite; car depuis cette connoissance, cette femme conçut tant d'aversion pour moi, qu'à peine pouvoit-elle me regarder; & comme ma fièvre s'augmentoit, ma mort étoit inévitable sans les soins particuliers du valet de M. de Sarre: on pourroit croire que Dieu ne l'avoit conservé que pour me soulager, si j'avois été en quelque façon utile à son service. Étant arrivé à Leiria, il me conduisoit de porte en porte & me recommandoit avec autant de tendresse que si j'eusse été son enfant. Les Portugais, bien aises de s'être débarrassés de nous pour plusieurs raisons, partirent à l'insçu de cet homme, qui, étant averti qu'il trouveroit plus d'assistance au grand hôpital de Lisbonne que dans Leiria, résolut de m'y porter. Il fut reçu avec d'autant plus d'humanité, qu'on le reconnut pour un François; mais à peine fut-il arrivé, qu'il se sentit saisi d'une fièvre mortelle qui l'emporta le septième jour. Il mourut entre les bras d'un Jésuite à qui il communiqua toutes les particularités que je viens de rapporter, & que j'ai apprises par le moyen d'un mémoire que ce même Jésuite me donna quinze ans après, comme j'ai dit ci-dessus. Le pauvre mourant, au lieu de regretter son malheur, & de me détester, moi qui en étois la cause, ne cessoit de me recommander à ceux qui l'assistoient, avec plus d'empressement que si je lui eusse appartenu. J'ai su que les pères Jésuites, avertis de tous les maux dont j'avois été la cause jusques-là, firent une délibération fort sérieuse sur ce que je devois être, & que le résultat fut qu'il falloit avoir un soin particulier de connoître mes inclinations, afin de régler sur cela mon sexe. A peine eus-je atteint l'âge de cinq ans, qu'ils jugèrent que je devois être élevé parmi les hommes. Ils virent que j'avois du penchant à la dévotion, & jugèrent que si mon esprit étoit cultivé, il ne promettoit rien de médiocre. Ils me présentèrent à la comtesse de Villa-Franca en ma huitième année, après lui avoir fait le récit de mes tristes aventures. Cette dame, qu'on pouvoit avec justice comparer aux plus illustres, me reçut avec tant de tendresse, qu'elle voulut qu'on me traitât, comme le comte son fils, âgé alors de neuf ans. Bien que je portasse les couleurs, je n'avois autre obligation que celle de lui tenir compagnie en ses études; & j'appris avec lui les langues latine, grecque, françoise, italienne, la géométrie, la géographie, la philosophie & l'histoire d'Espagne, avec la chronologie. La comtesse, qui me témoignoit autant d'affection que si je lui avois appartenu, apprenant que je servois beaucoup aux progrès du comte, voulut que je quittasse les couleurs

leurs lorsque j'entrai en philosophie; & l'ayant achevée, on trouva bon de disposer le comte à des thèses publiques dans l'université de Conimbre, où je fus obligé de haranguer & de faire l'ouverture de la dispute. Plus de quinze jours avant nôtre départ, j'eus l'esprit tellement agité, que je dépérissois à vu d'œil; tantôt mon sang se glaçoit, comme si j'eusse été à la veille de souffrir le dernier supplice, & le cœur me palpitoit, comme si j'eusse été sur le point d'être précipité; tantôt l'on me voyoit pâlir, & incontinent après rougir. Ce qui m'étoit le plus fâcheux dans cette suite d'accidens, c'est que tout le monde croyoit qu'ils n'étoient causés que par la crainte que j'avois de paroître en public. Je ne dis rien des songes, des spectres & de mille choses semblables qui me menaçoient sans cesse d'une extrême désolation. Si-tôt que j'eus appris que le comte étoit résolu d'aller sur mer, tout ce qu'on m'avoit dit des malheurs qui m'étoient arrivés sur l'eau, me frappa d'une manière si vive, que je croyois qu'il n'y avoit aucun milieu entre m'embarquer & périr. Je fis donc en sorte qu'on m'accordât que je ferois le voyage par terre avec une partie de son train; mais que les précautions servent de peu pour combattre notre destinée! Ce que je cherchois avec plus d'empressement pour éviter le mal dont j'étois menacé, fut justement ce qui me le rendit inévitable. Je faisois tant d'adieux quelques jours avant mon départ, qu'on m'estimoit ridicule; & la comtesse me voyant pleurer à ses pieds, me traita de foible & d'efféminé. Le comte, avec qui j'étois familier comme avec un frère, me dit un jour: Sadeur, nous voulez-vous quitter? vous n'êtes plus le même; qu'est-ce qui vous tourmente? je crois que vous roulez quelque dessein particulier dans votre esprit; la crainte de paroître en public n'est pas capable de vous agiter d'une telle force que vous en perdiez le sens. Monsieur, lui dis-je, si Dieu me fait la grace de retourner, j'aurai sujet d'avouer la foiblesse de mon esprit; mais accordez-moi la faveur de suspendre votre jugement jusqu'au retour. Cette réponse donna tant de surprise au jeune seigneur, qu'il protesta, ou qu'il ne me quitteroit point, ou que je ne ferois pas le voyage. Pour le voyage, répondis-je, comme il s'agit de votre honneur, je le ferai ou je mourrai en chemin; pour vous accompagner sur l'eau, s'il n'étoit question que de ma vie, je l'abandonnerois avec plaisir, mais de souffrir que la vôtre soit exposée, je serois homme à me porter à quelque extrémité, plutôt que de vous obéir. Ce discours, joint à l'affection qu'il avoit pour moi, fit qu'il ne dit plus rien, & nous partîmes le jour suivant. Il faut se souvenir que Philippes II, roi de Castille, ayant pris possession du royaume de Portugal l'an mil cinq cent quatre-vingt-un, éleva plusieurs familles pour soutenir cette illustre conquête avec plus de facilité ; l'une de celles qu'il rendit plus puissantes, fut la maison de Villa-Franca, non sans exciter la jalousie de plusieurs qui s'estimoient autant & plus qu'elle. Comme il est plus facile de conquérir des terres que des cœurs, plusieurs Portugais demeurèrent si attachés à la famille de Bragance, qu'ils ne cherchoient que le moyen de secouer le joug des Castillans, & de couronner le duc de cette maison. Bien que le pays fût entièrement soumis à l'obéissance des rois d'Espagne, les revoltes secrètes des particuliers étoient fort fréquentes, & la mer n'étoit pas sans écumeurs qui faisoient voir en toutes les rencontres, qu'ils avoient de l'aversion pour la domination espagnole, & qu'ils ne pouvoient supporter les créatures du roi d'Espagne. On sut l'embarquement du comte qui fut le quinze Mai de l'année mil six cent vingt-trois, & deux vaisseaux, partisans de Bragance, se résolurent de l'enlever : ils attaquèrent à cet effet deux voiles qui l'escortoient vers les côtes de Ternais, mais elles soutinrent leur choc avec tant de vigueur, que l'attaque ne fut qu'à leur confusion & à la gloire du comte. Je suivois de loin avec le train qui alloit par terre, & je n'apperçus rien de ce qui s'étoit passé jusqu'à ce que les ennemis nous appercevant & reconnoissant les couleurs du comte, mirent à terre une trentaine de mousquetaires qui firent une décharge & tuèrent un page, deux valets & le cheval sur lequel j'étois monté.

Le reste, étant incapable de se défendre, prit la fuite au grand galop, & je me trouvai seul abandonné à la discrétion de ces pirates, qui, m'ayant emmené dans leurs vaisseaux, gagnèrent la pleine mer.

CHAPITRE II.

Voyage de Sadeur au royaume de Congo.

JE croyois, en allant par terre, que j'éviterois les dangers de la mer, mais si l'on peut parler ainsi, la mer me vint trouver sur la terre & me réduisit à tous les malheurs que je m'efforçois de fuir. Les pirates ne furent pas long-tems en pleine mer qu'elle s'enfla terriblement, & devint si orageuse que les maîtres pilotes désespérèrent de pouvoir échapper; le mât de notre vaisseau se brisa, le gouvernail se fendit, & le navire faisoit eau de toutes parts; nous demeurâmes vingt-quatre heures à la merci des vagues, tirant jour & nuit à grandes pompes, jusqu'à ce qu'étant accablés du travail, l'eau gagna enfin le dessus, & le navire coula à fond.

Je me trouvai par hasard tout contre la porte de la chambre du capitaine qui se souleva, & commença à flotter. Comme je périssois je m'y attachai plutôt par instinct naturel que par aucun effet du raisonnement; je ne puis dire le tems que je restai de la sorte, parce que j'étois troublé & sans aucun sentiment; je dirai seulement que je fus apperçu, à la faveur de la lune, d'un vaisseau qui voguoit vers le sud, & qui détacha une chaloupe pour reconnoître ce que je pouvois être. Quand on eut vu que j'étois un homme qui périssoit, on me tira & on me porta sur le vaisseau. A peine fus-je revenu à moi-même, qu'on me prit pour un Portugais, & on ne tarda pas à connoître qu'on m'avoit vu à Lisbonne, & que j'étois au service de la maison de Villa-Franca. Le capitaine du vaisseau ordonna qu'on eût un soin particulier de ma personne, parce qu'il avoit beaucoup d'obligations à cette illustre maison. Je ne fus pas long-tems sans recouvrer une pleine santé, & aussitôt je conjurai la compagnie de se débarrasser de moi à quelque prix que ce fût. Je fis le récit de toutes les disgraces qui m'étoient arrivées sur les eaux, & je n'omis rien de ce qui pouvoit faire comprendre que cet élément m'étoit extrêmement fatal; mais plus je trouvois de raisons pour les y obliger, plus je me rendois ridicule auprès d'eux. Je crus donc que je ne devois pas insister davantage, & qu'il valoit mieux que je m'abandonnasse au cours de ma destinée. Le capitaine me dit que le respect & la reconnoissance qu'il avoit pour la maison où il m'avoit toujours vu, l'obligeoient à me garder jusqu'à ce qu'il pût me rendre à la comtesse, ajoutant qu'il estimoit cette rencontre l'une des plus heureuses fortunes de son voyage.

J'appris en même tems que les vaisseaux sur lesquels nous étions, appartenoient à des marchands Portugais qui alloient aux Indes orientales. Il arriva que peu de tems après, le premier secrétaire du vaisseau tomba fort malade; c'est pourquoi on me pria d'exercer sa charge.

Le vent nous fut si favorable, que chacun disoit hautement que c'étoit moi qui portoit bonheur au vaisseau. Nous passâmes heureusement la ligne le quinzième jour de Juillet, & le premier Septembre nous arrivâmes au royaume de Congo, où nous mouillâmes l'ancre le six à Maningua. Nous n'avions aucun autre malade que notre secrétaire, dont l'indisposition s'augmentant de jour en jour, le médecin jugea qu'il falloit lui donner quelque repos sur terre. Tous les capitaines & les pilotes jugèrent en même-tems qu'il ne falloit pas s'exposer à doubler le Cap de Bonne-Espérance pendant les approches de l'équinoxe, ce qui fit qu'on résolut de demeurer en ce port jusqu'au mois de Décembre, tant pour rétablir notre malade, que pour éviter le danger. Nous rencontrâmes trois Portugais à Maningua qui entendoient la langue du pays, & qui nous racontèrent tant de raretés de ce royaume, que nous ne pouvions assez les admirer. C'étoit, à les entendre, un vrai paradis terrestre, rempli de tout ce que l'homme pouvoit desirer, soit pour la santé, soit pour les commodités & les plaisirs de la vie, sans aucune nécessité de cultiver la terre; en quoi elle est bien différente de la nôtre qui est souvent ingrate après mille travaux, & toujours exposée aux rigueurs des mauvaises saisons.

L'inclination naturelle que j'ai toujours eue de connoître les merveilles de la nature, faisoit que je recevois un plaisir très-sensible à les écouter, & que je m'écartois quelquefois de nos marchands pour aller reconnoître dans le pays la vérité des choses qu'on nous en contoit. Voici un abrégé de ce que j'y remarquai.

Ce pays n'est pas peuplé, à moitié près, comme le Portugal, & je ne sai si cela ne vient point du peu d'inclination & de la difficulté qu'on y a d'engendrer. Les hommes y sont entièrement nus, si ce n'est depuis quelques années qu'il s'en trouve quelques-uns qui commencent, à l'imitation des Européens, à couvrir ce qu'on appelle honteux. Il est constant que la fertilité naturelle de leur sol les rend négligens, paresseux, simples & stupides. Après les avoir quelque tems considérés, je fus forcé de reconnoître que l'homme devenoit paresseux quand il ne manquoit de rien; que l'oisiveté le rendoit semblable aux bêtes, qu'il falloit nécessairement qu'il fût excité, qu'il prétendît & qu'il aspirât à quelque chose, & qu'aussitôt qu'il ne demandoit plus rien, il devenoit comme insensible & sans action. La terre de ces quartiers, surtout entre les rivières du Zaïr & de Cariza, produit des fruits en abondance, sans qu'on se mette en peine de la labourer, & ces fruits sont si délicats & si nourrissans, qu'ils rassasient pleinement ceux qui en mangent. L'eau même de certaines fontaines a je ne sai quoi de délicieux qui la rend égale aux meilleurs vins; nous y fîmes un séjour assez long, mais sans faire aucune dépense, tant parce que le peuple méprise le gain, que parce que la campagne nous fournissoit en abondance tout ce que nous souhaitions; les maisons sont si peu nécessaires en ce pays, qu'on n'y entre presque point; & comme les nuits ont toute la douceur qu'on peut desirer, on se porte mieux de coucher dehors, que d'être renfermé: on ne sait pas même se servir de lit, & à la réserve de quelques matelats pour les moins robustes, il n'est personne qui ne dorme sur la plate terre. Toutes ces considérations me faisoient sentir qu'un peuple qui n'est point obligé de travailler, vit dans une oisiveté qui le rend pesant, négligent, endormi, dédaigneux, sans exercice & sans action.

Notre capitaine m'accorda, & à trois de notre compagnie, la permission de monter par le Zaïr, au lac du même nom : nous eûmes toute la satisfaction possible dans ce voyage. Voici les remarques les plus considérables que je fis alors, autant que ma mémoire peut me les fournir. Nous arrivâmes en vingt-quatre jours à l'embouchure du lac, nous le parcourûmes en dix, & nous nous rendîmes à la flotte en vingt. Le fleuve Zaïr n'est pas rapide, & comme nous avions quatre bons rameurs, nous pouvions faire sans peine quinze & dix-huit lieues par jour. Il est constant cependant que nous n'en fîmes jamais plus de huit en allant, d'où il est aisé de voir combien se trompent les géographes qui placent le lac Zaïr à trois cent lieues de la mer. Ce qui nous obligeoit à faire de si petites journées, étoit la quantité des curiosités qui se présentoient sans cesse à nos yeux, en fruits, fleurs, poissons & animaux privés ; nous ne pouvions presque remarquer un endroit dans de vastes prairies de soixante & de quatre-vingt lieues de longueur, qui ne fût enrichi d'une tapisserie merveilleuse de fleurs qui passeroient pour rares dans les plus beaux parterres de l'Europe. Je ne pouvois voir fouler aux pieds tant de miracles de la nature sans indignation; mais la grande quantité étoit cause qu'on n'en faisoit pas plus d'estime que de nos marguerites champêtres. A peine y a-t-il un arbre qui ne porte quelques fruits précieux & incomparablement meilleurs que tous ceux que nous connoissons; & la nature les a tellement accommodés à la portée des habitans, qu'on les peut cueillir sans incommodité & sans danger; nous ne vivions d'aucune autre nourriture, & nous ne desirions rien davantage. Notre maître pilote Sebastiano Delès, homme d'une grande expérience, voyant que nous nous étonnions de ce qu'on alloit jusqu'aux Indes pour y chercher des productions qui n'approchoient pas de celles que nous trouvions en ce pays, nous dit qu'il en étoit de ces fruits comme des viandes bien cuites & bien assaisonnées, qui ne peuvent se conserver quatre jours avec leur goût ordinaire. J'en fis l'expérience, & je vis qu'en effet on ne les pouvoit garder long-tems sans corruption. Il est vrai qu'en les mangeant, on connoît qu'ils sont parfaitement cuits, nourrissans & salutaires à l'estomac; bien éloignés en cela des nôtres qui nuisent toujours plus qu'ils ne profitent, & qui causent au moins autant d'amertume au cœur, que de douceur à la bouche.

C'est ce qui fait qu'ils peuvent se conserver à

cause de leur crudité qui combat la chaleur naturelle, au lieu que ceux de Maniçongo étant parfaitement cuits se corrompent en peu de tems; aussi la nature y a-t-elle pourvu de telle sorte qu'il en mûrit tous les jours suffisamment, & les arbres y sont toujours chargés de fleurs, de boutons & de fruits, dont les uns sont verts, les autres sont mûrissans, & les autres propres à manger.

Entre la grande quantité de poissons que j'ai remarqués dans le Zaïr, j'en vis de deux sortes qui me surprirent, je pourrois nommer les uns amphibies, puisqu'ils approchent en quelque chose de nos gros chiens barbets, & que sortant assez facilement de l'eau, ils sautent presque comme des renards; avec cette différence que leurs pattes sont larges comme les pieds de nos canards, & celles de devant sont deux ou trois fois plus courtes que celles de derrière: ils ont tant d'inclination pour l'homme qu'ils le cherchent, & s'offrent à lui comme autant de victimes, il arrive même quelquefois qu'ils sautent dans les bateaux, & qu'ils viennent aux pieds des matelots pour les caresser à la façon des chiens; c'est ce que je vis un jour; & je voulus mal à un rameur qui en assomma un à mes pieds, les naturels du pays les appellent cadzeich, & leur chair ressemble à nos loutres d'Espagne.

Les autres poissons que j'admirai sont volans;

& nous pourrions les appeler des paons marins, mais beaucoup plus beaux, & d'une couleur plus éclatante que les terrestres; on les voit presque toujours à fleur d'eau, leur plumes ressemblent aux écailles des poissons, mais avec une diversité de vert, de bleu, de jaune & de rouge tacheté, qui ravit les yeux de ceux qui les considèrent; ceux que je vis hors de l'eau me paroissoient comme de grands aigles & avoient deux aîles, chacune de cinq ou six pieds; on auroit cru qu'ils affectoient de se faire voir & admirer, tantôt ils caracoloient à l'entour du bateau, tantôt ils se reposoient vis-à-vis de ceux qui les regardoient, se tournant & retournant de toutes les façons, en écartant leurs queues qui éblouissoient nos yeux. Les rivages étoient pleins de plusieurs sortes d'animaux, mais les plus communs & les plus charmans ressembloient à nos moutons de Leiria, excepté que nous en voyions presque de toutes les couleurs, je veux dire d'un rouge, d'un vert, d'un jaune, & d'un bleu si éclatant que notre pourpre & notre soie la mieux préparée n'en approchent pas; je m'informai pourquoi on ne faisoit aucune emplette de tant de si brillantes raretés, & on me dit que ces couleurs naturelles se dissipoient avec la vie de ces animaux.

Etant arrivés au lac nous employâmes dix jours à le parcourir, & connûmes que sa longueur étoit environ de soixante lieues; & sa largeur de quarante; nous vîmes la sortie du Niger qui est belle, assez spacieuse, & assez profonde pour porter un vaisseau; mais elle se perd bientôt dans les montagnes de Benin; nous nous arrêtâmes sur le Nil, qui ne céde rien au Niger en son commencement; & s'il continue avec la gravité dont il sort, & avance environ trois lieues, il n'y a aucune difficulté à descendre dans la mer Méditerranée, & ainsi la communication des deux mers est très-commode par cet endroit.

Je m'informai avec beaucoup de soin où étoient les crocodiles que les historiens mettent en grande quantité en ces quartiers; mais on ne put pas même deviner ce que je voulois dire, ce qui me fit croire que ce ne sont que des contes faits à plaisir: s'il est vrai de dire qu'il est permis à ceux qui ont fait de longs voyages, d'en faire accroire aux autres qui ne connoissent que le lieu de leur naissance; il est encore plus vrai d'assurer qu'ils se prévalent tant de cette licence qu'ils n'affectent presque que des fictions. La raison est qu'il arrive souvent qu'on fait de très-longues routes sans voir autre chose que quelques ports, où on ne repose qu'un moment, & où les fâcheuses incommodités qu'on y souffre donnent tant d'ennuis & de lassitude, qu'on ne pense qu'à prendre quelque repos: cependant comme on est persuadé qu'il faut dire quelque nouveauté quand on vient de loin ; plus les esprits sont subtils, plus ils en inventent, & comme il n'est personne qui puisse les contredire, on reçoit avec plaisir, & on débite avec empressement leurs inventions, comme des vérités.

Nous passâmes ensuite dans une petite île qui est au milieu du lac, qui appartient au roi de Jassaller, qui se dit aussi roi du Lac : les naturels du pays, la nomment Zasla, & le roi y tient une forteresse qu'on estime beaucoup en ce pays, bien qu'à la vérité ce soit très-peu de chose en comparaison de nos forts de l'Europe. Nous fûmes enchantés dès que nous eûmes mis pied à terre dans la plaine, & on n'y sauroit rien desirer pour le plaisir général de tous les sens, si ce n'est que l'odeur des herbes aromatiques y fût un peu moins forte ; les fruits y sont si beaux, si délicats, & en si grande quantité, que la beauté jointe à l'abondance nous causoit de l'ennui ; mais ce qui nous surprit plus que tout le reste, & dont je n'avois pas oui parler, fut une source que nous trouvâmes plus douce que notre hypocras, & qui réjouit & fortifie plus que notre vin d'Espagne ; nous raisonnâmes assez long-tems sur les causes d'où pouvoit provenir une si agréable liqueur, & nous conclûmes que comme tout étoit embaumé dessus cette campagne, le dedans de la terre le devoir être aussi,

& que si l'on trouvoit des sources de très-mauvais goût, c'étoit une suite nécessaire qu'on en pouvoit trouver de très-douces & très-agréables : nous en buvions avec un plaisir que je ne puis expliquer, & un chacun souhaitoit de pouvoir établir sa demeure en ce lieu, lors qu'un naturel du pays vint avec empressement nous avertir que cette boisson causoit la mort à ceux qui en buvoient avec excès : nous ne fûmes pas long-tems à éprouver la vérité de ce qu'il nous disoit ; car nous tombâmes dans un si grand assoupissement, qu'il fallut que nous nous couchassions sur la place, où nous demeurâmes endormis plus de quinze heures : ce sommeil cependant n'eut aucune mauvaise suite, & nous nous levâmes aussi gais, & aussi sains que nous étions auparavant ; les uns attribuoient ce long sommeil à la trop grande quantité des odeurs qui nous avoient appesanti la tête ; & les autres croyoient que cette délicieuse boisson que nous avions prise en avoit été la cause. De cette île nous voulûmes aller voir la source de la rivière de Cuama, que nous trouvâmes étroite, & incapable de porter bateau ; peu de tems après nous découvrîmes les sources du lac, & nous comptâmes plus de deux cens ruisseaux qui tomboient des montagnes qui sont vis-à-vis le midi, & que les Espagnols ont appelées montagnes de la lune, parce que Vasco de Gama, qui doubla le premier le cap de Bonne-Espérance l'an 1497, pour découvrir les îles orientales, voyant que la lune qui étoit du côté de ces montagnes, paroissoit comme si elle en eût touché les pointes, leur donna ce nom ; les naturels du pays les nomment montagnes d'Ors, c'est-à-dire d'eau, à cause de l'abondance des eaux qui en découlent continuellement. Ceux qui confondent le lac Zembre avec le Zaïr, parlent sur des rapports fort défectueux ; on nous assura qu'il étoit de l'autre côté de ces montagnes, éloigné de plus de cinquante lieues du Zaïr.

La plupart des historiens placent quantité de monstres en ces quartiers ; mais c'est sans autre fondement que le récit de ceux qui les ont inventés, toutes nos recherches ne servirent qu'à trouver l'origine d'une nation voisine ; que les Européens appellent Caffres, & les naturels du pays Tordy ; nous apprîmes donc qu'un jeune homme du pays ayant élevé une petite tigresse, devint si familier avec cette bête qu'il l'aima charnellement, & commit un crime infame avec elle ; dont il vint un animal demi-homme & demi-bête, monstre qui a donné l'origine à ces sauvages qu'on ne peut humaniser. Une preuve très-vraisemblable de cette histoire, c'est que leur tête & leurs pieds ont de grands rapports avec ceux des tigres, & leurs corps même sont en quelques endroits marquetés de taches pareilles à celles de ces animaux.

Nous

Nous retournâmes par la rivière de Cariza, & nous demeurâmes vingt jours sur la route avec ces mêmes divertissemens que nous avions reçus sur le fleuve Zaïr, excepté que tout ce que nous voyions en revenant, nous étant devenu commun, excitoit moins notre admiration qu'au commencement.

CHAPITRE III.

Des accidens qui conduisirent Sadeur en la Terre-Australe.

AUSSITOT que nous fûmes de retour on fit voile avec un vent aussi favorable que nous le pouvions souhaiter, nous arrivâmes en huit jours au cap de Bonne-Espérance, où nous ne voulûmes pas sejourner, de peur de perdre l'occasion du bon tems, qui est fort rare en cet endroit, nous étions parvenus à la vue du port Dananbolo de l'île de Madagascar, lorsqu'une bonace nous arrêta plus de quarante-six heures en la même place, après cette bonace un vent d'est agita si fort la mer, & nous poussa avec tant d'impétuosité qu'il rompit nos cordages, & nous jeta plus de mille lieues du côté de l'ouest, plusieurs virent quelques îles à la droite, vers le nord, & les prirent pour celles qu'on nomme de la Trinité; ce fut-là qu'un rocher à fleur d'eau fendit notre vaisseau en deux parties, & que nous nous trouvâmes tous exposés à la merci du plus impitoyable de tous les élémens : je n'ai jamais pu savoir ce que devinrent les autres navires, ni quelle fut la fortune de mes compagnons de naufrage, parce que nous étions dans une nuit fort obscure, & que je ne pensai qu'aux moyens de me sauver. Mon autre naufrage m'avoit donné de la confiance; j'avois cherché une planche legère, & je l'avois préparée durant les dangers de la tempête, je dirai à ma confusion, qu'étant éloigné des approches de la mort, j'ai toujours fait paroître beaucoup d'indifférence pour la vie; mais dans les dangers évidens je n'ai jamais été capable d'aucune autre pensée que de celle de conserver ma vie; je flottai durant plusieurs heures à la faveur de mon appui avec une agitation & un bouleversement auquel je ne saurois penser sans frémir. Tantôt l'impétuosité des ondes m'enfonçoit, tantôt la pesanteur des flots me renversoit; je résistai néanmoins assez long-tems à ces violentes agitations, jusqu'à ce qu'ayant enfin perdu & la connoissance & le sentiment, je ne sai bonnement ni ce que je devins, ni par quel moyen je fus préservé de la mort : il me souvient seulement que revenant à moi, j'ouvris les yeux, & trouvai la mer calmée; j'apperçus une île fort proche, & je sentis mes mains si collées à mon ais qu'à peine je les pus détacher & les doigts m'en sont restés courbés, sans que j'aie pu jamais les redresser par aucun moyen: la vue de cette île m'encouragea beaucoup, & enfin étant venu à bord, je me traînai sous un arbre sans penser à aucune autre chose, sinon qu'il me restoit peu de tems à vivre. Je trouvai sous cet arbre deux fruits de la grosseur, & presque de la couleur de nos grenades, avec cette différence que le goût m'en parut plus délicat, plus substantiel, & plus nourrissant; ayant mangé le premier, mon cœur se fortifia & se réjouit, & ayant encore mangé le second, je me trouvai pleinement rassasié; mais comme j'étois tellement brisé que j'avois une peine extrême à me soutenir, je me couchai, & je m'endormis d'un si profond sommeil que je fus au moins vingt-quatre heures sans me réveiller; après ce sommeil je me trouvai tout-à-fait délassé, je vis que mes habits étoient secs, & le soleil qui luisoit m'anima d'un certain courage qui me remplissoit d'espérance. Je rencontrai deux autres fruits que je mangeai, & m'étant appliqué à chercher l'élévation du soleil, je jugeai que je pouvois être au trente-troisième degré de latitude australe; mais je ne pus rien connoître de la longitude. Ayant encore pris quelque repos je me résolus d'avancer dans cette sle pour découvrir s'il n'y avoit point d'habitans; j'y vis effectivement quelqu'apparence de chemins; mais ils conduisoient dans des broussailles fort épaisses, & on n'y pouvoit passer sans se baisser, ce qui me donnoit d'étranges pensées: ayant rencontré un arbre plus haut que les autres, je crus qu'en y montant je pourrois appercevoir quelque chose; mais comme je montois, j'entendis un grand bruit, & je vis en même tems deux bêtes volantes d'une grosseur prodigieuse, qui vinrent sur cet arbre, & qui m'obligèrent de descendre beaucoup plus vîte que je n'étois monté. Qu'on ne s'étonne point du nom de bête que je donne ici à ces oiseaux; leur grosseur étoit si demesurée, que j'en fus effrayé, & je parle comme je pensois alors: je me jetai donc à terre avec une extrême vîtesse, & je n'y fus pas long-tems sans entendre des cris si effroyables, que je pensois à tous momens que j'allois être dévoré. Enfin je rentrai en moi-même, & faisant réflexion à la misère où je me voyois réduit, je conclus qu'il valoit mieux périr bientôt que de chercher à languir davantage; après tout disois-je, c'est une nécessité que je périsse d'une façon ou d'une autre, & je ne puis éviter un danger que pour retomber dans un plus grand.

Je me levai donc, entièrement résolu à la mort, & me ressouvenant que mon père & ma mère avoient expiré sur le bord de la mer, je m'avançai vers le rivage, où j'avois laissé ma planche. A peine eus-je quitté ma place, que je fus suivi d'un si grand nombre d'animaux qu'il me fut impossible de les distinguer; j'avois cependant le jugement aussi entier qu'on peut l'avoir en pareille occasion: il me semble que je vis certaines espèces de chevaux; mais avec des têtes pointues, & des pattes qui finissoient en griffes; je ne puis dire si c'étoit ces bêtes qui étoient venues fondre sur l'arbre où j'étois, je crois cependant qu'elles avoient des plumes & des ailes, je vis certaines espèces de gros chiens, & plusieurs autres sortes d'animaux qui n'ont rien de semblable à ceux que nous voyons en Europe; ils firent de grands cris si-tôt qu'ils m'apperçurent, ils s'avancèrent vers moi en redoublant leurs cris; je me résolus donc à défendre ma vie. Je pris ma planche, avec laquelle je me mis à faire en quelque façon l'exercice, la tournant & retournant, ce qui les rendoit fort attentifs, jusqu'à ce que deux des plus grosses bêtes s'étant approchées pour me joindre, j'en atteignis une, & la frappai si rudement qu'elle retourna vers les autres animaux: à son approche ce ne furent qu'hurlemens; je fus saisi d'une extrême crainte par le redoublement des cris effroyables que j'entendois, je pris au plutôt trois fruits de l'arbre dont j'ai parlé, & me jetai dans l'eau avec ma planche : après avoir nagé une distance assez raisonnable pour me croire hors de danger, je tournai les yeux du côté de l'île, & je vis sur le rivage ce grand nombre d'animaux que je fuyois ; une partie se mit promptement à la nage, & me poursuivit avec tant de vigueur & tant de légereté qu'ils ne furent pas long-tems à m'approcher ; comme je vis que je ne pouvois leur échapper, je me tournai contr'eux, & leur présentai le bout de ma planche, avec un succès assez heureux ; car à mesure qu'ils s'éforçoient d'en prendre & d'en mordre le bout, ils la poussoient, & me faisoient avancer autant qu'eux : ce manège continua jusqu'à-ce que j'arrivai sur une espèce d'île à fleur d'eau qui se trouva flotante, & qui m'emporta avec assez de vitesse pour ôter à mes ennemis les moyens de me joindre ; ils me suivoient cependant avec un courage, ou plûtôt avec une rage, qui s'augmentoit d'autant plus qu'ils desespéroient davantage de me pouvoir atteindre : enfin, mon île étant venue à s'arrêter tout d'un coup, ils eurent encore le tems de m'approcher : je ne savois plus où j'en étois, & je faisois d'inutiles réflexions pour deviner la cause de l'immobilité de l'île, dont le mouvement m'avoit été si favorable, lorsque je vis quatre de ces gros animaux volans dont j'ai parlé, qui venoient au secours des autres. Quand je les vis prêts à fondre sur moi, je me couvris de ma planche pour éviter leurs premières attaques, qui furent si rudes, que d'un coup de bec ils la percèrent : ce fut alors que mon île se dressant tout-à-coup avec une extrême impétuosité me secoua, & me jeta à plus de cinquante pas d'elle ; je vis alors que c'étoit une espèce de baleine dont quelques naturalistes font mention, & que l'un de ces monstrueux oiseaux s'étant mis sur son dos avoit enfoncé ses griffes dans sa chair ; elle s'éleva, ce me semble, de plus de cent coudées hors de l'eau, avec un bruit aussi terrible que celui du tonnerre.

Cette secousse me bouleversa tellement l'esprit, que je ne sai ce que je devins alors ; mes doigts crochus furent cause que je ne quittai point ma planche : étant un peu revenu à moi, je vis encore la bête qui bondissoit, & qui jetoit de l'eau par les naseaux, avec des sifflemens horribles.

Enfin elle s'enfonça tout-à-fait dans la mer ; les oiseaux qui me poursuivoient s'étoient retirés, ainsi je me trouvai seul au milieu des eaux, sans autre secours que celui d'un morceau de bois, & sans autre pensée que celle de la mort, à laquelle je voyois bien que je ne pouvois échapper. J'étois si abattu des fatigues que j'avois eues, & si incommodé de l'eau que j'avois avalée, qu'on ne croiroit jamais qu'un homme fût capable de résister à tant de maux ; dans cet état je me

S iv

souvins de mes fruits, & j'en mangeai deux, après quoi je me sentis abattu de sommeil, & je fus obligé à me renverser sur ma planche, le visage contre le ciel, pour être en quelque façon hors du danger d'être suffoqué des eaux, je fermai les yeux, & je ne sai combien de tems je demeurai en cette posture; je m'éveillai, excité par les rayons qu'un soleil très-vif dardoit sur mon visage, & je trouvai que j'étois poussé d'un vent de nord-ouest avec beaucoup de vîtesse, bien que la mer ne fût pas fort agitée : je sentis alors mon cœur & mon esprit dans une assiette fort tranquille, & peu de tems après je me trouvai assez proche d'une terre où le vent me poussa; mes doigts crochus étoient collés à ma planche, de manière que j'eus de la peine à les détacher pour monter sur le rivage. Mes habits étoient si pesans de l'eau dont ils étoient pénétrés, que je ne pouvois presque les porter. L'agitation de la mer & l'eau salée que j'avois bue m'avoient tellement chargé la tête que j'avois peine à me soutenir; j'étois comme un homme que l'excès du vin, ou plusieurs tours ont étourdi, & rendu incapable de faire un pas à propos : tout ce que je pus faire fut de me traîner jusqu'à une certaine distance, où je me couchai; je m'endormis aussitôt, & mon sommeil rétablit en quelque façon mon cerveau, & desséchai mes habits, que je frottai pour les rendre moins incommodes : je me souvins que j'avois encore un fruit de ceux dont j'ai parlé, & l'ayant mangé, je connus que le défaut de nourriture étoit la principale cause de mon extrême foiblesse : j'avançai donc dans l'île pour chercher quelque chose, & après avoir marché deux cent pas ou environ, je trouvai plusieurs arbres, mais je n'y apperçus aucun fruit : je tombai alors dans une profonde rêverie, pendant laquelle je ne laissois pas de toujours avancer, & comme j'allois la tête baissée je vis à terre deux fruits qui étoient couverts de quelques feuilles, je les pris comme un présent du ciel, & après en avoir mangé un, je sentis une certaine force qui m'encouragea d'avancer chemin, & de considérer le lieu où je pouvois être, qui étoit environ 135 degrés austraux ; je voyois plusieurs signes qui me faisoient croire que la terre ferme n'étoit pas beaucoup éloignée, l'eau se trouvoit fort douce, les vents souffloient du sud, & je les remarquois fort entrecoupés, je sentois même certaines vapeurs extraordinaires, en un mot, je me flattois que je voyois quelqu'apparence de pays : à force d'avancer je trouvai un arbre chargé de gros fruits, dont les branches étoient abaissées jusqu'à terre, la place étoit tapissée de diverses fleurs très-belles, & parfumée d'odeurs très-agréables : aussitôt que j'eus mangé de ces fruits je tombai dans un grand assoupissement, &

j'étois abattu de telle sorte, que j'appercevois tout ce qui se passoit autour de moi sans remarquer rien de distinct. Peu de tems après j'entendis plusieurs hurlemens de bêtes qui me semblèrent être fort près de moi, & presqu'aussitôt j'en apperçus sept, qui étoient de la grosseur & de la couleur de nos gros ours, à la réserve que chaque patte me paroissoit aussi grosse que toute la tête. Elles s'approchèrent de moi, & s'en retirèrent plusieurs fois sans me toucher; mais enfin elles commencèrent tout de bon à vouloir me dévorer, & j'étois déjà tout en sang lorsque deux gros oiseaux de la forme de ceux dont j'ai parlé ci-dessus, vinrent fondre sur ces animaux, & les obligèrent à prendre la fuite, & à s'aller cacher dans les cavernes les plus proches: les oiseaux les y poursuivirent, mais n'en ayant pu attraper aucun, ils revinrent à moi, & après m'avoir donné quelques coups de griffes, il y en eut un qui m'empoigna de ses deux serres, & m'enleva fort haut en l'air. La ceinture de plusieurs doubles que j'avois autour de moi me sauva la vie, & empêcha que je ne fusse percé jusqu'aux entrailles, je ne laissois pas toutefois de souffrir des maux effroyables. Après un assez long-chemin ces animaux s'arrêtèrent sur un rocher, où celui qui me portoit se déchargea, & aussitôt son compagnon m'empoigna à peu-près de la même manière qu'avoit fait l'autre : la douleur qu'il me causa m'étant enfin devenue insupportable, & m'ayant jeté dans une espèce de désespoir, je me jetai brusquement à son col, & je trouvai assez de forces dans mon désespoir pour lui arracher les yeux à belles dents, il tomba en même tems dans l'eau, & ayant lâché prise, il me laissa, & je montai aussitôt sur son dos. Son compagnon qui avoit pris le devant pour fendre l'air, s'étant apperçu que l'autre ne suivoit pas, & nous ayant vus sur l'eau, rebroussa chemin, & fondit sur moi avec une impétuosité épouvantable ; il se percha sur mes épaules, & me lança des coups qui devoient être tous mortels, s'ils avoient porté. J'avois toujours gardé un petit poignard à ma ceinture que j'enfonçai dans son ventre à force de sonder & de pousser, car ces oiseaux sont presque impénétrables, comme nous verrons ensuite, & ont deux grosses écailles qui les environnent, & qui les défendent à peu-près comme les tortues. Pendant que je combattois contre le second ennemi, le premier se glissa de dessous mes cuisses, & me quitta, cela fit que je m'attachai si fortement à une des pattes de celui-ci, que bien loin qu'il m'élevât fort haut je tins ferme, de peur de périr ; il crioit comme un animal qu'on assomme ; après s'être fort élevé il se précipita dans la mer, & à la faveur de cet élément j'eus la liberté de me jeter à son col, & ensuite de monter sur son dos; il hurloit en perdant son sang, il voltigeoit, & se contournoit de mille manières pour me secouer, & me contraindre à le lâcher.

Je ne pensois alors à autre chose qu'à tenir ferme, pour empêcher l'effet de ses efforts, parce que ma planche, qui étoit ma seule ressource, étant perdue, je ne voyois point de milieu entre le quitter & périr. Enfin il s'arrêta sur l'eau sans autre mouvement que celui d'un bœuf égorgé qui se meurt, confessant par son repos qu'il étoit vaincu; ayant donc quelque loisir de respirer & de sentir mes plaies, je ne sus distinguer nulle partie en tout mon corps qui ne fût percée de quelque coup & couverte de sang, mes habits furent tout déchirés, sans qu'il m'en restât aucune pièce; l'eau de la mer, bien que fort douce en cet endroit, avoit encore assez de sel pour me causer des douleurs qui firent que je perdis tout sentiment.

Je fus peu de tems après que quelques gardes de la mer virent une partie de ce combat, & que quatre se détachèrent sur une petite chaloupe pour venir reconnoître qui j'étois, ils me crurent sans vie, & me tirèrent dans leur bateau comme un mort qui avoit expiré dans sa victoire; aussitôt qu'ils reconnurent du mouvement en mon cœur, ils mirent dans ma bouche, dans mon nez, &

Je ne pensois alors a autre chose qu'à bonne femme.

dans mes oreilles, une liqueur qui me fit bientôt ouvrir les yeux, & voir mes bienfaiteurs; ils me firent boire d'une sorte d'eau qui me donna de nouvelles forces, & qui me réjouit le cœur, ils me lavèrent le corps d'une eau odoriférante, ils oignirent mes plaies, & les bandèrent fort proprement; m'ayant ainsi mis hors de danger, ils poursuivirent mes ennemis, & ayant tiré le dernier dans le bateau, ils le mirent à mes pieds, l'autre avoit encore du mouvement, & comme je leur eus expliqué par signes que je lui avois arraché les yeux, ils le poursuivirent, l'assommèrent, & le tirèrent sur l'autre, avec de grandes marques de réjouissance : ils retournèrent à terre, d'où nous étions éloignés à peu-près de trois heures, & m'ayant mis sur le bord, ils apportèrent les deux oiseaux à mes pieds avec des acclamations semblables à celles qu'ils avoient coutume de faire dans leurs plus grandes victoires.

CHAPITRE IV.

Description de la Terre-Australe.

S'IL y a quelque chose au monde qui puisse persuader de la fatalité inévitable des choses humaines, & de l'accomplissement infaillible des événemens dont la suite compose la destinée des hommes, c'est assurément l'histoire que je décris; il n'y a pas un seul trait qui n'ait servi à me conduire, ou à me maintenir dans ce nouveau pays, où il étoit arrêté que je serois un jour transporté. Il falloit que le grand nombre de mes naufrages m'accoutumât à les supporter. Les deux sexes m'étoient nécessaires sous peine d'être perdu à mon arrivée, comme on verra dans la suite. Il falloit que je fusse tout nu, autrement j'aurois été reconnu pour étranger dans un pays où personne n'est habillé. Sans l'effroyable combat que je fus obligé de soutenir contre les monstrueux oiseaux dont j'ai parlé, & qui me mit en grande réputation parmi ceux qui en furent témoins, j'aurois été contraint de subir un examen qui auroit été infailliblement suivi de ma perte. Enfin, plus on considérera toutes les circonstances de mon voyage & de mes périls, plus on verra clairement qu'il y a un certain ordre de choses, & un enchaînement d'effets qui nous conduisent par mille routes imperceptibles à la fin pour laquelle nous sommes destinés.

La coutume des habitans de ce pays, est de ne recevoir personne parmi eux, qu'ils ne sachent auparavant quelle est sa naissance, sa patrie, & son humeur; mais le courage extraordinaire avec lequel ils m'avoient vu combattre, fit que sans aucune enquête je fus admis dans le quartier voisin, & qu'un chacun me vint baiser les mains : ils vouloient aussi m'élever sur leurs têtes, qui est la plus grande marque de la haute estime qu'ils font d'une personne ; mais comme on connut que cela ne se pouvoit faire sans m'incommoder, on omit cette cérémonie. Ma réception étant faite, ceux qui m'avoient amené & soulagé me portèrent dans leur maison du Heb, qu'on pourroit rendre en notre langue, maison d'éducation ; on avoit pourvu à ma place & à ma nourriture avec un soin, une diligence & une honnêteté qui surpassent la civilité des Européens les plus polis : a peine fus-je arrivé, que deux cent jeunes Australiens me vinrent saluer d'une manière très-honnête : l'envie que j'avois de leur parler fit que je me ressouvins de quelques mots que j'avois entendus à Congo, & entr'autres de celui de Rimlem, que je leur dis, & qui signifie, je suis votre serviteur, à ce mot me croyant de leur pays, ils s'écrièrent avec de grands signes de joie, le clé, le clé, c'est-à-dire, notre frère, notre frère; en même tems ils me présentèrent deux fruits d'une couleur rouge, entremêlée d'azur, j'en mangeai un qui me réjouit, & me fortifia ; on me donna ensuite une espèce de bource jaunâtre, qui tenoit environ un bon verre d'une liqueur, que je bus avec un plaisir que je n'avois jamais senti : j'étois dans ce pays, comme un homme tombé des nues, j'avois peine à croire que je viſſe véritablement ce que je voyois ; je m'imaginois quelquefois que j'étois ou mort, ou au moins aliéné d'eſprit, & quand je me convainquois par pluſieurs raiſons que je vivois aſſurément, & que j'avois le ſens bon, je ne pouvois me perſuader que je fuſſe en la même terre, ni avec des hommes de même nature que ceux de l'Europe : je fus entièrement guéri en quinze jours, & j'appris ſuffiſamment la langue en cinq mois pour entendre les autres, & m'expliquer : voici donc les limites de la Terre-Auſtrale, autant que je les ai pu comprendre par pluſieurs relations, & que je les puis décrire ſelon les méridiens de Ptolomée.

Elle commence au trois cent quarantième méridien, vers le cinquante-deuxième degré d'élevation auſtrale, & elle avance du côté de la ligne en quarante méridiens, juſqu'au quarantième degré : toute cette Terre ſe nomme Huſt. La terre continue dans cette élevation environ quinze degrés, & on l'appelle Hube : depuis le quinzième méridien la mer gagne & enfonce peu-à-peu en vingt-cinq méridiens juſqu'au cinquante-unième degré, & toute cette côte qui eſt occidentale, s'appelle Hump ; la mer fait-là un golfe fort conſiderable qu'on appelle Hab. La terre repouſſe enſuite vers la ligne, & en quatre méridiens elle

avance

avance jusqu'au quarante-deuxième degré & demi, & cette côte orientale se nomme Hued : la terre continue dans cette élévation environ trente-six méridiens, & on l'appelle Huod ; après cette longue étendue de terre, la mer regagne, & avance jusqu'au quarante-neuvième degré en trois méridiens, puis ayant fait une espèce de demi-cercle en cinq méridiens, la terre retourne, & pousse jusqu'au trentième degré en six méridiens ; la côte qui est sur l'occident se nomme Hug, le fond du golfe Pug, & l'autre côté Pur ; la terre continue environ trente-quatre méridiens, presque dans la même élévation, & c'est le pays de Sub, après quoi la mer s'enfle, & étant ce semble devenue plus haute qu'à l'ordinaire, elle l'emporte entièrement sur la terre, & enfonce à peu-près jusqu'au pole, la terre cédant peu-à-peu jusqu'au soixantième méridien : on trouve sur cette côte les pays de Hug, Pulg, Mulg ; vers le cinquante-quatrième degré d'élévation on voit l'embouchure du fleuve Sulm, qui fait un golfe fort considérable ; c'est sur les bords de ce fleuve que demeure un peuple qui approche fort des Européens, & qui vit sous l'obéissance de plusieurs rois.

Voilà ce que j'ai pu savoir de certain des côtes de la terre australe qui regardent la ligne. Pour les limites qui sont vers le pole, ce sont de prodigieuses montagnes, beaucoup plus hautes

T

& plus inaccessibles que les Pirenées qui séparent la France de l'Espagne; on les nomme Ivas, & elles commencent vers le cinquantième degré, enfonçant insensiblement pendant soixante-cinq méridiens jusqu'au soixantième degré, & puis remontant jusqu'au quarante-huitième, & retournant ensuite jusqu'au cinquante-cinquième degré, après quoi elles s'avancent jusqu'au quarante-troisième, & se terminent à la mer.

Aux pieds de ces montagnes on distingue les pays suivans; le Curf, qui s'étend depuis la montagne jusqu'au Huff; le Curd suit, & puis le Gurf, le Durf, le Iurf, & le Surf, qui se terminent à la mer. Dans le milieu du pays entre les montagnes & les côtes australes, on trouve le Trum, le Sum, le Burd, le Purd, le Burf, le Turf, & le Pulg qui aboutit à la mer. Ainsi la Terre-Australe contient vingt-sept pays différens très-considérables, & qui ont ensemble environ trois mille lieues de longueur, & quatre à cinq cents de largeur.

La vallée qui est au-delà des montagnes est quelquefois de vingt degrés de largeur: & quelquefois de six seulement; elle est partagée par deux fleuves fort larges à l'embouchure, dont l'un coule vers l'occident, & s'appelle Sulm, & l'autre vers l'orient, & s'appelle Hulm.

La longueur de ce pays est environ de huit

cents lieues; & sa largeur de six cents en certains endroits, & communément de trois cents. Toute cette vaste terre se nomme Fund, & elle est soumise à douze ou treize souverains, qui se font ordinairement de cruelles guerres les uns aux autres.

Ce qui surprend davantage dans la Terre-Australe, c'est qu'on n'y voit pas une seule montagne, les Australiens les ayant toutes applanies. Il faut ajouter à ce prodige l'uniformité admirable des langages, des coutumes, des bâtimens, & des autres choses qui se rencontrent en ce grand pays; c'est assez d'en connoître un quartier pour porter un jugement assuré de tous les autres, ce qui vient sans doute du naturel de tous les particuliers, qui sont nés avec cette inclination, de ne vouloir absolument rien plus que les autres; &, s'il arrivoit que quelqu'un eût quelque chose qui ne fût pas commun, il lui seroit impossible de s'en servir.

On compte quinze mille sezains dans cette prodigieuse étendue de pays: chaque sezain contient seize quartiers, sans compter le Hab, & les quatre Hebs. Il y a vingt-cinq maisons dans chaque quartier, & chaque maison a quatre séparations, qui contiennent chacune quatre hommes: il se trouve ainsi quatre cents maisons dans chaque sezain, & six mille quatre cents personnes; lesquelles étant multipliées par quinze mille sezains, on aura le compte de tous les habitans de la Térre-Auftrale, qui font environ au nombre de quatre-vingt-feize millions, fans compter toute la jeunesse, & tous les maîtres logés dans les Hebs, dans chacun defquels il y a au moins huit cents perfonnes; & comme dans les quinze mille fezains il y a foixante mille Hebs, on y doit encore compter quarante-huit millions ou environ, tant de jeunes gens que de maîtres qui les enfeignent.

La grande maifon du fezain, qu'ils appellent Hab, c'eft-à-dire, maifon d'élévation, eft toute bâtie de pierres diaphanes & tranfparentes, femblables à notre plus fin criftal de roche, fi ce n'eft que ces pierres font bigarrées d'une prodigieufe quantité de figures de toutes fortes de couleurs, les plus belles & les plus vives du monde, lefquelles par leur variété infinie forment tantôt des figures humaines, tantôt des payfages, quelquefois des foleils, & d'autres figures d'une vivacité qu'on ne fauroit affez admirer. Tout le bâtiment eft fans aucun autre artifice que de la taille très-polie de cette pierre, avec des repofoirs tout à l'entour, & feize grandes tables d'un rouge beaucoup plus vif que celui de notre écarlate.

Il y a quatre entrées fort confidérables, qui répondent aux quatre grands chemins fur lefquels il est situé : tout le dehors est rempli de degrés d'une invention d'autant plus rare, qu'ils paroissent moins. On y peut monter jusqu'au sommet par mille degrés, après lesquels on est sur une espèce de plate-forme, qui peut contenir aisément quarante personnes : le pavé de cette superbe maison est assez semblable à notre jaspe, mais les couleurs en sont beaucoup plus vives, & sont avec cela pleines de veines d'un riche bleu, & d'un jaune qui surpasse l'éclat de l'or. Personne n'y fait sa demeure ordinaire; mais chaque quartier doit tour-à-tour garnir tous les jours sa table pour la subsistance des passans. Cette grande maison est située au milieu du sezain, & elle a environ cent pas de diamètre, & trois cents treize pas de circuit.

La maison des quatre quartiers, qu'ils appellent Heb, c'est-à-dire maison d'éducation, est toute bâtie de la matière dont le pavé du Hab est composé, à la réserve du dôme, qui est fait d'une pierre transparente, par où entre la lumière qui sert à l'éclairer.

Le pavé a quelque rapport avec notre marbre blanc, mais il est mêlé de plusieurs veines d'un rouge & d'un vert très-vifs : ce beau bâtiment est partagé en quatre quartiers par douze grandes croisées, qui font comme quatre demi-diamètres: il a cinquante pas de diamètre, & environ cent cinquante-trois pas de circuit; chaque séparation est destinée à la jeunesse du quartier qu'elle regarde, & il y a au moins deux cents enfans qu'on y élève avec leurs mères depuis qu'elles ont conçu, jusqu'à ce que leurs enfans aient deux ans. Alors les mères sortent, & leurs enfans sont élevés avec les jeunes hommes qu'on y instruit. Ces jeunes hommes, dont il y a un très-grand nombre, sont divisés en cinq bandes.

La première est occupée à se perfectionner aux principes, & elle a six maîtres. La seconde est de ceux à qui on expose les raisonnemens communs des choses naturelles, & ils ont quatre maîtres. La troisième est de ceux à qui on permet de raisonner, & ils ont deux maîtres. La quatrième est de ceux qui peuvent composer, & ils ont un maître. La cinquième est de ceux qui attendent qu'on les choisisse pour lieutenans, c'est-à-dire, pour remplir la place des frères qui se retirent de ce monde, comme je l'expliquerai dans la suite.

Ce sont les particuliers de chaque quartier qui contribuent à la nourriture de tout ce monde, & ils apportent régulièrement tous les jours ce qui est nécessaire à leur subsistance, lorsqu'ils viennent à la conférence du matin.

Les maisons communes qu'ils nomment Hiebs, c'est-à-dire, demeures d'hommes, sont au nombre de vingt-cinq en chaque quartier, chacune de vingt-cinq pas de diamètre, & de quatre-vingt pas ou environ de circuit : elles font partagées comme les Hebs, par deux grosses murailles qui font quatre séparations, qui aboutissent chacune à un appartement : elles font toutes bâties de marbre blanc du pavé des Hebs, excepté les croisées qui font du cristal des Habs, afin que le jour y puisse entrer. Chaque séparation est habitée par quatre personnes qu'ils nomment clé, c'est-à-dire, frères. On ne voit rien dans ces bâtimens que quatre espèces de bancs qui leur servent à se reposer, & quelques siéges pour le même usage.

Les départemens, qu'ils appellent Huids, sont environ de trois cents pas de circuit, & de soixante-&-quinze de diamètre : la figure en est parfaitement carrée ; & ils se partagent en douze belles allées, dont chacune fait le tour de l'appartement, avec une place carrée au milieu, de six pas de diamètre.

Les trois premiers & plus grands rangs sont garnis d'arbres qui portent des fruits peu estimés parmi eux. Ces fruits sont gros comme nos callebasses de Portugal, de sept ou huit pouces de diamètre : la chair en est rouge, & d'un goût plus exquis que celui de nos viandes les plus délicates : un seul fruit est capable de rassasier quatre hommes qui seroient affamés.

Les cinq qui suivent sont plantés d'arbres, qui portent de petites bourses d'un jaune charmant, remplies d'un jus très-substanciel pour rafraîchir : le contenu d'une seule bourse suffit pour étancher la soif, & l'on a coutume d'en vider trois à chaque repas.

Les quatre derniers rangs sont remplis d'arbrisseaux plus petits, qui portent un fruit de la grosseur des pommes de reinettes, d'une couleur plus éclatante que n'est le pourpre, d'une odeur qui enchante, & d'un goût que je ne saurois comparer à rien de ce que nous mangeons en Europe. Ce fruit a la propriété de causer le sommeil à proportion qu'on en mange ; aussi est-ce la coutume de n'en manger que le soir, & lorsqu'on en mange un, on est assuré de dormir trois heures.

Ils creusent en chaque allée deux raies d'une médiocre profondeur ; dans lesquelles il croît des racines qui produisent de trois sortes de fruits, dont les uns ne s'éloignent pas beaucoup de nos plus beaux melons ; les autres sont gros comme des poires de bon-chrétien, mais d'un bleu merveilleux ; & les troisièmes approchent de nos courges d'Espagne, mais la couleur & le goût en sont entièrement différens.

Voilà ce qui est également en usage en toutes les parties de ce vaste pays, pour la nourriture des hommes : ils n'ont ni four ni cheminées pour cuire aucune viande : ils ne favent ce que c'eſt que cuiſine & cuiſinier : leurs fruits raſſaſient pleinement leur appétit, ſans nuire à leur eſtomac. Ils les rempliſſent de force & de vigueur, ſans les charger ni leur cauſer aucune indigeſtion, parce qu'ils ſont parfaitement mûrs, & qu'ils n'ont aucun reſte de verdeur.

On ne voit qu'un arbre dans le carré du milieu, qui eſt plus haut que les autres, & qui porte un fruit de la groſſeur de nos olives, mais d'une couleur rougeâtre ; ils le nomment Balf, ou arbre de Béatitude : ſi on en mange quatre, on devient gai par excès ; ſi on en mange ſix, on s'endort pour vingt-quatre heures ; mais ſi on paſſe le nombre de ſix, on s'endort d'un ſommeil dont on ne réveille jamais, & ce ſommeil mortel eſt précédé des marques de la plus grande joie du monde.

Ce n'eſt que fort rarement que les Auſtraliens chantent pendant leur vie, & jamais ils ne danſent ; mais ils n'ont pas plutôt mangé de ce fruit en la quantité que j'ai dite, qu'ils chantent & danſent juſqu'au tombeau.

Je ne dois pas omettre que tous les arbres dont j'ai parlé, ont cet avantage, qu'ils ſont chargés en tous tems de fruits mûriſſans, de fleurs, & de boutons : nous avons une image de cette merveilleuſe fécondité en nos orangers ; mais avec cette différence, que les rigueurs de nos hivers, & les ardeurs de nos étés leur nuisent beaucoup; au lieu qu'en ce pays-là il est très-rare d'y remarquer aucune altération.

Par ce que j'ai dit, il est aisé de juger que ce grand pays est plat, sans forêts, sans marais, sans deserts, & également habité par-tout : il est cependant facile de concevoir qu'il a de la pente vers la ligne, & qu'on monte insensiblement du côté du pole; mais en quatre ou cinq cents lieues, c'est tout au plus s'il y en a trois de hauteur.

Il y découle quantité d'eaux des monts Iuads, & les Australiens savent les conduire si adroitement, qu'elles environnent tous les sezains, tous les quartiers, & tous les départemens; ce qui contribue beaucoup à la fertilité de la terre.

La pente dont je viens de parler ne se voit pas seulement au regard du continent, mais encore dans la mer, qui est si basse l'espace de trois lieues, qu'à peine peut-elle porter un bateau: elle n'a pas sur les bords un doigt de profondeur, &, après une lieue, elle ne fait pas un pied, & ainsi à proportion, d'où il est aisé de voir qu'il est impossible d'approcher de cette terre du côté de la mer, si ce n'est à la faveur de quelques veines d'eau qui ne sont connues que de ceux du pays.

Cette même pente fait que toute cette terre est

directement tournée au soleil, pour en recevoir les rayons, avec tant d'avantage, qu'elle est presque par-tout également fertile ; de sorte qu'on diroit que les montagnes qui sont opposées à son pole, n'y ont été élevées par la nature, que pour mettre ce bienheureux pays à couvert de ses rigueurs. Outre cela ces affreux boulevarts servent à arrêter les rayons du soleil, & à les réfléchir contre les extrémités de cette terre, & c'est de-là que ses habitans jouissent d'un bonheur dont tous les Septentrionnaux sont privés, qui est de n'avoir aucun excès de froidure en hiver, ni de chaleur en été ; ou plutôt de n'avoir proprement jamais ni hiver, ni été.

Je ne doute pas que cette proposition ne doive surprendre les Géographes, qui ayant divisé la terre en deux parties égales par la ligne qu'ils nomment équinoxiale, mettent autant de chaleur & de froidure d'un côté que de l'autre, fondés sur ce principe, que la proximité ou l'éloignement du soleil causent l'été ou l'hiver sur la terre. Il y a cependant des Géographes qui ont corrigé cette erreur, & qui, sans avoir aucune connoissance de la Terre-Australe, ont remarqué que, si ce principe étoit véritable, il faudroit qu'il fît toujours plus chaud en Guinée & aux Moluques, qu'en Portugal & en Italie ; parce que le soleil n'en est jamais si éloigné ; ce qui est pourtant contraire aux expériences de tous ceux qui ont voyagé en ces pays-là, lesquels assurent que les plus grandes chaleurs arrivent toujours aa tems de la canicule, & les plus grands froids lorsque le soleil est dans les signes du Verseau & des Poissons, quoiqu'il soit bien plus éloigné de la terre, quand il est en celui du Capricorne. Il est donc constant que l'hiver & l'été arrivent universellement par toute la terre en même tems, bien qu'avec une grande différence, selon les différentes situations des pays. Je dis bien plus, la proximité du soleil contribue si peu à la chaleur de la terre, que, si on y prend garde, on trouvera qu'au tems qu'il en est le plus proche, c'est alors qu'on en ressent moins l'ardeur : on sait en Europe que les chaleurs de Mai & de Juin sont bien moindres que celles de Juillet & d'Août ; on est souvent gelé au mois de Juin, lorsque le soleil est en sa plus grande élévation, & on brûle en Juillet, quand il s'est déjà bien éloigné ; c'est donc autre chose que sa proximité, qui échauffe la terre : il arrive même que souvent en son entière absence, à savoir la nuit, la chaleur est beaucoup plus grande que le jour en sa présence.

Pour revenir à la Terre-Australe, on ne sait ce que c'est que la pluie en ce pays-là, non plus qu'en Afrique. Les tonnerres ne s'y font jamais entendre, & ce n'est que fort rarement qu'on y voit quelques legéres nuées. Il n'y a ni mouches, ni chenilles, ni aucune autre sorte d'insectes. On n'y voit ni araignées, ni serpens, ni aucune bête venimeuse; en un mot, c'est une terre qui renferme des délices qui ne se rencontrent point en aucune autre part, & qui est exempte de toutes les incommodités qui se trouvent par-tout ailleurs.

CHAPITRE V.

De la constitution des Australiens, & de leurs coutumes.

Tous les Australiens ont les deux sexes, & s'il arrive qu'un enfant naisse avec un seul, ils l'étouffent comme un monstre; ils sont fort legers & fort actifs; leur chair est d'une couleur qui tire plus sur le rouge que sur le vermeil, leur hauteur est communément de huit pieds; ils ont le visage médiocrement long, le front large, les yeux à fleur de tête, la bouche très-petite, les lèvres plus rouges que le corail, le nez plus long que rond, la barbe & les cheveux toujours noirs, & qu'ils ne coupent jamais, parce qu'ils croissent très-peu; leur menton est tendu & recourbé, leur cou délié, & leurs épaules grosses & élevées; ils ont les mamelles fort petites, placées fort bas & plus rouges que vermeilles; leurs bras sont nerveux, leurs mains larges & longues: ils ont la poitrine fort élevée, le ventre plat, & qui ne paroît que très-peu en leur grossesse, les hanches hautes, les cuisses larges, & les jambes longues. Ils sont si accoutumés à aller tout nus, qu'ils croient qu'on ne peut parler de se couvrir, sans se déclarer ennemi de la nature, & privé de raison.

Ils sont obligés de présenter au moins un enfant au Heb, mais ils les produisent d'une manière si secrète, que c'est un crime parmi eux de parler de la conjonction nécessaire à la propagation des hommes.

Dans tout le temps que j'y ai été, je n'ai pu venir à bout de connoître comment la génération s'y fait. J'ai seulement remarqué qu'ils s'aiment tous d'un amour cordial, & qu'ils n'aiment personne l'un plus que l'autre. Je puis assurer qu'en trente ans que j'ai été parmi eux, je n'y ai remarqué ni querelle, ni animosité. Ils ne savent ce que c'est que le mien & le tien, tout est commun entr'eux, avec une bonne foi, & un désintéressement qui me charmoient d'autant plus, que je n'avois jamais rien vu de semblable en Europe.

J'ai toujours été assez libre à dire ce que je pensois; mais je le fus un peu trop à déclarer tout ce qui me choquoit dans leurs manières, tantôt à un frère, tantôt à un autre, jusqu'à vouloir appuyer par raisons les sentimens que j'avois; je parlois de leur nudité avec certains termes d'aversion qui les choquoient extrêmement. Je voulus un jour arrêter un frère, & l'exciter à ce que nous appelons plaisir; je lui demandois avec un certain empressement où étoient les pères des enfans qui venoient au monde, & je disois que je trouvois ridicule le silence qu'ils affectoient de garder sur cela: ces discours, & quelques autres semblables donnèrent je ne sais quelle horreur pour moi aux Australiens, & plusieurs ayant soutenu que je n'étois qu'un demi-homme, avoient conclu qu'il falloit se défaire de moi, ce qui seroit infailliblement arrivé sans l'assistance d'un vénérable vieillard, maître du troisième ordre dans le Heb, nommé Suaïns. J'ai su que ce digne homme défendit plusieurs fois ma cause aux assemblées du Hab, parce qu'il avoit été témoin oculaire du combat dont j'ai parlé dans le chapitre troisième: mais, comme il vit que je continuois de tenir des discours qui scandalisoient les frères, il me prit un jour en particulier, & me dit, d'un ton fort froid & fort grave: On ne doute plus que tu ne sois un monstre; ton esprit malin & tes discours insolens t'ont fait connoître & détester des nôtres. On pense depuis longtems à se défaire de toi, &, si ce n'étoit l'action que tu as faite à nos yeux, tu aurois été mis à mort peu de tems après ton arrivée. Dis-moi franchement qui tu es, & comment tu es venu ici. L'épouvante que ces paroles me causèrent, jointe à l'obligation que je lui avois, fit que je lui déclarai ingénument quel étoit mon pays, & que je lui racontai les aventures qui m'avoient conduit où j'étois.

Le vieillard témoignant avoir pitié de moi, m'assura que, si je me montrois à l'avenir plus retenu en mes manières & en mes discours, on oublieroit le passé. Il ajouta qu'il vivroit encore deux ans pour me supporter, & que, comme son lieutenant étoit jeune, il me choisiroit en sa place. Je sais bien, dit-il, qu'étant arrivé dans un pays où tu vois plusieurs choses contraires à celles qu'on pratique dans le tien, tu as quelque raison d'être surpris & étonné : mais, comme c'est une coutume inviolable parmi nous de ne souffrir aucun demi-homme, dès que nous le reconnoissons par le sexe & par les actions, bien que les deux sexes te sauvent, ta manière d'agir te condamne, & il faut que tu te corriges, si tu veux être souffert parmi nous. Le meilleur conseil que je puisse te donner pour cela, est que tu viennes sans crainte me découvrir tes doutes, & je te donnerai toute la satisfaction que tu pourras souhaiter,

souhaiter, pourvu que tu sois discret. Je lui promis une fidélité inviolable; je lui jurai que je voulois être uniquement attaché à lui, & je lui protestai que je serois désormais tellement sur mes gardes, que je n'offenserois plus personne. Le vieillard accepta toutes mes propositions, & me promit qu'il me serviroit de père tant que je m'acquitterois des promesses que je lui venois de faire: &, pour commencer le commerce des entretiens que je veux nouer avec toi, continua-t-il, tu sauras qu'ayant vu ton combat, je ne pus qu'à peine être persuadé que tu ne fusses qu'un demi-homme. Je vis ensuite que tu avois toutes les marques d'un homme entier, un front large & un visage long; j'ai encore remarqué que tu raisonnois en plusieurs choses: c'est tout cela qui m'a porté à prendre ta défense contre les ennemis que tu t'es faits ici. Apprends-moi maintenant comment on vit dans ton pays, si tous ceux qui l'habitent sont hommes de corps & d'esprit comme toi, si l'avarice & l'ambition y regnent; enfin explique-moi les coutumes & les manières de ceux de ton pays, sans aucun déguisement; je te demande en cela une preuve de la fidélité & de la sincérité que tu m'as promises.

J'étois persuadé, en l'état où je me voyois réduit, que dissimuler étoit m'exposer à perdre la vie; c'est pourquoi je crus qu'il falloit lui répon-

V

dre simplement & sans lui donner aucun sujet de défiance : je lui fis donc le détail de mon pays, selon les règles de la Géographie. Je lui fis comprendre le grand continent que nous habitions, auquel on donne le nom d'Europe, d'Asie & d'Afrique : je m'étendis assez au long sur les différentes espèces d'animaux qui s'y trouvent ; & ce bonhomme n'admira rien plus que ce que nous méprisons davantage ; les moucherons, les insectes, les vermisseaux, ne pouvant comprendre comment de si petits animaux pouvoient jouir de la vie. Je lui fis le détail des diverses nourritures dont on se servoit : d'où il conclut par un raisonnement que nos meilleurs médecins n'ont pas ignoré qu'il étoit impossible que nous vécussions longtems. J'en demeurai donc d'accord avec lui, & l'assurai même qu'il étoit très-rare de voir chez nous des personnes arriver jusqu'à l'âge de cent ans ; mais que la nature sembloit pourvoir suffisamment à ce défaut par le moyen de la génération, qui étoit telle, qu'un seul homme & une seule femme produisoient dix & douze enfans. Il passa légèrement sur cette matière, pressé de l'impatience qu'il avoit de m'entendre sur les autres. Je lui avouai que les deux sexes en une même personne étoient si rares parmi les Européens, que ceux en qui ils se trouvoient passoient pour des monstres. Quant au raisonnement, je l'assurai qu'on le cultivoit presque par-tout, & qu'on en faisoit même des leçons publiques en plusieurs endroits. Le vieillard m'interrompant alors: tu en avances trop, me dit-il; prends garde à ne te point couper, & à ne te point enlacer en des contradictions; tu n'accorderas jamais l'usage du raisonnement avec l'exclusion des deux sexes, & ce que tu ajoutes, que plusieurs raisonnent entre vous, & qu'on y fait des leçons du raisonnement en plusieurs endroits, prouve que le raisonnement est banni de chez vous. Le premier fruit du raisonnement est de se connoître, & cette connoissance emporte par nécessité deux choses; la première, que, pour être homme, il faut être entier: la seconde, que, pour cela, il faut encore pouvoir raisonner sur tout ce qui se présente. Vos prétendus hommes n'ont point la première, puisqu'ils sont tous imparfaits: ils n'ont pas non plus la seconde, puisqu'il n'y en a que très-peu qui puissent raisonner. Pourrois-tu me contester ces conséquences? Je lui répondis que le raisonnement nous faisoit connoître qu'une chose étoit parfaite quand elle avoit tout ce qui constituoit sa nature; & que, d'y vouloir ajouter ce que les autres choses ont de bon, ce ne seroit pas la rendre plus parfaite, mais ce seroit la faire monstrueuse. La lumière du soleil est une chose admirable, ajoutai-je: il n'y a rien de plus beau que cette charmante créature, par qui nous voyons toutes les autres; cependant s'est-on jamais avisé de dire que l'homme ne fût pas parfait, parce qu'il ne possède pas ce riche trésor de lumière? Il faut donc établir ce qui constitue la nature & la perfection de l'homme; &, lorsqu'on en sera demeuré d'accord, on pourra juger de ceux qui sont parfaits, & de ceux qui sont défectueux. Tu raisonnes juste, reprit le vieillard, je te prends donc par tes principes. Tu sais assurément que l'homme comprend deux choses, un corps plus parfait que ceux des autres animaux, & un esprit plus éclairé; la perfection du corps emporte tout ce que le corps doit & peut contenir sans aucune difformité; & celle de l'esprit exige des connoissances qui s'étendent sur tout ce qui peut être connu, ou du moins une faculté de raisonner qui puisse conduire à cette étendue de connoissance. Dis-moi donc, de grace, n'y a-t-il pas plus de perfection à posséder seul tout ce qui compose un corps humain, qu'à n'en avoir que la moitié? Or, il est constant que les deux sexes sont nécessaires pour la perfection d'un homme entier; j'ai donc raison de dire que ceux qui n'en ont qu'un seul, sont imparfaits. Je répondis à cela, que nous devions considérer l'homme comme les autres animaux au regard de son corps; & que, comme un animal ne peut être appelé imparfait en son espèce, parce qu'il n'a qu'un sexe, de même on ne peut raisonnablement dire que l'homme soit imparfait, parce qu'il n'en a aussi qu'un ; qu'au contraire la confusion des sexes dans une même personne devroit plutôt passer pour une chose monstrueuse, que pour un degré de perfection. Ton raisonnement, répondit-il, vous suppose justement tels que je veux présumer que vous êtes, c'est-à-dire, des bêtes ; & si on ne peut pas tout-à-fait dire que vous le soyez, c'est qu'il vous reste plusieurs marques d'humanité ; &, comme vous semblez tenir une espèce de milieu entre l'homme & la bête, je crois que je ne vous fais point de tort, en disant que vous êtes des demi-hommes. Quant à ce que tu dis, ajouta-t-il, que nous sommes semblables à la bête pour ce qui regarde le corps, c'est une très-grande erreur de distinguer, comme tu fais, l'esprit de l'homme d'avec son corps ; l'union de ces deux parties est telle, que l'une est absorbée dans l'autre ; en sorte que toutes les puissances imaginables ne sauroient rien tirer de l'homme, non pas même de son corps, qui ne soit tellement de l'homme, qu'il ne puisse jamais convenir à la bête : & par conséquent l'homme, en tout ce qui lui appartient, est absolument distingué de la bête. Mon vieillard, en cet endroit, vit que j'avois une grande démangeaison de parler : m'ayant donc permis de prendre la

V iij

parole, peut-on nier, lui dis-je, que l'homme ressemble à la bête en ce qui regarde la matière, dont le corps de l'un & l'autre est formé: ne dit-on pas également de tous les deux, qu'ils sentent, qu'ils crient, & qu'ils font toutes les autres opérations des sens? Oui, dit-il, on le peut nier, & je le nie formellement. L'homme n'a rien de l'homme qui puisse convenir à la bête, toutes les conceptions chimériques dont tu t'entretiens ne sont que des foiblesses de ton raisonnement qui unit ce qui ne se peut joindre, & qui désunit souvent ce qui est inséparable : par exemple, quand on dit que le corps en général convient également à l'homme & à la bête, nous entendons que le mot de corps peut être appliqué à tous les deux, à cause de quelque analogie qui leur est commune; mais il y a toujours une différence très-essentielle entre l'un & l'autre. Une bête n'a de parfaite conformité qu'avec une autre bête, & cela, parce que leurs sexes sont séparés, & qu'il faut qu'ils se réunissent pour la propagation de leur espèce; mais cette union ne peut jamais être assez parfaite pour faire de deux animaux une parfaite identité; aussi ne peuvent-ils être longtems ensemble, sans être obligés à se séparer : il faut qu'ils se recherchent tout de nouveau, & ils vivent dans une espèce de langueur tant qu'ils sont éloignés l'un de l'autre. Quant à nous, ajouta-t-il, nous sommes des hommes entiers ; c'est pourquoi nous vivons sans ressentir aucune de ces ardeurs animales les uns pour les autres, & nous n'en pouvons même entendre parler sans horreur : notre amour n'a rien de charnel, ni de brutal ; nous nous suffisons pleinement à nous-mêmes, & nous n'avons besoin de rien pour être heureux, & vivre contens, comme nous faisons.

Je ne pouvois entendre parler cet homme, sans penser à ce grand principe de notre philosophie, que plus un être est parfait, moins il a besoin de secours étrangers dans son action.

Je faisois réflexion sur la manière d'agir du souverain être ; je voyois bien que la créature ne pouvoit mieux lui ressembler qu'en agissant seule comme lui en ses productions, & qu'une action qui se faisoit par le concours de deux personnes, ne pouvoit être aussi parfaite que celles qui se faisoient par une seule & même personne. Mon vieillard s'apperçut que je commençois à goûter ses raisons ; c'est pourquoi laissant-là le reste de ses preuves, & changeant de propos, il me demanda, supposé les deux personnes qui concourent à la production du même enfant, à laquelle des deux cet enfant appartenoit de droit. Je lui répondis qu'il appartenoit également à l'un & à l'autre, & j'alléguai l'exemple de plusieurs animaux qui font connoître, par leurs soins réciproques, que leurs fruits leur appartiennent indivisiblement; mais il rejeta, non sans indignation, l'exemple des animaux, & me déclara qu'il cesseroit de conférer avec moi si je m'en servois davantage, parce que je confirmois par-là, disoit-il, ce qu'il me vouloit prouver, à savoir que notre procédé tenoit plus de la bête que de l'homme, & que c'étoit avec justice qu'il ne nous regardoit que comme des demi-hommes : il ajouta que cette possession mutuelle & indivisible souffroit de grandes difficultés, parce que les volontés des deux ne pouvoient jamais être si réglées, que l'un ne souhaitât quelquefois une chose, & l'autre une autre, ce qui devoit faire naître plusieurs contestations. Je répondis à cela qu'il y avoit beaucoup de subordination dans cette possession, & que la mère & l'enfant étoient assujettis au père; mais comme le mot de père est un mot inconnu chez les Australiens, & que même je fus obligé de le forger, en quelque façon, pour m'expliquer; il me le fit répéter jusqu'à trois fois, & de peur de se méprendre, il m'expliqua ce qu'il avoit conçu, après quoi il fut entièrement persuadé de la pensée commune des Australiens, que nous ne pouvons être hommes, & il s'écria avec une sévérité extraordinaire : hé ! où est le jugement ? où est la raison ? où est l'homme ? où est l'homme ? répéta-t-il jusqu'à trois fois; je lui dis que les loix du pays le portoient ainsi, & que ce n'étoit pas sans fondement, puisque le père étant la principale cause de la génération, c'étoit à lui que le fruit qui en provenoit devoit principalement appartenir.

Parlons avec ordre sur cette matière, me dit-il, tu as avancé que le père & la mère agissoient ensemble pour produire, tu m'as fait comprendre que l'action se passoit dans la mère, d'où est-ce donc que tu conclus que le père doit être regardé comme cause principale ? S'il y a de la primauté, pourquoi l'attribue-t-on au père, puisque tout se passe chez la mère ? Ne seroit-il pas plus raisonnable de regarder ce prétendu père comme une cause étrangère, & la mère dans laquelle se fait tout, & sans laquelle tout seroit impossible, comme la cause naturelle & première ? Mais dis-moi, de grace, cette mère est-elle si attachée à ce père qu'elle ne puisse s'unir à quelqu'autre homme ? Je lui répondis avec une grande sincérité, que non-seulement cela étoit possible, mais encore qu'on le voyoit arriver très-souvent. Si cela est, répliqua-t-il en m'interrompant, on ne peut jamais être assuré que celui qui prend le titre de père le soit effectivement ; rien n'est donc plus ridicule que de le regarder comme la principale cause qui ait concouru à produire l'enfant, puisqu'il est toujours incertain qu'il ait eu aucune part à sa production, & l'on ne peut, sans injustice, ravir cette qualité à celle des deux personnes que vous nommez la mère, pour dire les choses comme elles sont: Je me sentois ébranlé par le discours de ce vieillard, & bien que je ne pusse consentir à ses raisons qui renversoient toutes nos loix, je ne pouvois m'empêcher d'y faire mille réflexions; & d'avouer qu'on traitoit avec trop de sévérité un sexe à qui toute la nature a tant d'obligations; mes pensées me fournissoient alors cent raisons pour appuyer celles de ce vieux philosophe, & je me voyois forcé de croire que ce grand empire que l'homme avoit usurpé sur la femme, étoit plutôt l'effet d'une odieuse tyrannie, que d'une autorité légitime.

La première partie de ma proposition étant ainsi vidée, nous entrâmes dans la seconde, qui regardoit le raisonnement des Européens; mais mon vieillard n'en parla que par manière d'acquit, pensant m'avoir poussé à bout sur la première. Je ne doute plus à présent de ce que sont les Européens, me dit-il, c'est un point qui est pleinement éclairci. Cependant, ajouta-t-il, comme on ne peut nier que tu n'aies fait paroître quelque chose d'extraordinaire, soit pour ton courage, soit pour ton raisonnement, il faut que je sache d'où cela peut provenir: je l'assurai que ce qu'il avoit vu de moi dans le combat, dont il avoit été témoin, avoit été plutôt l'effet de mon désespoir que de mon courage ; qu'on n'avoit point d'oiseaux à combattre chez-nous, mais que les hommes y combattoient jusqu'à s'entremassacrer & s'entr'égorger les uns les autres. Il en est justement comme des Fondins (1), dit-il, & comme j'en fus demeuré d'accord, il ajouta, il y a assez de tems que tu demeures avec nous pour nous connoître, & pour être persuadé de la sagesse de notre conduite: ce mot d'homme, qui emporte par une suite nécessaire, la raison & l'humanité, nous oblige à l'union, qui est telle parmi nous, que nous ne savons pas même ce que c'est que division & discorde ; il faut donc que tu avoues, ou que nous sommes plus qu'hommes, ou que vous êtes moins qu'hommes, puisque vous êtes si éloignés de notre perfection. Je répondis à cela, qu'on ne pouvoit nier que les divers climats ne contribuassent beaucoup aux différentes inclinations de leurs habitans ; qu'il arrivoit de-là, que les uns étoient plus emportés, les autres plus tranquilles, les uns plus pesans, les autres plus legers, laquelle diversité de tempérament étoit la cause ordinaire des divisions, des guerres, & de toutes les autres dissentions qui armoient les hommes les uns contre les autres : mais il se moqua de cette raison ;

---

(1) Espèces de barbares dont le pays confine celui des Austraïens.

soutenant qu'un homme véritablement homme, ne pouvoit jamais cesser d'être homme, c'est-à-dire, humain, raisonnable, débonnaire, sans passions ; parce que c'est en ce point que consiste la nature de l'homme, & que, comme le soleil ne pouvoit être soleil qu'il n'éclairât, ainsi l'homme ne pouvoit être homme qu'il ne différât essentiellement des bêtes, en qui la fureur, la gourmandise, la cruauté, & les autres vices & passions sont comme une suite de leur nature imparfaite & défectueuse ; que celui qui étoit sujet à ces mêmes défauts, n'étoit donc qu'une image vaine & trompeuse de l'homme, ou plutôt une véritable bête.

J'avoue que je ne pouvois entendre ce discours sans admiration, & que rien ne m'avoit jamais tant édifié, que cette pureté de morale, inspirée par les seules lumières de la nature & de la raison. Mon philosophe m'ayant interrogé ensuite sur le raisonnement que je faisois paroître, je lui répondis qu'effectivement mon esprit avoit été cultivé par l'étude, & qu'on n'avoit rien omis de tout ce qui pouvoit servir à former le jugement dans le soin qu'on avoit eu de mon éducation ; surquoi il me demanda si on ne prenoit pas également le même soin pour tout le monde : & lui ayant répondu qu'il y avoit beaucoup à dire, il conclut, à son ordinaire, que cette irrégularité causoit nécessairement plusieurs désordres, les disputes, les chagrins, les querelles ; parce que celui qui en fait moins se voyant au-dessous de celui qui en fait davantage, s'estime d'autant plus malheureux que la naissance les fait tous semblables, & qu'il n'a pas tenu à eux qu'ils ne surpassassent ceux à qui ils se trouvent beaucoup inférieurs. Quant à nous, ajouta-t-il, nous faisons profession d'être égaux, en tout. Notre gloire consiste à paroître tous semblables, & à être élevés avec les mêmes soins, & de la même façon. Toute la différence qu'on y trouve n'est que dans les divers exercices auxquels nous nous appliquons, afin de trouver les uns & les autres, les diverses inventions dont les découvertes peuvent contribuer à l'utilité commune. Après cela il me parla des habits, qu'il nommoit les superfluités des Européens, & je l'assurai qu'on avoit autant d'horreur parmi eux de voir une personne sans habits, qu'on en a de la voir habillée parmi les Australiens ; j'alléguai pour raison de cet usage, la pudeur, la rigueur des saisons, & la coutume. A ce que je puis comprendre, me dit-il, la coutume fait tant d'efforts sur vos esprits, qu'on croit nécessaire tout ce qu'on pratique de naissance, & qu'on ne le peut changer sans se faire une aussi grande violence que si l'on se changeoit soi-même. Je repartis, en insistant sur la raison des divers climats, & lui dis qu'il y avoit des pays en Europe où il faisoit un froid absolument insupportable à des corps qui étoient beaucoup plus délicats que ceux des Australiens ; qu'il y avoit même des hommes qui en mouroient, & qu'il étoit impossible d'y subsister sans être couvert ; enfin je dis que la foiblesse de la nature de l'un & de l'autre sexe étoit telle qu'on ne pouvoit se voir nu sans rougir de confusion, & sentir des émotions que la pudeur m'obligeoit de passer sous silence.

Il y a de la suite en tout ce que tu avances, répondit il, mais d'où cette coutume, peut-elle être venue ? Comment s'est-il pu faire que tout un monde ait embrassé ce qui est si contraire à la nature ? Nous naissons tous nus, & nous ne pouvons nous couvrir, sans croire qu'il soit honteux d'être vus tels que nous sommes. Quant à ce que tu dis de la rigueur des saisons, je ne puis & ne dois pas même y ajouter foi ; car si le pays est si insupportable, qui est-ce qui peut obliger celui qui sait raisonner à en faire sa patrie ? Ne faut-il pas être pis que bête pour faire son séjour dans des lieux dont l'air est mortel en certaines saisons ?

La nature faisant un animal, lui donne la liberté du mouvement pour chercher son bien, & fuir son mal : quand donc il s'opiniâtre à demeurer où il est menacé de toutes parts, & où il faut qu'il soit dans une gêne continuelle pour se conserver, il faut qu'il ait tout-à-fait perdu le sens s'il en a jamais eu : pour ce qui est de la foiblesse que tu nommes pudeur, je n'ai rien à dire, puisque tu conviens avec tant de sincérité de ce défaut ; c'est effectivement une grande foiblesse que de ne se pouvoir regarder les uns les autres, sans ressentir les mouvemens brutaux dont tu m'as parlé. Les bêtes se voient continellement, & cette vue ne leur cause aucune altération. Comment donc, vous qui vous croyez d'un ordre bien supérieur à elles, êtes-vous plus fragiles qu'elles ne sont ? D'ailleurs, il faut que vous ayez la vue beaucoup plus foible que les animaux, puisque vous ne pouvez voir à travers une simple couverture, ce qui est dessous, & qu'il s'en trouve parmi eux qui ont les yeux assez pénétrans pour voir à travers une muraille ce qui est derrière. Tout ce que je puis juger de ceux de ton pays, par ce que tu m'en apprends, c'est qu'ils peuvent avoir quelques étincelles de raison, mais qu'elles sont si foibles, que bien loin de les éclairer, elles ne leur servent qu'à les conduire plus sûrement dans l'erreur. S'il est vrai que leur pays soit inhabitable, à moins qu'ils ne se servent d'habits & de couvertures, en y demeurant ils font justement comme ceux qui, au lieu de s'éloigner d'un danger évident, raisonneroient beaucoup afin de trouver mille préservatifs pour s'en mettre à couvert sans le fuir. Que s'il est vrai que les habits les rendent sages à la vue les uns des autres, je ne sais à qui les comparer qu'à de petits enfans qui ne connoissent plus un objet aussitôt qu'il est voilé.

Pour moi je crois bien plutôt que c'est la difformité qui a fait inventer parmi vous les habits, & que c'est elle qui les y autorise, & qui les y conserve. Car il n'y a rien de plus beau dans l'homme que l'homme même, lors qu'il est sans défauts, & qu'il a toutes les qualités naturelles qui concourent à son entière perfection.

J'écoutois cet homme plutôt comme un oracle, que comme un philosophe, & toutes les propositions qu'il avançoit me paroissoient appuyées sur des raisonnemens invincibles. Il n'en dit pas davantage touchant cet article; & sans me laisser le tems de lui rien répondre, il passa à celui de l'avarice.

Je vis très-bien qu'il n'en connoissoit que le nom; car l'ayant prié de m'expliquer ce qu'il vouloit dire, je compris qu'il entendoit par avarice une foiblesse d'esprit qui consistoit à faire des amas de choses curieuses & sans profit.

Tous les Australiens ont en abondance ce qui est nécessaire à leur entretien; mais ils ne savent ce que c'est que d'amasser, ni même de garder quelque chose pour le lendemain; & leur maniere de vivre en cela peut passer pour une image parfaite faire de l'état de l'homme jouissant de la béatitude naturelle sur la terre.

Pour ce qui est de l'ambition, il en avoit quelque grossiére connoissance, mais elle se réduisoit à concevoir des hommes élevés au-dessus des autres.

Je lui dis qu'on étoit persuadé en Europe qu'une multitude sans ordre produisoit une confusion dans laquelle on ne pouvoit goûter aucun bien de la vie ; & que l'ordre supposoit un chef auquel les autres hommes fussent soumis. Le vieillard prit occasion de-là de m'expliquer une doctrine dont je conçus effectivement le sens ; mais dont il m'est impossible de donner aux autres la connoissance avec des termes aussi forts & aussi énergiques que ceux dont il se servit pour me la faire entendre. Il me fit donc comprendre qu'il étoit de la nature de l'homme de naître & de vivre libre ; qu'on ne pouvoit par conséquent l'assujettir sans le dépouiller de sa nature ; qu'en l'assujettissant on le faisoit descendre au-dessous de la bête ; parce que la bête n'étant que pour le service de l'homme, la captivité lui est en quelque façon naturelle ; mais que l'homme ne pouvant naître pour le service d'un autre homme, on ne pouvoit le contraindre sans lui faire une violence qui le dégrade en quelque façon de sa propre existence. Il s'étendit fort au long pour me prouver qu'assujettir un homme à un autre homme c'étoit l'assujettir à sa propre nature, & le faire en quelque manière esclave de soi-même, ce qui renfermoit une contradiction & une violence qu'il est presque impossible de concevoir. Il ajouta que l'essence de l'homme consistant en la liberté, la lui vouloir ôter sans le détruire, c'étoit le vouloir faire subsister sans sa propre essence.

Notre conférence avoit déjà duré plus de quatre heures, & si l'heure d'une assemblée publique ne nous eût obligés à l'interrompre, nous étions en disposition de la faire beaucoup plus longue : j'entrai au Hab, l'esprit tout plein des raisonnemens que j'avois ouis, admirant les connoissances & les grandes lumières dont ce peuple étoit rempli ; la force des raisons de cet homme suspendoit tous mes sens, & je passai le tems de cette assemblée dans une espèce d'étourdissement : il me sembloit que je voyois les choses d'une toute autre façon qu'auparavant ; je fus plus de huit jours comme forcé à faire des comparaisons continuelles de ce que nous étions, avec ce que je voyois ; je ne pouvois me lasser d'admirer une conduite si opposée à nos défauts, & j'étois honteux d'être obligé de reconnoître que nous étions bien éloignés de la perfection de ces peuples. Je me disois à moi-même, seroit-il vrai que nous ne fussions pas tout-à-fait hommes ; mais, ajoutois-je, si cela n'est pas, quelle différence de ces gens à nous ? Ils se trouvent, par l'état de leur vie ordinaire, élevés à un point de vertu où nous ne saurions atteindre que par les plus grands efforts de nos plus nobles idées : notre morale la plus pure ne peut rien concevoir de plus raisonnable, ni de plus exact que ce qu'ils pratiquent naturellement sans régles & sans préceptes, cette union que rien ne peut altérer, ce détachement de tous les biens, cette pureté inviolable ; enfin cet attachement si étroit à la raison qui les unit entr'eux, & les porte tous à tout ce qu'il y a de meilleur & de plus juste, ne peuvent être que les fruits d'une vertu consommée, au-delà de laquelle on ne peut rien concevoir de plus parfait. Nous autres, au contraire, à combien de vices & d'imperfections ne sommes-nous pas sujets ? Cette soif insatiable des richesses, ces dissentions continuelles, ces trahisons noires, ces conspirations sanglantes & ces boucheries effroyables par lesquelles nous nous égorgeons les uns les autres tous les jours, ne nous forcent-elles pas de reconnoître que nous nous conduisons bien plus par la passion que par la raison ? Et dans cet état, ne seroit-il pas à souhaiter qu'un de ces hommes que nous croyons barbares, vînt nous désabuser & parût avec tant de vertus qu'il pratique par les seules vues de la lumière naturelle, pour confondre la vanité que nous tirons de nos prétendues connoissances, avec lesquelles toutefois nous ne laissons pas de vivre comme des bêtes?

CHAPITRE VI.

De la religion des Australiens.

C'est le sujet le plus délicat & le plus caché qui soit parmi les Australiens que celui de la religion; c'est un crime inouï que d'en parler, soit par dispute, soit par forme d'éclaircissement: il n'y a que leurs mères qui, avec les premières connoissances, leur inspirent celle du Haab, c'est-à-dire, l'incompréhensible. Ils croient que cet être incompréhensible est par-tout, & ils ont pour lui toute la vénération imaginable, mais on recommande avec grand soin aux jeunes-gens de l'adorer toujours sans en jamais parler, & on leur persuade que c'est l'offenser par l'endroit le plus sensible, que de faire de ses divines perfections le sujet de leurs entretiens; de sorte qu'on peut dire que leur grande religion est de ne point parler de religion. Comme j'avois été élevé dans des maximes bien différentes, je ne pus goûter un culte sans cérémonies, ni m'accommoder d'une religion où je n'entendois jamais parler de Dieu: cela me causa beaucoup d'inquiétude pendant un tems; mais enfin, je découvris mes peines à mon vieux philosophe, lequel m'ayant ouï, me tira par la main, me conduisant dans une allée, & me dit d'un air fort grave : seriez-vous plus homme en la connoissance du Haab, qu'en vos autres actions ; ouvrez-moi donc votre cœur, & je vous promets de ne vous rien cacher. Je fus ravi d'avoir rencontré une occasion aussi favorable que celle-là pour apprendre le détail de la croyance de ces peuples. Je dis donc à mon vieillard, le mieux qu'il me fut possible, que nous avions deux sortes de connoissances de Dieu en Europe ; l'une naturelle, l'autre surnaturelle. La nature nous fait connoître un Être souverain, l'auteur & le conservateur de toutes choses. Cette vérité éclate à mes yeux, ajoutai-je, soit que je considère la terre, soit que je regarde les cieux, soit que je fasse réflexion sur moi-même. Aussitôt que je vois des ouvrages qui n'ont pu être faits que par une cause supérieure, je suis obligé de reconnoître & d'adorer un être qui n'a pu être fait, & qui les a faits ; & quand je me considère moi-même, je suis assuré que, comme je ne puis être sans avoir commencé, il s'ensuit que pas une personne semblable à moi, n'a pu être sans commencement ; & conséquemment il faut que je remonte à un premier être, qui, n'ayant point eu de principe, soit l'origine de tous les autres. Lorsque ma raison m'a conduit à ce premier principe, je conclus évidemment qu'il ne peut être borné, parce que les limites supposent de nécessité une production & une dépendance.

Le vieillard ne souffrit pas que j'étendisse davantage mon discours; & m'interrompant à ces dernières paroles, il me dit avec plusieurs marques de satisfaction, que si nos Européens pouvoient former ce raisonnement, ils n'étoient pas tout-à-fait dépourvus des plus solides connoissances. J'ai toujours formé ce raisonnement comme tu viens de l'expliquer, ajouta-t-il; & bien que le chemin qu'il faut faire pour arriver à la vérité par ces sortes de réflexions, soit extrêmement long, je suis persuadé qu'il est faisable: j'avoue cependant que les grandes révolutions de plusieurs milliers de siècles, peuvent avoir causé de grands changemens dans ce que nous voyons; mais mon esprit ne me permet pas ni d'y concevoir une éternité, ni d'y comprendre une production générale sans la conduite d'un souverain être qui en soit le suprême modérateur. C'est s'abuser soi-même que de laisser errer son imagination parmi des milliers de révolutions, & de rapporter tout ce que nous voyons à des rencontres fortuites qui n'aient eu aucun autre principe qu'un mouvement local & le choc de plusieurs petits corps: c'est là s'embarrasser en des difficultés qu'on ne résoudra jamais, & se mettre en danger de commettre un blasphême exécrable:

c'est donner à la créature ce qui n'appartient qu'au créateur : c'est par conséquent payer d'une ingratitude insupportable celui à qui nous avons l'obligation de tout ce que nous sommes. Quand même on pourroit concevoir que l'éternité de ces petits corps est possible, puisqu'il est certain que l'autre opinion est au moins autant, pour ne pas dire plus probable que celle-là ; c'est s'exposer à un crime volontaire, que de la laisser pour admettre des corps sans sentiment, & incapables d'aucune connoissance. Ce furent ces considérations qui nous obligèrent il y a environ quarante-cinq révolutions, à supposer ce premier de tous les êtres, & à l'enseigner comme le fondement de tous nos principes, sans qu'on ait souffert depuis qu'on parlât d'aucune doctrine qui pût donner atteinte à cette grande vérité. J'écoutois le discours de cet homme avec toute l'attention dont je suis capable ; la grace avec laquelle il parloit, & le poids qu'il donnoit à ses paroles, ne me persuadoient pas moins que ses raisons ; mais comme je vis qu'il étoit sur le point de me faire quelque nouvelle question, je pris la parole, & je lui dis, que quand même on pourroit accorder l'éternité à ces petits corps dont nous parlions, on ne prouveroit jamais qu'ils aient pu distinguer ce monde, & le diversifier comme nous voyons qu'il l'est maintenant, suivant ce principe incontestable : que les choses demeurant les mêmes, ne peuvent rien faire qui soit différent d'elles-mêmes. Ainsi, ces atomes n'ayant aucune différence entr'eux que celle des nombres & de la pluralité, n'auroient pu faire au plus que des masses informes & de même qualité qu'eux. Ce qui cause plus de difficulté à certains esprits, reprit-il, c'est la grande abstraction de cet être des êtres, qui ne se découvre non plus que s'il n'étoit pas; mais je trouve que cette raison ne peut avoir de force, parce que nous en avons plusieurs autres qui nous obligent à croire qu'il est trop au-dessus de nous pour se manifester à nous autrement que par ses ouvrages. Si sa conduite pouvoit être particulière, j'aurois peine à me persuader que ce fût la sienne, puisqu'un être universel ne doit agir que d'une manière universelle.

Mais s'il est vrai, répliquai-je, que vous ne révoquez point en doute ce premier & souverain principe de toutes choses, pourquoi n'avez-vous pas établi une religion pour l'honorer? Les Européens qui le connoissent comme vous ont leurs heures réglées pour l'adorer; ils ont leurs prières pour l'invoquer, leurs louanges pour le glorifier, & ses commandemens pour les garder. Vous parlez donc librement du Haab, dit-il en m'interrompant: oui sans doute, lui répondis-je, & il est le sujet de nos plus agréables & de nos plus nécessaires entretiens; car nous ne devons trouver rien de plus agréable que de parler de celui de qui nous dépendons, absolument pour la vie & pour la mort, rien n'est aussi plus juste & plus nécessaire, puisque ce n'est que par-là que nous pouvons exciter notre reconnoissance & nos respects envers lui.

Rien n'est plus raisonnable que cela, repartit-il; mais vos sentimens sont-ils les mêmes touchant cet être incompréhensible? Il en est peu, lui dis-je, qui ne pensent la même chose en tout ce qui regarde ses souveraines perfections. Parlez-moi positivement & clairement, reprit-il avec précipitation; les raisonnemens que vous faites sur ce premier être, sont-ils semblables? Je lui avouai, de bonne foi, que les sentimens étoient fort partagés dans les conclusions que chacun tiroit souvent des mêmes principes, ce qui causoit plusieurs contestations fort aigres, d'où naissoient souvent des haînes très-envenimées, & quelquefois même des guerres sanglantes, & d'autres suites non moins funestes.

Ce bon vieillard répliqua, avec beaucoup de naïveté, que si j'avois répondu d'une autre manière, il n'auroit pas parlé davantage, & auroit eu le dernier mépris pour moi; étant, disoit-il, très-assuré que les hommes ne pouvoient parler d'une chose incompréhensible, qu'ils n'en eussent des opinions fort différentes, & même tout-à-fait contraires. Il faut être aveugle, ajouta-t-il, pour ignorer un premier principe, mais il faut être infini comme lui pour en pouvoir parler exactement; car puisque nous reconnoissons qu'il est incompréhensible, il s'ensuit que nous ne pouvons en parler que par conjecture, & que tout ce que nous en pouvons dire, peut bien contenter les curieux, mais ne sauroit satisfaire les personnes raisonnables : & nous aimons mieux nous taire absolument que de nous exposer à débiter quantité de faussetés touchant la nature d'un être qui est si fort au-dessus de la portée de nos esprits. Nous nous assemblons donc au Hab, seulement pour reconnoître sa suprême grandeur, & pour adorer sa souveraine puissance : nous laissons à chacun la liberté d'en penser ce qu'il voudra; mais nous nous faisons une loi inviolable de n'en jamais parler, de peur de nous engager, par nos discours, dans des erreurs qui pourroient l'offenser. Je laisse aux savans à juger d'une conduite aussi extraordinaire, qui est celle de ne parler en aucune manière de Dieu. Tout ce que j'en puis dire, c'est qu'elle leur imprime un respect admirable pour les choses divines, & produit entr'eux une union dont nous ne voyons point d'exemple parmi nous. Comme je voyois bien que l'heure du Haab nous alloit obliger à nous séparer, je le pressai de me dire quels étoient les sentimens des Australiens touchant la nature de l'ame; il m'expliqua donc leurs sentimens sur ce sujet, mais il le fit d'une manière si relevée, que je ne pus retenir ce qu'il me dit, quoiqu'en l'écoutant, je comprisse en quelque façon toutes ses idées.

L'essentiel de leurs opinions touchant cette matiere, autant que je puis m'en ressouvenir, roule sur la doctrine d'un génie universel qui se communique par parties à chaque particulier, & qui a la vertu, lorsqu'un animal meurt, de se conserver jusqu'à ce qu'il soit communiqué à un autre : tellement que ce génie s'éteint en la mort de cet animal, sans cependant être détruit, puisqu'il n'attend que de nouveaux organes, & la disposition d'une nouvelle machine pour se rallumer, comme je l'expliquerai plus amplement lorsque je parlerai de leur philosophie.

CHAPITRE VII.

Du sentiment des Australiens touchant cette vie.

JE n'ai que trois choses à remarquer sur le sentiment des Australiens touchant la vie présente. La première en regarde le commencement ; la seconde, le cours ; & le troisième, la fin. Leur manière de recevoir la vie, de la conserver, & de la finir.

J'ai déjà dit de quelle manière les Australiens

viennent au monde ; mais comme c'est un des principaux points de cette histoire, je crois être obligé à en dire encore quelque chose.

Ils ont une si grande aversion pour tout ce qui regarde ces premiers commencemens de la vie, qu'un an ou environ après mon arrivée, deux frères m'en ayant entendu dire quelque chose, ils se retirèrent de moi avec autant de signes d'horreur que si j'eusse commis quelque grand crime. Un jour que je m'en découvris à mon vieux philosophe, après m'avoir fait quelque censure sur ce sujet, il entra dans un long discours, & m'étala plusieurs preuves, pour m'obliger à croire que les enfans venoient dans leurs entrailles, comme les fruits viennent sur les arbres ; mais, comme il vit que toutes ses raisons ne faisoient aucune impression sur mon esprit, & que je ne me pouvois empêcher de sourire, il me quitta sans achever, me reprochant que mon incrédulité venoit de la corruption de mes mœurs.

Il arriva une autre fois, environ six mois après mon arrivée, que les caresses extraordinaires des frères me causèrent quelque mouvement déréglé, dont quelques-uns s'apperçurent, & en furent si fort scandalisés, qu'ils me quittèrent, le cœur plein d'indignation : dès-lors je devins odieux à tout le monde, comme j'ai déjà dit, & ils m'auroient infailliblement fait périr, sans l'assistance particulière du vieillard dont j'ai parlé.

Cependant, en trente-deux années que j'ai demeuré parmi eux, je n'ai pu connoître ni quand, ni comment s'y fait la génération. Quoi qu'il en soit, on ne voit à leurs enfans ni rougeoles, ni petites-véroles, ni autres semblables accidens auxquels les Européens sont sujets.

Aussitôt qu'un Australien a conçu, il quitte son appartement, & se transporte au Heb, où il est reçu avec des témoignages de bonté extraordinaires, & où il est nourri, sans être obligé à travailler. Ils ont un certain lieu élevé, sur lequel ils montent pour rendre leur fruit, qu'on reçoit sur des feuilles de bals; après quoi la mère le prend, le frotte avec ces feuilles, & l'allaite, sans qu'il paroisse qu'elle ait souffert aucune douleur.

Ils ne se servent point de langes, de bandes, ni de berceaux. Le lait que la mère leur donne est si nourrissant, qu'il leur suffit pour tout aliment pendant deux années; & les excrémens qu'ils jettent sont en si petite quantité, qu'on diroit qu'ils n'en rendent point. Ils parlent ordinairement à huit mois, ils marchent à un an, & à deux on les sèvre. Ils commencent à raisonner à trois ans: & aussitôt que la mère les quitte, le premier maître de la première bande leur apprend à lire; & leur donne en même temps les premiers élémens des connoissances plus avancées. Ils demeurent ordinairement trois ans sous la conduite de ce premier maître, & passent ensuite sous la discipline du second, qui leur enseigne l'écriture, & demeure avec eux pendant quatre ans, & ainsi des autres à proportion, jusqu'à trente-cinq ans, auquel âge ils sont consommés en toutes sortes de sciences, sans que l'on remarque jamais aucune différence entr'eux, soit par la capacité, soit par le génie, ou le savoir. Lorsqu'ils ont ainsi achevé le cours de toutes leurs études, ils peuvent être choisis pour lieutenans, c'est-à-dire pour remplir la place de ceux qui veulent sortir de la vie.

J'ai parlé au chapitre cinquième de leur humeur, mêlée d'une certaine douceur pleine de gravité, qui forme le tempérament des hommes les plus raisonnables, & les plus propres à la société. Ils sont forts, robustes & vigoureux, & leur santé n'est jamais altérée par la moindre maladie. Cette constitution admirable vient sans doute de leur naissance & de l'excellente nourriture qu'ils prennent toujours avec modération; comme nos maladies sont toutes des suites de la corruption du sang dont nous sommes formés, & de l'excès des mauvaises viandes qui nous servent de nourriture. En effet nos parens nous communiquent ordinairement tous les défauts qu'ils ont contractés par leur vie déréglée : leur intempérance nous remplit d'une abondance d'humeurs superflues qui nous tuent, quelque robustes que nous soyons, si nous ne nous purgeons très-souvent. Ce sont les chaleurs excessives qu'ils allument dans leur sang par leurs débauches, qui nous causent ces ébullitions, & tous ces autres maux souvent sales & dégoutans qui nous couvrent tout le corps. Leur bile nous donne des dispositions à la colère, leur lubricité augmente notre concupiscence ; en un mot ils nous font tels qu'ils sont, parce qu'ils ne sauroient nous donner que ce qu'ils ont.

Les Australiens sont exempts de toutes ces passions, parce que leurs parens n'y étant pas sujets, ils ne peuvent les leur communiquer : comme ils n'ont aucun principe d'altération, ils vivent dans une espece d'indifférence, d'où ils ne sortent que pour suivre les mouvemens que leur imprime la raison.

Nous pouvons faire à-peu-près le même raisonnement touchant la nourriture des Australiens ; car, si les Européens ont le malheur de n'avoir pour alimens que des viandes fort mal-saines, il arrive communément qu'ils en prennent beaucoup plus qu'il ne leur en faut pour se rassasier : & ce sont ces excès qui leur causent ensuite des foiblesses d'estomac, des fièvres & autres infirmités qui sont entièrement inconnues aux Australiens. La tempérance de ceux-ci & la bonté des fruits, dont ils font toute leur nourriture, les maintiennent dans une santé inaltérable; aussi, bien loin de se faire gloire de manger & d'être somptueux en festins, comme nous, ils se cachent & ne mangent qu'en secret & comme à la dérobée. Ils dorment très-peu, parce qu'ils sont persuadés que le sommeil est une action trop animale, de laquelle l'homme devroit tout-à-fait s'abstenir, si cela étoit possible.

Ils conviennent tous que cette vie n'est qu'un mouvement plein de trouble & d'agitation. Ils sont persuadés que ce que nous appelons la mort est leur repos, & que le plus grand bien de l'homme est d'arriver à ce terme, qui met fin à toutes ses peines : de-là vient qu'ils sont indifférens pour la vie, & qu'ils souhaitent passionnément de mourir. Plus je témoignois d'appréhension pour la mort, plus ils se confirmoient dans la pensée que je ne pouvois être homme, puisque, selon leurs idées, je péchois contre les premiers principes du raisonnement. Mon vieillard m'en parla plusieurs fois, & voici à-peu-près les raisons qu'il me donna : Nous sommes différens des bêtes, me disoit-il, en ce que leurs connoissances ne pénétrant pas dans le fond des choses, elles n'en jugent que par l'écorce & la couleur :
c'est

c'est de-là qu'elles fuyent leur destruction comme leur plus grand mal, & qu'elles travaillent pour leur conservation comme pour leur plus grand bien, ne considérant pas que, puisque c'est une nécessité absolue qu'elles périssent, toutes les peines qu'elles se donnent pour l'empêcher sont vaines & inutiles. Pour raisonner de même sur ce qui nous regarde, continua-t-il, il faut que nous considérions la vie comme un état de misère, quoiqu'elle consiste dans l'union d'une ame spirituelle avec un corps matériel, dont les inclinations sont entièrement opposées l'une à l'autre: tellement que desirer de vivre, c'est souhaiter d'essuyer la violence de ces oppositions; & demander la mort, c'est aspirer au repos dont chacune de ces deux parties jouit lorsqu'elles sont toutes deux dans leur centre.

Comme nous n'avons rien de plus cher que nous-mêmes, ajouta-t-il, & que nous ne pouvons nous regarder que comme des composés dont la dissolution est certaine & infaillible, nous languissons plutôt que nous ne vivons; ce qui étant ainsi, ne vaudroit-il pas mieux n'être point, que d'être pour connoître que bientôt on ne sera plus? Les soins de se conserver sont inutiles, puisqu'enfin il faut mourir. La vue de nos plus rares talens & de nos connoissances les plus exquises, nous cause un second tourment, puisque nous ne pouvons les considérer que comme des biens passagers dont l'acquisition nous a coûté mille peines, & dont il n'est pas en notre pouvoir d'empêcher la perte. Enfin tout ce que nous considérons au-dedans & au-dehors de nous, contribue à nous rendre la vie odieuse, insupportable.

Je répondis à tout cela, qu'il me sembloit que ce raisonnement prouvoit trop, que pour lui donner toute sa force, il faudroit que je fusse triste de ce que je connois quelque chose qui me surpasse: ce qui est pourtant faux, puisque la bonté du jugement consiste à se pouvoir contenter de sa condition, & à éloigner les réflexions qui ne servent qu'à nous affliger, surtout si nous ne pouvons pas y apporter de remède.

Il y a du solide dans ta réponse, répartit-il, mais elle est foible en deux chefs; l'un est de pouvoir suspendre son jugement, & l'autre de se pouvoir aimer sans détester sa dissolution. Pouvoir le premier, c'est pouvoir être sans voir ce qui est sans cesse devant nos yeux, pouvoir le second, c'est aimer l'être sans haïr le néant.

C'est une grande foiblesse de croire qu'on puisse vivre sans être continuellement frappé de sa destruction: c'en est une encore plus grande de craindre ce qu'on sait qui arrivera infailliblement; mais c'est une folie achevée de chercher des préservatifs pour éviter ce qu'on connoît inévitable. Pouvoir être sans voir la mort, c'est pouvoir vivre sans se connoître, puisque la mort est inséparable de nous-mêmes, & que nous voir en toutes nos parties, c'est ne voir rien que de mortel. Pouvoir craindre la mort, c'est pouvoir accorder deux choses contradictoires, puisque craindre suppose un doute de ce qui arrivera, & que nous savons que la mort arrive indubitablement : c'est encore pis de prendre des préservatifs pour la détourner, puisque nous sommes assurés que cela est impossible. Je répliquai que nous pouvions, avec justice, craindre, non la mort, mais ses approches ; & que les préservatifs étoient utiles, puisqu'ils pouvoient au moins nous en éloigner pour un tems. Fort bien, repartit-il ; mais ne vois-tu pas que la nécessité de mourir étant indispensable, son éloignement ne peut nous causer qu'une suite de peines, de chagrins & d'ennuis. Je lui répondis que ces raisons auroient beaucoup plus de poids parmi les Européens que chez eux, où ils ne savent ce que c'est que souffrir, au lieu que la vie des Européens n'étoit qu'une chaîne de souffrances & de misères.

Quoi donc ! dit-il, avez-vous d'autres infirmités que celles d'être mortels & de vous connoître mourans ?

Je l'assurai qu'on mouroit souvent plusieurs fois auparavant que d'achever de mourir, & que la mort n'arrivoit aux Européens qu'à force de maladies qui les abattoient & les faisoient enfin défaillir. Cette réponse fut pour lui un mystère: & comme je m'efforçai de lui faire comprendre nos gouttes, nos migraines, nos coliques; je vis qu'il n'entendoit pas ce que je voulois dire; il fallat donc, pour me faire entendre, que je lui expliquasse en particulier quelques-unes des douleurs que nous souffrons; & comme il m'entendit, il ajouta: seroit-il possible qu'on pût aimer une telle vie? Je répondis que non-seulement on l'aimoit, mais encore qu'on employoit toutes choses pour la prolonger: d'où il prit un nouveau sujet de nous accuser d'insensibilité ou d'extravagance; ne pouvant, disoit-il, comprendre qu'un homme raisonnable, assuré de sa mort, qui se voyoit tous les jours mourir à force de souffrances, & qui ne pouvoit prolonger sa vie sans une continuelle langueur, pût ne pas souhaiter la mort comme son plus grand bien.

Nos sentimens sont bien éloignés des vôtres, ajouta-t-il: aussitôt que nous sommes capables de nous connoître, comme nous sommes obligés de nous aimer, & que nous nous considérons comme les victimes nécessaires d'une cause supérieure qui peut à tous momens nous détruire, nous faisons fort peu de cas de notre vie, & nous ne la regardons que comme un bien étranger que nous ne pouvons posséder qu'en fuyant. Le tems pendant lequel nous en jouissons, nous est à charge, parce qu'il ne fert qu'à nous faire regretter un bien qu'on nous ôte plus facilement qu'on ne nous le donne. Enfin nous nous ennuyons de vivre, parce que nous n'ofons nous attacher à nous-mêmes de toute la tendreffe que nous pourrions avoir, pour ne pas fouffrir de trop grandes violences quand nous ferons obligés de nous quitter.

Je lui dis à cela que la raifon nous apprenoit que l'être étoit toujours préférable au néant, & qu'il valoit mieux vivre, quand ce ne feroit que pour un jour, que de ne pas vivre : furquoi il me répondit qu'il falloit diftinguer deux chofes dans notre être; l'une eft l'exiftence générale qui ne périt point, l'autre eft cette exiftence particulière, ou cet être individuel qui périt. La première eft meilleure que la privation : & c'eft ce qu'on doit abfolument entendre, quand on dit que l'être eft préférable au néant. La feconde eft fouvent pire que la privation, furtout fi elle eft accompagnée d'une connoiffance qui ne tende qu'à nous rendre malheureux.

Je repartis que fi l'être en général étoit meilleur que le non-être, il s'enfuivoit que l'être en particulier valoit mieux que fa privation; mais il me fatisfit en me propofant l'exemple même de l'état où j'avois été. Dis-moi de grace, me dit-il, quand tu te confidérois feul dans ces lieux dont tu nous as parlé, environné de toutes parts de la mort, pouvois-tu croire alors que ta vie fût un bien, &

l'estimois-tu plus que le néant? N'est-il pas vrai que tes connoissances ne servoient qu'à te rendre misérable, & que tu aurois préféré d'être insensible aux sentimens que tu avois de ta misère? Il ne sert donc à rien de vouloir soutenir que connoître est un bien, puisque la connoissance qui m'afflige non-seulement ne m'est pas un bien, mais encore un mal d'autant plus sensible que je le connois mieux. C'est de ce principe que suit notre véritable misère, de connoître ce que nous sommes & ce que nous devrions être; nous savons que nous sommes des êtres nobles, excellens, en un mot, dignes d'une éternelle durée; & nous voyons qu'avec toute notre noblesse & notre excellence, nous dépendons de mille créatures qui sont beaucoup au-dessous de nous. Voilà ce qui est cause que nous ne nous regardons que comme des êtres qu'on n'a élevés que pour les rendre plus malheureux, & ce qui fait que nous aimerions mieux n'être point du tout, que d'être tout ensemble & si excellens & si misérables.

Nos ancêtres étoient tellement convaincus de cette vérité, qu'ils cherchoient la mort avec le plus grand empressement du monde : & comme nos pays devenoient déserts, on trouva des raisons pour convaincre ceux qui restoient, de s'épargner durant quelque tems ; on leur remontra qu'il ne falloit pas rendre inutile une si belle & si grande terre : que nous faisions un ornement de cet univers, & que nous devions endurer la vie quand ce ne seroit que pour complaire au souverain maître qui nous l'avoit donnée. Quelque tems après, pour remplacer ceux qui avoient cherché leur repos dans une mort volontaire, tous ceux qui restoient s'obligèrent de présenter jusqu'à trois enfans aux Hebs. Tout le pays ayant été ainsi repeuplé, on publia qu'on accorderoit désormais la permission du grand repos à quiconque présenteroit un homme au Heb, soit que ce fût son propre fils ou quelqu'autre qui voulût bien lui servir de lieutenant & occuper sa place; mais on délibéra en même-tems, que personne ne pourroit demander cette permission qu'il n'eût au moins cent ans, ou qu'il ne fît paroître quelque blessure qui l'incommodât extraordinairement. Lorsqu'il achevoit ces mots, nous fûmes joints par deux frères, dont je fus très-fâché ; car je n'avois jamais trouvé mon vieillard si bien disposé à me découvrir les mystères de toutes les choses sur lesquelles je lui demandois quelque éclaircissement.

Au reste, il ne se fait point d'assemblée au Hab, où il n'y ait vingt ou trente personnes qui demandent la liberté de retourner au repos, & on ne la refuse à qui que ce soit, quand on a de justes raisons pour la demander. Lorsque quelqu'un a obtenu son congé pour sortir de la vie, il présente son lieutenant qui doit avoir au moins trente-cinq ans. La compagnie le reçoit avec joie, & on lui donne le nom du vieillard qui veut cesser de vivre. Cela étant fait, on lui représente les belles actions de son prédécesseur, & on lui dit qu'on est assuré qu'il ne dégénérera pas de la vertu de celui dont il va remplir la place. Cette cérémonie étant achevée, le vieillard vient gaiement à la table des fruits du repos, où il en mange jusqu'à huit, d'un visage serein & riant. Lorsqu'il en a mangé quatre, son cœur se dilate, sa rate s'épanouit; de sorte que la joie extraordinaire qu'il ressent, lui fait faire plusieurs extravagances, comme de sauter, de danser & de dire toutes sortes de sottises auxquelles les frères ne font point d'attention, parce qu'elles partent d'un homme qui perd la raison. On lui présente encore deux autres fruits qui altèrent tout-à-fait son cerveau; alors son lieutenant avec un autre le conduisent au lieu qu'il s'est choisi quelque tems auparavant pour sépulture : & là ils lui donnent deux autres fruits qui le plongent dans un sommeil éternel. Ils ferment ensuite son tombeau, & s'en retournent en conjurant le souverain être d'avancer les bienheureux momens auxquels ils doivent jouir du repos pareil à celui de leur frère. Voilà comme naissent, vivent & meurent les Australiens.

CHAPITRE VIII.

Des exercices des Australiens.

Les Australiens comptent leurs années depuis le premier point du solstice du Capricorne, jusqu'à la révolution du même point, & ils en jugent exactement par l'ombre d'une pointe attachée contre une muraille, & opposée directement au midi : lorsque cette ombre est parvenue au point le plus bas qui est marqué dans tous leurs appartemens, ils reconnoissent que l'année est finie.

Depuis ce solstice jusqu'à l'équinoxe de Mars, ils comptent un sueb ou un mois : depuis l'équinoxe de Mars jusqu'au solstice de l'Ecrevisse, ils comptent un autre mois. Depuis ce tems jusqu'à l'autre équinoxe, un troisième mois, & le quatrième s'étend depuis cet équinoxe jusqu'au solstice du Capricorne ; de sorte qu'ils n'ont ainsi que quatre mois en l'année : ils nomment suëm, ce que nous appelons semaine, & ils en comptent autant que de lunaisons ; ils divisent les jours qu'ils nomment suec en trois parties ; murc, le jour commençant ; durc, le jour avancé ; & spurc, le jour finissant : ils ne font aucune division de la nuit, parce qu'ils la passent dans un profond sommeil, qu'ils se procurent par le moyen des fruits qu'ils mangent avant que de s'endormir; car ces fruits les assoupissent tellement, que rien n'est capable de les réveiller tant que leurs sens sont engourdis par la vertu de ces fruits.

Le murc commence à cinq heures du matin, & dure jusqu'à dix heures : le durc suit qui dure jusqu'à trois heures du soir, après lequel est le spurc qui finit à huit heures. La première partie du jour est pour le Hab & les sciences : la seconde pour le travail, & la troisième pour l'exercice public. Ils vont au Hab de cinq jours en cinq jours : l'ordre qu'ils observent est tel, que le premier quartier vient y passer le murc; le second quartier le durc, & le troisième le spurc. Le second jour, le quatrième quartier vient au murc, le cinquième au durc, & le sixième au spurc. Troisième jour, le septième, & puis le huitième & le neuvième, & ainsi des autres : de sorte que le sixième jour, le premier quartier recommence, non au murc ou au matin, mais au durc. On voit ainsi sans cesse dans ce Hab, quatre cents personnes, sans compter celles des Hebs qui suivent leurs quartiers. Ils passent donc le tiers du jour au Hab, sans prononcer une seule parole, éloignés d'un pas les uns des autres, & si attentifs à ce qu'ils pensent, que rien n'est capable de les distraire. J'ai appris qu'ils faisoient autrefois certains signes extérieurs, accompagnés de grimaces & de contorsions, mais qu'on les avoit entièrement bannis, comme indignes d'un homme raisonnable. Les jours qu'ils ne vont pas au Hab, il sont obligés de se trouver au Heb, pour traiter des sciences, ce qu'ils font avec un ordre & une méthode merveilleusement claire & bien suivie. Ils proposent les uns après les autres leurs difficultés, qu'ils appuient de puissantes raisons : ils répondent ensuite à toutes celles qu'on leur oppose. La dispute étant finie, si on a proposé quelque chose d'importance, on l'écrit dans le livre public, & un chacun le remarque en particulier avec un grand soin ; s'il arrive que quelqu'un ait connu quelque chose qui lui déplaise, ou qu'il juge nécessaire à l'avantage de la patrie, il le propose aux frères, & on conclud ce que l'on juge de plus raisonnable, sans avoir égard à autre chose qu'au bien public.

Ils emploient l'autre tiers du jour à leurs jardins, qu'ils cultivent avec une adresse qui n'est point connue en Europe; ils savent donner une douceur si agréable à leurs fruits par de certaines liqueurs dont ils arrosent leurs arbres, qu'on ne peut rien manger de plus délicieux. Leurs parterres sont émaillés de mille sortes de fleurs, les unes plus belles que les autres, & qui semblent se disputer l'avantage de l'éclat de la variété des couleurs, & des charmes de l'odeur. Leurs allées y sont d'une longueur à perte de vue, & d'une propreté à laquelle on ne sauroit rien ajouter. Tout cela est entrecoupé de mille pièces d'eau toutes différentes, qui forment des bassins, des canaux, des cascades, & tout ce que l'art peut inventer pour le plaisir des sens; si bien que ces jardins sont réellement tels que nous nous en figurons quelquefois en idée, lorsque nous laissons agir notre imagination au gré de nos desirs.

Le dernier tiers du jour est destiné à trois sortes d'exercices fort divertissans. Le premier consiste à faire paroître ce qu'ils ont inventé de nouveau, ou à répéter ce qu'on a déjà fait voir auparavant; mais il ne se passe guère sans qu'on propose quelqu'invention nouvelle; & le nom de ceux qui en sont les auteurs, est écrit dans le livre des curiosités publiques, ce qu'ils estiment le plus grand honneur qu'on puisse recevoir parmi eux. En trente-deux ans que j'ai demeuré dans le pays, j'en ai remarqué plus de cinq mille qui passeroient pour autant de prodiges parmi nous.

Le second exercice consiste à manier deux sortes d'armes, dont les unes ont beaucoup de rapport à nos hallebardes, & les autres à nos tuyaux d'orgues, ils manient celles-là avec une grande agilité, mais non pas cependant avec toute la dextérité que j'ai remarquée en Europe: leurs hallebardes sont si grosses & si fortes, qu'elles peuvent percer facilement six hommes ensemble; ce sont des pièces de bois façonnées & trempées dans une eau de mer, mêlée de quelques autres drogues qui les endurcit, & les rend en même-tems plus légères.

L'autre sorte d'arme que j'ai comparée aux montres de nos orgues, est composée de dix ou douze tuyaux, qui ont certains ressorts au bout, lesquels étant lâchés poussent des balles avec tant d'impétuosité, qu'elles percent cinq & six hommes d'un coup; l'action de ce ressort est si rapide & si prompte, qu'il est impossible de s'en garantir, & que l'on est plutôt frappé qu'on n'a pensé à parer le coup.

Au reste, ils jettent leurs hallebardes de trente ou quarante pas, & de quinze coups ils n'en manqueront pas deux à frapper au blanc.

Mais leur force est encore plus prodigieuse que leur adresse, car ils portent, sans aucun effort, six & sept quintaux, & arrachent avec facilité des arbres que nous ne pourrions pas même remuer; je me souviens d'en avoir vu un qui ayant percé de sa hallebarde quatre demi-hommes, comme ils nous appellent, les portoit sur l'une de ses épaules suspendus à la même hallebarde, deux devant & deux derrière.

Le troisième exercice consiste à jeter, avec la main, certaines balles de trois ou quatre grosseurs différentes; ils jettent les unes en l'air, les autres contre des buts, & quelquefois ils se les jettent l'un à l'autre ; celles qu'ils jettent en l'air doivent se choquer en un certain point marqué, pour être bien jetées ; & pour celles qu'ils jettent contre un but, elles doivent passer par un trou qui est au but, ce qu'ils font souvent dix & douze fois de suite.

Ce qui est plus remarquable dans ces exercices, c'est qu'ils les font d'un air gai, bien que grave & majestueux, sans aucun désordre ni aucune altération.

Les balles qu'ils se jettent l'un à l'autre sont semblables à celles de nos jeux de paume, si ce n'est qu'elles sont plus douces & moins dangereuses : l'adresse de celui qui les jette consiste à frapper celui contre lequel il joue, & celui-ci, de son côté, met toute son adresse à éviter le coup qu'on lui porte ; le plaisir de les voir est si grand, qu'il n'est rien qu'on ne quitte pour avoir ce divertissement. Tantôt ils sautent en cabriolant, pour donner lieu à la balle de passer : tantôt ils se contournent & se courbent de tant de façons, qu'il n'est danseur de corde ou voltigeur parmi nous, qui approche de leur agilité ; quand celui qui jette les balles en lance trois ou quatre de suite coup sur coup, c'est une chose admirable à voir que le manège de celui qui les reçoit, lequel se courbe à l'une, se plie pour l'autre, reçoit & rejette la troisième & la quatrième de ses mains, & quelquefois de ses pieds; ce qui se fait presqu'au même instant; car comme les balles sont toujours jetées parfaitement droit, c'est une nécessité ou que tous les coups portent, ou que celui qui est le but ait une adresse extraordinaire pour les éviter & les détourner. J'ai été estimé assez adroit en Portugal; mais je paroissois fort pesant parmi les Australiens, & si ce n'eût été que je m'excusois sur le grand nombre de plaies que j'avois reçues, j'aurois fait passer ma nation pour tout-à-fait lourde & grossière.

CHAPITRE IX.

De la langue australienne & des études des Australiens.

Les Australiens se servent de trois façons d'expliquer leurs pensées comme en Europe; à savoir, des signes, de la voix & de l'écriture. Les signes leur sont familiers, & j'ai remarqué qu'ils passent plusieurs heures ensemble sans se parler autrement.

Ils ne parlent que lorsqu'il est nécessaire de lier un discours & de faire une longue suite de propositions. Tous leurs mots sont monosyllabes, & leurs conjugaisons sont toutes semblables, par exemple, *af* signifie aimer, & voici comme ils le conjuguent au présent : *la, pa, ma,* j'aime, tu aimes, il aime. *lla, ppa, mma,* nous aimons, vous aimez, ils aiment. Ils n'ont qu'un prétérit que nous appelons parfait : *lga, pga, mga,* j'ai aimé, tu as aimé, &c. *llga, ppga, mmga,* nous avons aimé, vous avez aimé, &c. Le futur c'est *lda, pda, mda,* j'aimerai, tu aimeras, &c. *llda, ppda, mmda,* nous aimerons, vous aimerez, &c. Travailler, en langue Australienne c'est *uf*; ils le conjuguent ainsi : *lu, pu mu,* je travaille ; tu travailles, il travaille : *lgu, pgu, mgu,* nous travaillons, vous travaillez, ils travaillent ; & ainsi des autres tems.

Ils n'ont aucune déclinaison, ni même aucun article & très-peu de noms. Ils expriment les choses simples par une seule voyelle : & celles qui sont composées, par les voyelles qui signifient les principaux d'entre les corps simples dont elles sont composées. Ils ne reconnoissent que cinq corps simples, dont le premier & le plus noble est le feu qu'ils appelent d'une seule lettre *A*, le second est l'air qu'ils appellent *E*, le troisième est le sel qu'ils nomment *O*, le quatrième l'eau nommée *I*, & le cinquième la terre appelée *V*.

Tous leurs adjectifs & leurs épithètes se marquent par une seule consonne dont ils ont un bien plus grand nombre que les Européens. Chaque consonne tonsonne signifie une qualité qui convient aux choses signifiées par les voyelles; ainsi B, veut dire clair: C, chaud: D, désagréable: F, sec; & suivant ces explications, ils forment si parfaitement leurs noms, qu'en les entendant on conçoit aussitôt la nature de la chose qu'ils nomment. Ils appellent par exemple, les étoiles *Aeb*, mot qui fait entendre tout d'un coup les deux corps simples dont elles sont composées, & qu'elles sont avec cela lumineuses. Ils appellent le soleil *Aab*, les oiseaux *Oef*: ce qui marque tout à la fois qu'ils sont d'une matière sèche, piquante & aérienne. Ils nomment l'homme *Vez*: ce qui signifie une substance partie aérienne, partie terrestre, accompagnée d'humidité; & ainsi des autres choses. L'avantage de cette façon de parler est qu'on devient philosophe en apprenant les premiers mots qu'on prononce, & qu'on ne peut nommer aucune chose en ce pays, qu'on n'explique sa nature en même tems; ce qui passeroit pour miraculeux, si on ne savoit pas le secret de leur alphabet & de la composition de leurs mots.

Si leur façon de parler est si admirable, celle d'écrire l'est encore davantage. Ils n'ont que des points pour expliquer leurs voyelles, & ces points ne se distinguent que par leur situation; ils ont

Z

cinq places : la supérieure signifie l'*A* : la suivante l'*E*, &c. par exemple :

A.

E.

I.

O.

U.

Et bien qu'il nous semble que la distinction en soit assez difficile, l'habitude qu'ils en ont, la leur rend très-aisée. Ils ont trente-six consonnes, dont vingt-quatre sont très-remarquables ; ce sont de petits traits qui environnent les points & qui signifient par la place qu'ils occupent ; par exemple *E B*! air clair, *O C* — eau chaude, *I X* — eau froide, *U L* ; terre humide, *A F*! feu sec, *E S*! air blanc, & ainsi des autres. Ils en ont encore dix-huit ou dix-neuf ; mais nous n'avons aucune consonne en Europe qui les puisse expliquer.

Plus on considérera cette façon d'écrire, plus on y trouvera de secrets à admirer. Le *B.* signifie clair, le *C.* chaud, l'*X.* froid, *L.* humide, *F.* sec, *S.* blanc, *N.* noir, *T.* vert, *D.* désagréable, *P.* doux, *Q.* plaisant, *R.* amer, *M.* souhaitable, *G.* mauvais, *Z.* haut, *H.* bas, *J.* rouge, *A.* joint avec *I*, paisible. Aussitôt qu'ils prononcent un mot, ils connoissent la nature de la chose qu'il signifie; comme quand ils écrivent ce mot *Ipin*, on entend aussitôt une pomme douce & desirable, *Izd*, un fruit mauvais & desagréable : & ainsi du reste.

Quand on enseigne un enfant, on lui explique la signification de tous les élemens & la nature de toutes les choses qu'il profère : ce qui est un avantage merveilleux, tant pour les particuliers que pour le public; puisqu'aussitôt qu'ils savent lire, c'est-à-dire, communément à trois ans, ils comprennent en même-tems tout ce qui convient à tous les êtres. Ils savent lire parfaitement à l'âge de dix ans, & ils connoissent tous les secrets de leurs lettres à quatorze. Ils savent toutes les difficultés de la philosophie à vingt : & depuis vingt jusqu'à vingt-cinq, ils s'appliquent à la contemplation des astres, & ils divisent cette étude en trois parties ; la première est de la révolution des astres qui comprend leurs années : la seconde de leur distinction, & la troisieme de leurs qualités : avec des raisonnemens qui sont tout autres que ceux que l'on fait en Europe sur cette matière. Mais comme ce sujet est purement philosophique, ce n'est pas ici le lieu d'en parler plus en détail.

Ils s'occupent depuis ving-cinq jusqu'à vingt-huit ans de la connoissance de leur histoire; & ce n'est qu'en ce seul point qu'ils font paroître une foiblesse d'esprit semblable à celle des autres peuples, tant pour l'antiquité jusqu'à laquelle ils font remonter leur origine, que pour les choses fabuleuses qu'ils racontent des premiers hommes dont ils disent être descendus. Ils comptent plus de douze mille révolutions de solstices depuis le commencement de leur république. Ils débitent qu'ils tirent leur origine du Haab, ou d'une divinité qui d'un seul souffle produisit trois hommes desquels tous les autres sont venus. Ils ont de vieilles écorces qui contiennent huit mille révolutions de leur histoire, & elle y est écrite en forme d'annales. Le reste est compris dans quarante-huit volumes d'une grosseur prodigieuse; mais tout ce qui y est rapporté à plus l'air de prodiges que d'évènemens historiques, & est plutôt merveilleux que croyable; car si tout ce qu'ils racontent étoit vrai, les étoiles se seroient multipliées des deux tiers; le soleil seroit grossi de la moitié, & la lune fort diminuée; la mer auroit changé de place, & il seroit arrivé mille autres choses pareilles qui sont hors de toute apparence.

Pour ce qui est de nous, ils ne nous font commencer que cinq mille révolutions après eux, & l'origine qu'ils nous donnent est tout-à-fait ridicule; car ils disent qu'un serpent d'une grosseur démesurée, & amphibie, qu'ils nomment *Ams*, s'étant jeté sur une femme pendant son sommeil,

& en ayant joui, sans lui faire aucun autre mal, cette femme se réveilla sur la fin de l'action, de laquelle elle eut tant d'horreur qu'elle se précipita dans la mer; le serpent se jeta aussitôt dans l'eau après elle, & la soutenant toujours, la porta jusqu'à une isle voisine, où touchée de l'amitié de cet animal, & se repentant de son propre désespoir, elle résolut de se conserver la vie, & chercha, dans ce lieu desert, tout ce qui pouvoit lui servir d'alimens & de nourriture; le serpent de son côté lui apportoit tout ce qu'il trouvoit. Enfin cette femme accoucha de deux enfans, l'un mâle & l'autre femelle; le serpent redoubla alors ses soins, ne cessant d'aller & de venir pour trouver de quoi nourrir la mère & les enfans: quand les fruits ordinaires lui manquoient, il prenoit des poissons, & quelquefois de petits animaux qu'il leur apportoit; à mesure que ces deux enfans croissoient, ils faisoient paroître les plus grands signes de malice, & les plus grandes marques de brutalité, ce qui causa tant de tristesse & de chagrin à la mère qu'elle en devint inconsolable. Le serpent s'apperçut de ses ennuis, & pensant qu'elle regrettoit son pays, après avoir fait son possible pour la consoler, sans rien avancer, il lui fit plusieurs signes pour lui faire entendre que si elle vouloit retourner avec les siens, il l'assisteroit en son retour, comme il l'avoit aidée à sa venue. Cette femme se jeta dans l'eau, plutôt à dessein d'éprouver la volonté du serpent, que pour aucune autre considération : au même instant, le serpent se mit à la nage, se plaça sous son estomac, & la porta en peu d'heures en son pays ; après quoi il repassa pour joindre ses deux petits, qui étant devenus grands, s'accouplèrent, & multiplièrent beaucoup, ne vivant que de chasse & de pêche, comme des bêtes carnacières : l'Isle étant devenue, par la suite, trop peuplée, ils trouvèrent le moyen de passer en d'autres pays, & de les remplir de leurs productions, avec tous les désordres que nous expérimentons. Voilà l'origine que les Australiens nous donnent ; mais revenons à eux.

Lorsqu'ils sont parvenus à l'âge de trente ans, ils ont la permission de raisonner sur toutes sortes de matières, excepté sur celle du Haab, c'est-à-dire, de la divinité. Quand ils ont environ trente-cinq ans, ils peuvent être lieutenans dans les hebs, & faire un corps de famille avec les autres freres, dans un appartement séparé ; après vingt-cinq autres années ils peuvent retourner au heb, pour y servir à l'instruction de la jeunesse ; mais ils observent ordinairement en cela le rang de l'ancienneté, si ce n'est que quelque vieillard cede volontiers sa place à un autre.

CHAPITRE X.

Des animaux de la Terre-Auſtrale.

IL n'y a perſonne pour peu qu'il ſoit verſé en la connoiſſance des pays, qui ne ſache que les animaux y ſont auſſi différens que les terres qui les portent. L'Angleterre n'a point de loups; & les ſerpens ne ſauroient vivre ſur la terre de l'Irlande, quelque part même qu'elle ſoit tranſportée.

Le bois des forêts de ce même pays ne ſouffre ni vers, ni araignées: les iſles Orcades n'ont point de mouches; la Candie ne porte aucun animal venimeux; le venin même tranſporté aux iſles de la Trinité perd ſa malignité, & ceſſe d'être mortel.

C'eſt une choſe aſſurée que les gros animaux ne ſont pas toujours les plus incommodes; les menues vermines que les Auſtraliens ne peuvent concevoir, & qui n'ont rien de rare que la vie, font tant de déſordre en pluſieurs endroits de l'Europe, qu'elles cauſent ſouvent la ſtérilité, la peſte & d'autres maux auſſi conſidérables; c'eſt pourquoi je dois mettre au nombre des plus grands biens des Auſtraliens, l'avantage qu'ils ont d'être abſolument exempts de toutes ſortes d'inſectes.

Ziv

Il ne se trouve chez eux aucune bête venimeuse en quelqu'endroit que ce soit; aussi se couchent-ils très-souvent sur la terre nue, non-seulement sans éprouver aucune incommodité, mais même avec plaisir. C'est de-là aussi en partie qu'ils ont un si grand nombre de fruits également délicieux & beaux.

Ils ont gardé assez long-tems trois sortes d'animaux à quatre pieds, & ils en gardent encore en certains endroits; je pourrois comparer les moindres à nos singes, excepté que leur face n'est pas velue; leurs yeux sont à fleur de tête; leurs oreilles sont assez longues; ils ont la bouche & le nez de forme humaine, les pattes plus longues, avec cinq doigts, dont ils tiennent & portent tout ce qu'ils veulent avec autant de facilité que des hommes; ils sont fort actifs, & ils font quantité de tours qui demandent autant d'adresse que d'agilité. L'amitié qu'ils ont pour l'homme, est telle qu'ils meurent de faim & d'ennui quand ils sont obligés d'en être éloignés. Lorsqu'ils sont en la présence de quelqu'un, ils ne cessent de lui donner quelque divertissement par leurs tours: on les a bannis de plusieurs sezains, parce qu'ils étoient trop importuns, particulièrement dans le Hab; comme on ne pouvoit les empêcher d'y aller qu'on ne les retînt enfermés, & qu'on ne les trouvât mourans au retour, aussi on ne pouvoit les y laisser venir sans s'exposer à une distraction continuelle, & à la profanation d'un lieu si vénérable.

Les animaux de la seconde sorte ont quelque conformité avec nos porcs; mais leur poil est doux comme de la soie, & leurs museaux sont de la moitié plus longs: on les nomme hums, ils ont l'instinct de fouir & renverser la terre en lignes droites avec autant & même plus d'adresse que nos meilleurs laboureurs; ils n'ont besoin d'aucun conducteur pour commencer, continuer & finir leurs raies; on les a cependant détruits dans la plupart des sezains, à cause des ordures qu'ils y amènent, & parce qu'ils ne sont utiles que sept ou huit jours de l'année; il faut les tenir enfermés le reste du tems, ou souffrir des dégats & des incommodités très-fâcheuses.

La troisième sorte d'animaux a du rapport à nos dromadaires, si ce n'est que leur tête approche plus de celles des chevaux; l'échine de leur dos est enfoncée par-tout, & les côtes qui s'élèvent par-dessus font une espèce de cœur, dont la pointe est en bas, & deux hommes couchés peuvent tenir facilement dans le creux de dessus: on les nomme suefs, ils portent sans peine huit hommes de ce pays, qui pèsent au moins douze Européens, & on s'en sert de même pour transporter les fardeaux les plus pesans & les autres choses nécessaires dans le commerce de la vie.

Outre ces animaux, on y trouve quatre sortes d'oiseaux qui méritent nos réflexions : les premiers se nomment effs; ils voltigent comme les poules privées, & ils sont de leur grosseur; leur couleur est d'un incarnat charmant; cependant on commence à les bannir des sezains, parce qu'ils causent beaucoup de désordre dans les parterres & les jardins.

Les seconds & les troisièmes sont semblables à nos tarins & à nos mésanges, mais ils sont un peu plus gros, & si privés, qu'il les faut souvent chasser de dessus les personnes, & leur voix est si douce, qu'on la préfère aux plus beaux concerts de musique. Ils voltigent avec les frères & les suivent par-tout; ils entrent même dans le Hab, où ils charment l'esprit par leur gasouillement qu'ils appellent pacd, c'est-à-dire, divertissement de béatitude. Ils ne mangent jamais qu'avec les frères, & ils ne prennent aucun repos qu'ils ne soient sur eux. Ils ont cette propriété de sentir de fort loin les oiseaux carnaciers, & de piquer les frères pour les avertir; en un mot, c'est une des plus agréables & des plus utiles récréations de ce peuple.

Les quatrièmes oiseaux sont de la grosseur de nos bœufs, ils ont une longue tête qui finit en pointe, & un bec d'un grand pied, lequel est plus affilé que l'acier éguisé. Ils ont de vrais yeux de bœuf qui sortent de leur tête, deux grandes oreilles,

des plumes rousses & blanches, un cou un peu
délié, mais fort large, un corps long de douze
pieds & large de quatre, avec une queue de grandes
plumes & recourbée, un estomac sous leurs plumes
à l'épreuve des coups & dur comme fer, des pattes
plus menues que grosses, finissant en cinq effroyables
serres, capables d'enlever facilement un poids de
trois cents livres. Ces horribles bêtes se nomment
urqs & elles ne vivent que de proie. Elles font, en
certain tems, une guerre si cruelle aux Australiens,
qu'elles en enlèvent quelquefois quatre ou cinq
cents en un jour. Aussitôt qu'elles ont goûté de la
chair humaine, l'avidité qu'elles ont d'en avoir
s'augmente, & il n'est ni stratagême ni invention
dont elles ne se servent pour en attraper : tantôt
elles sont en embuscade, tantôt elles fondent de
la moyenne région de l'air, douze & quinze ensemble, & se jetant au milieu d'une troupe d'Australiens, elles ne manquent guères à enlever chacune
le leur.

Comme ces animaux sont les plus grands ennemis qu'aient les Australiens; ils ont fait & font
encore tous les jours des choses inconcevables pour
les exterminer, jusqu'à détruire des isles entières
de trente & trente-cinq lieues de circuit, & raser
des montagnes d'une lieue de hauteur pour les
chasser; mais quoi qu'ils aient fait & quoi qu'ils
fassent, je ne vois aucune apparence qu'ils puissent

s'en délivrer : car les isles sont en si grande quantité en ce pays, & elles y sont pleines de rochers si élevés, qu'il est impossible d'en venir à bout; mais nous parlerons plus amplement de ces oiseaux dans le chapitre suivant.

Je ne puis m'empêcher de dire ici, que bien loin que les Australiens mangent de la chair, ils ne sauroient seulement concevoir comment un homme en peut manger; les raisons qu'ils allèguent de cela, sont, premièrement, que cette sorte de nourriture ne peut compatir avec l'humanité qui doit être naturellement très-éloignée de la cruauté. Secondement, que la viande des animaux ayant beaucoup de rapport avec celle des hommes, celui qui peut bien manger de la chair de ceux-là, mangera sans difficulté de la chair de ceux-ci. Troisièmement, que la digestion en est trop dangereuse. Quatrièmement, que la chair d'une brute est tellement modifiée à cette brute, qu'on ne peut s'en nourrir sans lui devenir semblable à proportion qu'on en mange. Cinquièmement, qu'une bête est quelque chose de si bas, qu'il vaudroit mieux qu'un homme ne fût point du tout, que de communiquer de la sorte avec elle.

Au reste, les Australiens ne détestent pas moins les poissons que les animaux terrestres. On en voit fort peu chez eux, parce que les oiseaux de proie dont je viens de parler, s'en nourrissent & leur sont une guerre perpétuelle. Pour moi, je n'y en ai jamais vu d'autres que certaines sortes d'anguilles de trois & de quatre aunes de long, & certains petits pattus qui ressemblent assez à nos porc-épics, d'un noir luisant comme ébène.

CHAPITRE XI.

Des raretés utiles à l'Europe, qui se trouvent dans la Terre-Australe.

Ceux-là se trompent étrangement, qui s'imaginent que l'Europe n'a nul besoin de ses voisins. Les nouvelles commodités que le commerce avec l'Asie & avec l'Amérique nous a apportées depuis cent ans, en sont une preuve bien certaine, & on ne peut pas douter que si elle pouvoit communiquer avec les Australiens, elle n'en retirât des avantages tout autrement considérables. Je ne veux seulement parler ici que de quatre des principaux avantages qu'elle en recevroit infailliblement.

Entre les animaux dont j'ai parlé, les hums rendroient des services inestimables, puisqu'ils exempteroient les hommes des peines extraordinaires qu'il faut avoir pour labourer la terre; mais les suefs seroient encore d'une bien plus grande utilité; ce sont des bêtes plus douces que les bœufs les plus traitables, & elles sont d'un entretien si facile, que deux livres d'herbes les nourrissent plus de trois jours. Elles peuvent même demeurer un jour sans manger; & dans les voyages les plus difficiles, elles font dix-huit & vingt lieues tout d'une traite, sans qu'il soit besoin de s'arrêter pour les repaître.

Il est aisé de comprendre l'utilité que les marchands retireroient de ces animaux; ils ne feroient pas la dixième partie de la dépense qu'il sont obligés de faire pour le transport de leurs marchandises: deux de ces animaux portent la charge d'un grand charriot tiré à six chevaux. Les Australiens qui n'ont besoin d'aucun trafic, sont excusables d'en faire si peu de cas; mais les Européens trouveroient leur compte à en faire venir, même à quelque prix que ce fût.

Mais rien de tout cela n'approche de l'utilité que les Européens pourroient tirer des oiseaux carnaciers dont j'ai parlé : car ces animaux qui sont fort cruels étant sauvages, peuvent s'apprivoiser comme nos animaux domestiques. Lorsque j'arrivai dans la Terre-Australe, on en conservoit encore dans le sezain qui portoient un homme avec plus de facilité qu'un cheval d'Espagne; on les monte au défaut de leurs ailes, & les plumes de leur dos servent d'un coussin fort commode. Il ne faut simplement que leur attacher une ficelle au bec, pour les conduire où & comme l'on veut; on fait ainsi quarante & cinquante lieues tout d'une traite, & après s'être reposé environ deux heures pour les faire repaître, on en fait encore autant, de sorte qu'on peut faire en un jour cent lieues sans aucune incommodité, sans crainte & sans danger, sans se mettre en peine ni des ruisseaux, ni des rivières, ni des bois, ni des montagnes, ni d'aucune mauvaise rencontre. Deux raisons qui n'ont aucun lieu en Europe, ont obligé les Australiens à s'en défaire; la première, c'est qu'ils sont d'une ardeur extrême pour la conjonction charnelle: ce qui étoit cause qu'un mâle portoit quelquefois celui qui le montoit dans une isle où il sentoit quelque femelle, & l'Australien y étoit dévoré par les oiseaux sauvages. La seconde est qu'ils se persuadèrent que ces oiseaux privés attiroient sur leur terre les autres qui leur causoient de si grands désordres. Ces considérations n'auroient point lieu à l'égard des pays septentrionaux, où l'on ne transporteroit que ceux de ces oiseaux qui seroient apprivoisés, & où il n'y en auroit point de sauvages. Voilà ce que j'ai remarqué de plus considérable touchant les animaux de la Terre-Australe; quant aux fruits qu'elle porte, ils surpassent tout ce qu'on peut imaginer de beau & de délicieux; mais outre leur beauté & leur délicatesse, le fruit du repos a des propriétés vraiment miraculeuses; le sommeil qu'il procure pour autant de tems qu'on veut, & toutes les plaies que son jus guérit en très-peu de tems, me portent à croire qu'il n'y a aucun mal en Europe contre lequel il ne pût être un remède souverain. J'ai su que ce fut par son moyen qu'on guérit toutes mes blessures à mon arrivée, & ayant reçu ensuite en plusieurs combats quantité de coups, dont les uns m'avoient fait de grandes plaies, & les autres m'avoient fracassé les os, j'ai toujours été parfaitement rétabli en trois jours. On tireroit de ce fruit salutaire plus de secours que de cette multitude de drogues & de remèdes qui coûtent si cher en Europe, & qui tuent la plupart des malades à qui on les donne.

J'étois sujet à plusieurs foiblesses pendant mon séjour dans le Portugal, & les effroyables secousses que j'avois souffertes sur la mer m'avoient beaucoup affoibli; cependant étant arrivé en ce pays, & y vivant des fruits qui servent de nourriture, je dois dire que je n'ai pas senti la moindre foiblesse, ni la plus légère infirmité, & bien que l'éloignement de mon pays, joint à des coutumes toutes extraordinaires que j'étois obligé de pratiquer, me donnassent plusieurs ennuis, aussitôt que je mangeois un fruit de repos, mes ressentimens s'adoucissoient, mon cœur revenoit, & je me sentois dans une situation de corps & d'esprit, qui me rendoit si content, que je ne pouvois desirer quoi
que

que ce fût. De quel prix ne seroient pas de tels fruits en Europe, où la tristesse tue la plupart des hommes, & où les chagrins causent des langueurs qui sont pires que la mort?

Mais que peut-on s'imaginer de plus souhaitable que de vivre splendidement & très-délicatement sans faire aucune dépense? Il ne faudroit pour cela qu'avoir trois ou quatre de ces fruits, plus délicats & plus appétissans que nos viandes les plus succulentes & les mieux assaisonnées, & boire d'une espèce de nectar naturel qui coule par ruisseau en ce pays, chacun peut se rassasier des fruits & boire de cette eau sans être obligé ni de labourer la terre, ni de cultiver des arbres.

J'ai admiré cent fois comme la nature donne en se jouant, & même avec profusion en ce pays, les choses dont elle est si avare chez nous. Mais je ne saurois passer sous silence l'abondance de cristal qui s'y rencontre, & que les Australiens savent tailler & poser l'un sur l'autre avec tant de propreté & d'adresse, qu'on a de la peine à en trouver les jointures. Ce cristal est si transparent, qu'on n'en pourroit pas distinguer les pores, si les riches figures de diverses couleurs que la nature y forme, ne les faisoient connoître.

Mais ce qui passe à mon sens, tout ce qu'on peut voir de plus prodigieux au monde, c'est un Hab qui se voit dans le sezain de Huf, lequel est

A a

d'une seule pièce de cristal, ce qui ne s'est pu faire qu'à force de piquer & de tailler dans un gros rocher tout de cette matière : ce merveilleux Hab surpasse les ordinaires en hauteur & en largeur, car il est haut de deux cents pieds & large de cent cinquante. Les figures dont le cristal est entremêlé, sont plus grandes que les autres, & on voit bien qu'elles sont de toute leur longueur sans aucune pièce rapportée. On m'a assuré qu'on avoit déjà délibéré plusieurs fois s'il ne valoit pas mieux le détruire que de le conserver, parce qu'il tente la curiosité de ceux qui en sont éloignés, & qu'il cause de la distraction à ceux qui s'y assemblent; cependant il subsiste encore, & j'ai peine à croire qu'on puisse se résoudre à détruire une pièce si riche & si rare.

2. Tout ce que je trouve de plus difficile en cela, à l'égard des Européens, c'est de pouvoir communiquer, & d'avoir commerce avec ces peuples, & après y avoir bien fait réflexion, j'y vois des difficultés insurmontables, car comme ils ne souhaitent rien, & qu'ils n'ont besoin de rien, il n'y a pas d'apparence qu'on les puisse attirer par l'amorce du gain, de la récompense ou du plaisir, ni vaincre l'étrange aversion qu'ils ont pour nous, & qui est telle qu'ils ne peuvent entendre parler de nous sans témoigner l'envie qu'ils ont de nous détruire. D'ailleurs, tout ce que nous portons aux

terres nouvellement découvertes, & ce qui nous a procuré quelqu'accès auprès de leurs habitans, passe dans l'esprit des Australiens pour des bagatelles & des jouets d'enfant; ils regardent toutes nos étoffes comme nous considérons les toiles d'araignées; ils ne savent ce que signifient les mots d'or & d'argent; en un mot, tout ce que nous croyons précieux passe chez eux pour ridicule. Il ne nous resteroit plus que la voie des armes pour nous faire une entrée chez eux par la force ouverte; mais ils ont en cela un avantage sur nous, qui rendroit tous nos efforts inutiles; car la mer est si peu profonde en ces pays, qu'elle ne peut porter un bateau à deux ou trois lieues de leurs bords, si ce n'est par quelques détours particuliers, où il y a des veines d'eau qu'on ne peut connoître sans une longue expérience. Outre cela, ils ont des gardes si exacts sur les rivages, qu'il est impossible de les surprendre, ni même de les attaquer avec espérance de succès, comme on verra dans la suite.

CHAPITRE XII.

Des guerres ordinaires des Australiens.

C'est un ordre constant en ce monde qu'on ne peut avoir de bien sans peine, ni le conserver sans difficulté ; ainsi on ne doit pas être surpris que les Australiens soient obligés quelquefois de soutenir de grandes guerres, pour défendre un pays dont leurs voisins connoissant les avantages, font tous leurs efforts pour y pénétrer. Les plus redoutables de ces voisins sont les Fondins, peuple fier & belliqueux, qui est toujours prêt à faire irruption du côté qu'on l'attend le moins : ce qui oblige les Australiens à avoir plusieurs milliers d'hommes continuellement en garde sur les montagnes & sur les rivages de la mer, où ils ont jusqu'à vingt mille hommes en soixante lieues de pays.

Le premier des gardes qui s'apperçoit des approches de l'ennemi fait aussitôt le signal dont on est convenu. Ce signal consiste à jeter une espèce de fusée volante qui s'élève fort haut, & dont le bruit s'entend de deux lieues : aussitôt les autres qui sont à droite & à gauche font le même signal, & toute la côte en vingt-quatre heures est avertie: la moitié des gardes court vers le lieu de l'alarme avec une telle promptitude qu'en moins de six heures il s'y trouve jusqu'à trente & quarante mille hommes ; quand on connoît qu'on est assez de monde pour repousser l'ennemi, on ôte le premier signal, & en même-tems tous les autres cessent, & il ne vient plus de renfort.

Mais ce qui me paroît le plus admirable, c'est de voir que, sans avoir de chefs qui les mènent, sans s'avertir ni se parler de quoi que ce soit, ils savent se poster avec tant d'ordre & de discipline, qu'on diroit que ce sont autant d'admirables capitaines, qui n'ont tous qu'un même dessein, & un même moyen pour l'éxécuter.

J'ai assisté à deux irruptions que les Fondins firent dans le pays. La première fut environ dix-sept ans après mon arrivée, & l'autre s'y fit l'année passée. Les Fondins s'étoient amassés au nombre d'environ cent mille pour essayer de passer par un endroit moins bien gardé que les autres. Il y en avoit déjà trente mille qui défiloient à la faveur de la nuit, & si quelques étourdis n'avoient inconsidérément fait du bruit, ils seroient tous entrés dans le pays avant qu'on s'en fût apperçu. Mais cet éclat les ayant fait découvrir, les Australiens qui virent le danger extrême où ils étoient, doublèrent les signaux, auquel cas tous les sezains doivent prendre les armes, & courir au secours.

Cependant les Fondins qui entroient en foule ne trouvèrent que trois cents Australiens qui faisoient ferme, mais avec tant de vigueur qu'ils arrêtèrent assez long-tems une partie des ennemis; mais comme ceux qui étoient déjà dans le pays les environnoient de toutes parts, ils furent taillés en pièces; néanmoins comme ils vendirent leur vie très-chèrement, & qu'ils combattirent plus de deux heures, les deux sezains eurent le tems de s'approcher; de sorte que pendant que ceux-ci succomboient, un autre gros se forma d'environ quinze cents hommes, les Fondins ayant passé sur le ventre aux premiers se jetèrent au nombre de plus de soixante mille dans le pays, criant *ham*, *ham*; c'est-à-dire, victoire, victoire: cependant les quinze cents tenoient ferme comme un rocher, faisant front de toutes parts, mais les Fondins les environnèrent enfin, & en firent une épouvantable boucherie.

Cependant le jour commença, & une partie des Fondins s'étant opiniâtrée au combat contre les quinze cents Australiens, alluma de grands feux autour d'eux pour les brûler, ou du moins pour les empêcher de fuir; mais le reste des Australiens qui accouroient de toutes parts, forma enfin un gros de vingt-cinq mille hommes, avec lesquels j'étois, & s'étant partagé en trois corps, le plus petit qui étoit de cinq à six mille, tâcha de gagner le passage par où les Fondins étoient entrés: les Fondins qui avoient appréhendé ce dessein, y avoient laissé vingt mille hommes pour le garder, & ces vingt mille hommes donnèrent avec tant de furie sur les Australiens pendant cinq heures entières, qu'ils les auroient tous défaits, sans un renfort de trois mille qui survint, & soutint le combat cinq autres heures, avec un carnage horrible de part & d'autre. Cependant les deux autres corps combattoient avec la même vigueur contre le reste des Fondins, & la boucherie fut si grande en cet endroit, que le champ de bataille étoit plein d'une espèce de mortier composé de terre & de sang, où on enfonçoit jusqu'aux genoux; les Fondins néanmoins commençoient à se lasser, lorsqu'un autre secours de vingt mille Australiens arriva, qui ayant percé les Fondins sans beaucoup de résistance, se joignirent à nous : comme nous nous trouvions de beaucoup supérieurs à nos ennemis, nous détachâmes dix mille hommes pour aller secourir les frères du passage, dont il y en avoit déjà eu beaucoup d'assommés par les Fondins, qui jetoient sur eux de grosses pierres du haut des montagnes où ils étoient en embuscade. De notre côté, nous qui avions des troupes toutes fraîches, nous recommençâmes comme un nouveau combat contre des gens presque abattus de fatigue; ils plièrent aussitôt, & se disposèrent à prendre la fuite; mais comme ils trouvèrent les chemins fermés, & qu'ils virent leur perte inévitable, ils retournèrent contre nous qui les poursuivions en queue, & combattant en désespérés ils s'ouvrirent un passage au travers de nos soldats, qui étoient las de les tuer.

S'étant ainsi fait jour à travers de nous, ils se mirent à fuir en désordre à travers le pays, dispersés d'un côté & d'autre dans les campagnes le combat dura jusqu'au milieu de la nuit suivante; & comme les Auſtraliens qui ne ceſſoient d'accourir de toutes parts rencontroient par-tout les Fondins qui fuyoient, ils n'en laiſsèrent échapper aucun: on courut en même-tems au paſſage où les Fondins ſe défendoient encore avec beaucoup de vigueur; mais voyant venir ce grand ſecours, ils prirent auſſitôt la fuite. Le combat étant fini, les Auſtraliens qui avoient combattu ſe rafraîchirent, & ſe repoſèrent; & les autres prirent ſoin de rendre les derniers devoirs aux frères qui étoient morts dans cette défaite. On trouva plus de dix-neuf mille Auſtraliens tués ſur la place; & il y en eût environ douze mille de bleſſés, du nombre deſquels je dois me mettre, puiſque j'y eus un bras caſſé, & une cuiſſe percée. Un chacun reconnut ſes morts, & eut ſoin de les tranſporter dans leurs départemens. On donna auſſi les ordres néceſſaires pour faire porter tous les corps des Fondins à l'endroit où ils avoient fait leur irruption, & on en compta plus de quatre-vingt-dix mille, qu'on mit les uns ſur les autres.

Voilà quel fut le premier combat des Auſtraliens contre les Fondins, où je me trouvai, & que je décris comme témoin oculaire; je n'y remarquai aucune règle de notre côté, ſi ce n'eſt de tenir ferme & de ſe laiſſer plutôt tuer qu'enfoncer. Au reſte, ils ont tous dans le combat une espèce de petite cuirasse légère, mince comme notre papier, mais si dure qu'à moins de porter des coups avec des efforts extraordinaires, on ne sauroit la percer. Pour ce qui est de leur nourriture, elle se tire, pour chacun en particulier, de l'appartement d'où il est : les frères la portent en leur Hab le matin, & les frères du Hab voisin la transportent dans le leur : & ainsi des autres jusqu'à l'endroit où sont ceux auxquels les fruits sont destinés.

Le second combat des Australiens où je me trouvai, arriva seize ans après celui-là : & voici quelle en fut la cause. Les Fondins s'étoient emparés d'une isle fort considérable à dix lieues du sezain de *Pief*; elle avoit dix-huit lieues de longueur & quatorze de largeur : & comme la terre en étoit très-bonne, ils s'y étoient fortifiés & beaucoup multipliés. La douceur de l'air, jointe à l'abondance, y attiroit tous les jours de nouvelles colonies, & ils avoient trouvé le secret de faire des courses dans le continent des Australiens.

La résolution ayant donc été prise de les chasser de cette isle, on en écrivit seulement aux cinq cents sezains voisins qui détachèrent chacun quatre cents personnes; ainsi on eut tout d'un coup une armée de deux cents mille hommes. On fit aussitôt une espèce de grand bac semblable à une plateforme, qui contenoit trois cents hommes de front

& quatre cents de côté : ainsi il portoit douze mille hommes rangés en bataille qu'on fit avancer de cette sorte vers l'isle. Outre cela, ils équipèrent six cents petits vaisseaux qui pouvoient porter chacun cent hommes, & quatre cents autres qu'on chargea de vivres & de munitions.

Entre toutes les machines de guerre que j'y vis, j'en remarquai une bien particulière ; elle consistoit en plusieurs échelles qui poussoient dans les murailles certaines pointes de fer, lesquelles par le moyen d'un ressort s'élargissoient en crochet aussitôt qu'elles étoient entrées dans la pierre ; de sorte qu'en tournant après cela une roue, ces machines ébranloient les plus fortes murailles & les renversoient. J'étois placé sur le bac ou la plateforme quand on commença à marcher contre les Fondins, qui se préparoient depuis trois mois à se bien défendre. Ils étoient munis de toutes sortes de provisions, & leur armée étoit composée de trois cent mille combattans tous résolus de vaincre ou de mourir. Cependant les Australiens étant arrivés à la vue de l'isle des Fondins, s'arrêtèrent pour délibérer de quelle façon ils les attaqueroient ; & après avoir tenu conseil, il fut arrêté qu'on débarqueroit la nuit vingt mille hommes dans les petits vaisseaux, pour environner l'isle, & attirer au combat les Fondins, pendant que dix mille se jeteroient à la nage pour aborder l'isle avec les instrumens nécessaires pour renverser les murailles ; ce qui fut exécuté avec tant d'ordre & de promptitude, que les Fondins n'eurent pas le tems de se reconnoître. Les dix mille s'attachèrent à la première muraille, & l'ayant renversée, deux mille passèrent le fossé à la nage, & s'attachèrent au second mur : auquel ayant fait quelques brèches, les sentinelles entendirent le bruit, & allèrent aussitôt avertir le corps-de-garde le plus proche ; mais l'ardeur des Australiens étoit si grande, qu'avant que leurs ennemis eussent été avertis, il y en avoit déjà plus de cinq cents au-delà de la muraille, qui faisoient ferme pour soutenir les autres qui montoient avec tant de promptitude, qu'en une heure vingt mille se trouvèrent passés malgré tous les efforts des Fondins. Cependant leur roi ayant été averti que c'étoit tout de bon que les Australiens entroient dans l'isle, prit six mille hommes d'un corps de réserve, & vint à la tête pour les reconnoître. Les Australiens, de leur côté, poussèrent de grands cris pour avertir ceux de leur parti, & leur faire connoître qu'ils étoient au-delà de la muraille ; si bien que les Fondins ayant commencé un combat très-opiniâtre, les Australiens qui n'étoient pas encore passés, grimpèrent de tous côtés, & malgré la résistance des Fondins, il y en eut plus de cinquante mille qui passèrent, & qui se rendirent maîtres d'une partie de la muraille, dans le tems que le jour commençoit à paroître. Les vaisseaux y abordèrent aussitôt, & en moins de deux heures il y en eut encore vingt mille qui passèrent par-dessus les murailles ; de sorte que les Fondins qui s'étoient déjà amassés au nombre de plus de cent mille, voyant le danger qui les menaçoit, se réunirent tous en un seul corps, résolus de risquer le tout pour le tout, & se jetèrent avec tant d'impétuosité sur un gros d'ennemis qui faisoient ferme, qu'ils l'auroient entièrement défait, si un autre corps d'Australiens qui avoient renversé plus de deux cents toises de muraille ne fût venu à leur secours. C'étoit un détachement de six mille soldats de la plate-forme tout frais, & en bon ordre qui prirent les Fondins en queue, & qui en firent un tel carnage, qu'à peine en resta-t-il deux mille qui se sauvèrent dans une petite forteresse voisine ; ainsi les Australiens se trouvèrent maîtres de la campagne. Néanmoins avant que d'aller attaquer les forts qui étoient plus avant dans l'isle, ils s'emparèrent de tous les dehors, afin d'ôter aux Fondins les moyens de leur échapper. On employa deux jours à cela, & on en mit deux autres à reconnoître les corps des frères qui avoient été tués dans le combat ; on en compta jusqu'à quarante-deux mille, & on leur rendit les devoirs ordinaires de la sépulture. On fit aussi le compte des Fondins morts, & on en trouva six-vingt mille.

Après cela, les Australiens allèrent par toutes les villes de l'isle; ils en forcèrent cinq en un jour, & firent un carnage effroyable de tous ceux qui s'y rencontrèrent. Au reste, je ne crois pas qu'il se voie en aucun lieu du monde de plus belles femmes que celles de ce pays; & quelqu'effort que je fisse sur moi pour m'accommoder aux manières dures & insensibles des Australiens, je ne pus m'empêcher de donner des marques de compassion en voyant égorger impitoyablement de si belles personnes, ce qui scandalisa fort ceux des frères qui s'en apperçurent; mais ce fut bien pis lorsqu'étant entré dans une maison qui paroissoit plus considérable que les autres, j'y trouvai une vénérable matrone avec deux filles de vingt-cinq à vingt-six ans, qui se jetèrent à mes pieds: car leurs charmes me transportèrent si fort, que je faillis à en perdre la connoissance & la raison, & m'étant avancé vers une de ces filles que j'embrassois en la relevant, deux Australiens entrèrent dans ce moment. Je vis bien dans le feu de leurs yeux & dans l'indignation qui paroissoit sur leur visage que j'étois perdu; néanmoins ils se contentèrent d'égorger les dames en ma présence. Je ne savois plus ni à quoi me résoudre ni ce que j'allois devenir; je n'osois plus envisager un Australien en face : & aussitôt que quelqu'un d'eux s'approchoit de moi, ma confusion paroissoit sur mon visage & me faisoit baisser les yeux. Dans cette perplexité je retournai sur un vaisseau où je fis semblant d'être blessé, afin que l'on ne trouvât pas mauvais que j'eusse quitté l'armée, & j'y demeurai l'esprit si abattu d'ennui & de tristesse, que j'avois peine à me souffrir moi-même. Cependant le plat pays & toutes les villes de l'isle ayant été saccagés, on résolut d'attaquer les places fortes : on en environna trois à la fois, & tous les travaux d'un siège se réduisant parmi ces peuples à creuser la terre autour de la place qu'on attaque, trois cents hommes y furent occupés pendant trois jours, au bout desquels ils arrivèrent enfin aux murailles nonobstant les sorties des Fondins. Il sapèrent donc ces murailles & démantelèrent ces villes au grand étonnement de tous les habitans. Ils donnèrent en même-tems un assaut général, & toute l'ardeur des Fondins qui se défendirent très-courageusement, n'empêcha pas que les trois forts ne fussent pris en quatre jours. Le carnage y fut général, & on n'épargna ni les femmes, ni les vieillards, ni les enfans; tout fut enveloppé dans un commun massacre. Ceux qui étoient dans les autres forts, n'attendirent pas qu'on les y vînt assiéger, ils en sortirent tous la nuit du jour auquel on avoit résolu de les investir. On vit donc le lendemain sur le bord de la mer plus de deux cents mille personnes de tout sexe, dont les uns se précipitoient dans l'eau, les autres se jetoient à la merci de leurs ennemis, & les autres attendoient, en levant les mains au ciel, la mort qu'ils voyoient inévitable.

Voilà comment cette belle isle fut dépeuplée; les Australiens amassèrent, en plusieurs monceaux, les corps des Fondins, & les laissèrent sur le bord de la mer sans sépulture, exposés aux oiseaux qui les dévorèrent. Outre les Australiens morts au premier assaut de l'isle dont nous avons parlé, on en trouva encore plus de dix-huit mille qu'on transporta au pays sur plusieurs vaisseaux; on remena de la même manière les blessés, qui étoient au nombre de plus de trente mille.

Comme les Australiens observent les assemblées du Hab & du Heb, aussi bien hors de leurs pays que chez eux, ils s'assemblèrent aussitôt que l'isle fut en leur possession, pour louer Dieu, & pour délibérer sur quantité d'affaires survenues, dont les principales étoient comment on devoit disposer de ma personne, & comment on devoit travailler à la destruction de l'isle. Je fus accusé de cinq chefs dont chacun méritoit la mort, & ayant été ouï, je fus renvoyé dans mon sezain. On résolut ensuite de faire raser l'isle par deux troupes chacune de cinquante mille hommes, & toute cette prodigieuse masse de terre fut détruite & couverte d'eau en dix de leurs mois: ouvrage que les Européens non-seulement n'auroient pu achever en dix ans, mais encore qu'ils n'auroient jamais osé entreprendre. Voilà ce que j'ai vu des combats des Australiens contre les Fondins.

Outre ces ennemis, les Australiens ont encore à combattre ceux qu'ils nomment monstres marins: car c'est ainsi qu'ils nomment les Européens, parce qu'ils ne connoissent point leur pays, & qu'ils ne les voient jamais venir que du côté de la mer sur des vaisseaux. Ils ne leur donnent donc point d'autre nom que celui de monstres marins, monstres inconnus ou demi-hommes. Le vieillard philosophe qui m'étoit si fort ami & qui se plaisoit à m'entendre parler de mon pays, un peu avant qu'il fût sorti de ce monde, me disoit qu'il avoit vu aborder, assez proche de leur continent, des gens faits à-peu-près comme ceux dont je lui parlois; qu'il avoit admiré la fabrique de leurs vaisseaux: qu'il avoit toujours souhaité d'avoir quelque éclaircissement touchant le pays de ces demi-hommes, & qu'il trouvoit beaucoup de rapport entre ce que je lui en disois & ce qu'il en avoit cru.

Il me conta qu'entr'autres combats qu'ils avoient eus avec ces demi-hommes, ils avoient eu un jour affaire à des gens si déterminés, qu'ils avoient

avoient été trois jours entiers à se rendre maîtres de sept grands vaisseaux, sur lesquels ils étoient venus : je vis leurs vaisseaux sur le sable, car les Australiens conservent tous ceux qu'ils prennent, comme des trophées de leur valeur, & des monumens de leurs victoires.

Dans le tems que j'arrivai chez eux, il n'y avoit pas six mois qu'ils avoient défait une flotte entière, & je vis pendus aux mâts des vaisseaux plusieurs corps, entre lesquels je reconnus des Portugais, des François & des Espagnols, à leurs habillemens qui s'étoient conservés. Mon vieillard, qui fut spectateur du combat qui se fit alors, m'assura qu'après ce que j'avois fait contre les oiseaux sauvages, il n'avoit rien vu de pareil ; car le pilote ayant découvert quelques veines d'eau assez profondes, aborda jusqu'à demi-heure des côtes, où n'ayant pas trouvé deux pieds d'eau, il fut contraint de s'arrêter. Il fit aussitôt mettre pied à terre à 1000 hommes, pour reconnoître le pays : ils entrèrent avec une intrépidité extraordinaire, & forcèrent facilement les gardes de la mer, qui, de leur côté, arborèrent aussitôt le signal ; mais les ennemis s'étant jetés dans le premier quartier d'un sezain qu'ils rencontrèrent, & s'étant mis à le piller, on redoubla tellement les signaux, qu'avant que les Européens eussent achevé le butin qu'ils vouloient faire, plus de 8000 Australiens parurent sur le bord de la mer : on leur tira plusieurs volées de canon de dessus les vaisseaux, mais il y eut très-peu de coups qui portèrent. Cependant les Australiens entourèrent ceux qui étoient descendus dans une maison qu'ils avoient forcée, & dans laquelle ils se défendirent quelque tems ; mais enfin il fallut succomber à la multitude qui les accabloit de toutes parts, & il n'en échappa pas un qui pût porter des nouvelles à la flotte. Les Australiens firent ensuite un détour assez long pour aller boucher l'entrée aux vaisseaux ; ce qu'ils savent faire si adroitement par certains monceaux de terre dont ils remplissent les avenues, qu'il leur est absolument impossible de passer. Après cela on entreprit de les aborder, mais les Européens se servirent si bien de leur canon & de leurs armes en cette rencontre, que de 8000 Australiens qui vinrent à l'abordage, il y en eut plus de six mille tués avant qu'aucun d'eux fût monté sur les vaisseaux, & mon vieillard m'avoua qu'ils n'avoient jamais éprouvé tant de bravoure dans aucun des ennemis dont ils eussent été attaqués : néanmoins comme les secours venoient de toutes parts aux Australiens, ils recommencèrent une nouvelle attaque avec 12000 hommes, qui furent très-bien reçus des Européens, non pas toutefois avec autant de perte que les premiers. Ils abordèrent les vaisseaux avec un courage & une intrépidité surprenantes : cependant, comme les Européens les tiroient à brûle-pourpoint, ils en avoient déjà tué près de 4000, lorsqu'il arriva aux Auſtraliens un renfort de 20000 hommes tout frais, leſquels trouvant les ennemis recrus d'une fatigue incroyable, les défirent avec beaucoup de facilité : ils avoient encore ſur leurs vaiſſeaux 3000 ſoldats, & autant de matelots, qui furent tous égorgés en moins d'une heure.

Mais les combats ordinaires que les Auſtraliens ont contre les oiſeaux deſquels nous avons parlé, les embarraſſent bien davantage, parce que, venant & retournant par l'air, il n'y a aucun moyen de les arrêter, ni de les détruire. Ils combattent de trois façons contre ces effroyables bêtes, parce qu'ils en ſont attaqués de trois manières différentes ; car tantôt ces oiſeaux ſe couvrent à la faveur des arbres, tantôt ils s'élèvent dans l'air à perte de vue pour fondre ſur leur proie en un inſtant. Les petits oiſeaux dont j'ai parlé les ſentent de très-loin, & ils s'écrient d'une façon triſte & empreſſée, juſqu'à donner pluſieurs coups de bec aux Auſtraliens, pour les obliger à ſe mettre ſur leurs gardes. Cependant nonobſtant toutes leurs précautions, ces animaux ſont ſi ſubtils & ſi adroits, qu'ils ne manquent preſque jamais leur coup. Il me ſouvient qu'allant un jour au Hab en la compagnie de mon philoſophe, & de trois autres, armés à notre ordinaire, c'est-à-dire, avec nos hallebardes, nos casques & nos cuirasses, à peine eûmes-nous fait la moitié du chemin, que nos petits oiseaux commencèrent à crier d'une manière effrayante, voltigeant autour de nous d'une façon inquiète, pour nous donner à connoître le danger où nous étions: en effet nous vîmes aussi-tôt six de ces oiseaux qui nous attaquèrent avec beaucoup de furie. Nous nous pressâmes l'un contre l'autre; nous nous couvrîmes de nos armes, & nous nous disposâmes à parer les coups. Une de ces épouvantables bêtes s'étant jetée sur ma hallebarde, l'enleva de mes mains avec une force à laquelle il n'y a point d'homme qui pût résister. Les cinq autres embarrassoient si fort mes compagnons, qu'ils avoient une peine incroyable à s'en défendre; & à peine eus-je tourné la tête pour voir comment je pourrois les secourir, que je fus enlevé, & j'aurois été assurément perdu, si je n'eusse été secouru par cinq autres frères, qui me dégagèrent des serres de l'oiseau qui me tenoit: plusieurs autres frères étant encore venus à notre secours, les oiseaux s'envolèrent.

Mais, ce qu'il y a de bien plus terrible, c'est que ces effroyables bêtes s'assemblent quelquefois au nombre de quatre & cinq cents, composant une espèce de corps d'armée, où il semble qu'elles observent quelque sorte de discipline pour combattre les Auſtraliens. Elles campent par-tout indifféremment où elles trouvent de quoi ſe repaître.

Les Auſtraliens des quartiers ſe cantonnent alors dans leurs maiſons, & perſonne n'oſe ſortir. On plante le ſignal pour faire connoître l'ennemi, & chacun ſe tient ſur ſes gardes.

La régularité qu'ils obſervent alors pour les combattre eſt beaucoup plus exacte que celle qu'ils gardent contre les Fondins : ils ſe preſſent les uns contre les autres, ils font un carré fort égal qui fait front de tous les côtés ; ils ont leurs ſarbacanes dont j'ai parlé ; enfin ils s'arment de hallebardes & de coutelas : ſi-tôt que les oiſeaux apperçoivent l'armée qui vient contr'eux, ils ſe ſéparent tous, volant l'un d'un côté & l'autre de l'autre, & la plupart s'élèvent à perte de vue ; mais ce n'eſt que pour ſe réunir bientôt, & fondre tous enſemble ſur les Auſtraliens qui, nonobſtant toutes leurs gardes & toutes leurs défenſes, perdent toujours quelques-uns des leurs dans ces premières attaques. Je me ſuis trouvé à trois de ces combats : nous perdîmes au premier ſix hommes ; au ſecond, huit ; & au dernier, trois ; & aux trois combats enſemble nous ne tuâmes que ſept de ces oiſeaux. Il eſt impoſſible d'expliquer l'impétuoſité avec laquelle ils fondent ſur les hommes, & la violence des coups de bec qu'ils leur portent. Je vis une action, au dernier combat où j'aſſiſtai, qui mérite d'être racontée : Un urg enleva la hallebarde de mon compagnon, un autre urg se saisit en même tems de sa personne, je voulus le défendre avec ma hallebarde, mais un troisième urg me l'arracha ; mon voisin s'attacha à celui qu'on enlevoit, & le même oiseau les soulevoit l'un & l'autre : un troisième embrassa le second, mais un autre urg s'élança sur lui, &, comme il l'enlevoit, je m'attachai à lui pour le retenir ; mais nous aurions été infailliblement perdus tous quatre, si à force de coups on n'eût enfin assommé un de ces oiseaux ; car les autres quittèrent prise au même instant, & nous trouvâmes un des Australiens qu'ils lâchèrent étranglé & mort, à force d'avoir été serré.

On a observé que, lorsque la mer continue à être orageuse cinq ou six jours de suite, ces oiseaux entrent dans une espece de rage, parce qu'ils ne peuvent prendre les poissons nécessaires à leur nourriture. J'ai déjà dit que les Australiens ont fait & font encore tous les ans des efforts extraordinaires pour détruire ces effroyables ennemis. Ils ont rasé trois isles très-considérables, de deux lieues de longueur, en trente ans, & ils travaillent maintenant à la destruction d'une autre, qui est à six lieues de leur pays. Le tems le plus commode pour cela est le tropique du Capricorne, où ils commencent leurs travaux, qu'ils continuent jusqu'à l'equinoxe de Mars, auquel tems les oiseaux commençant à entrer en chaleur, font plusieurs menaces, mais sans effet, jusqu'à ce que le soleil entre au signe du Taureau; car c'est alors qu'ils viennent en troupes attaquer les Australiens avec tant de rage & d'impétuosité, que, quoi qu'on fasse pour se défendre, il faut se résoudre à perdre plusieurs hommes. La chaleur de cet horrible combat dure quelquefois six heures entières sans aucun relâche durant trente jours, & après ce tems ils s'en vont peu-à-peu, jusqu'au mois d'Octobre, où ils reviennent commencer les mêmes combats avec la même fureur.

CHAPITRE XIII.

Du retour de Sadeur à l'isle de Madagascar.

J'ÉCRIS ce qui suit de l'isle de Madagascar, & je commence à me flatter que cette histoire pourra aller avec moi jusqu'à mon pays.

Il est aisé de juger par tout ce que j'ai dit de l'incompatibilité des Australiens avec les peuples de l'Europe, que je ne devois la conservation de ma vie qu'à l'action de désespéré que je fis paroître en arrivant dans la Terre-Australe, à la violence continuelle que je me faisois pour me conformer à leur manière de vivre, & aux soins que prit de moi le vieillard qui me servit de protecteur. Cependant, comme la nature ne se peut détruire, quelques précautions que je prisse, il m'échappoit toujours quelques paroles ou quelques actions qui me faisoient connoître pour ce que j'étois. Pendant tout le tems que mon vieux philosophe vécut, il fit cent harangues pour arrêter les desseins que les frères formoient de se défaire de moi : il dépeignoit mon combat comme un prodige inouï, qui seul me rendoit digne de leur protection, nonobstant tous mes défauts : il soutenoit que, puisqu'on m'avoit accordé la vie, bien qu'on connût que je n'étois point du pays, on ne pouvoit me l'ôter sans injustice pour des défauts qui provenoient de ma nature : il ajoutoit qu'après tout, puisque j'étois étranger, on ne pouvoit me condamner sans entendre ce que je pouvois dire pour ma justification : quand il voulut se retirer de cette vie, il redoubla ses prières & ses raisons pour les obliger à me conserver, il me nomma pour tenir sa place, après une exhortation vraiment paternelle qu'il me fit, & tous les frères m'acceptèrent d'un commun consentement : enfin on me supporta jusqu'à la guerre des Fondins, dont j'ai parlé, où ma perte fut résolue & arrêtée.

Les chefs d'accusation qu'on forma contre moi

se peuvent réduire à cinq principaux. Le premier fut, que je n'avois point combattu avec les autres, puisque je n'avois produit aucune oreille des Fondins : le deuxième, que j'avois témoigné de la douleur en voyant la destruction de leurs ennemis : le troisième, que j'avois embrassé une Fondine : le quatrième, que j'avois mangé des viandes des Fondins : & enfin le cinquième, que j'avois fait aux frères des questions pleines de malice. Pour entendre ces accusations, il faut savoir que c'est la coutume des Australiens de couper les oreilles de ceux qu'ils tuent dans le combat, & de s'en faire une ceinture : celui qui en apporte davantage est estimé le plus courageux; & il y en eut qui, en la prise de l'isle, en apportèrent jusqu'à 200.

Quant à moi, bien loin d'en avoir tué, j'avois témoigné un extrême regret de voir la sanglante boucherie de ces malheureux. J'ai parlé de la tendresse que je témoignai à une de ces belles Fondines, que je trouvai dans leur maison avec leur mère : les Australiens regardèrent cette action comme le plus grand crime que je pusse commettre; dès-lors il n'y en eut pas un qui ne m'eût en horreur.

On me chargea encore d'avoir osé faire la proposition de garder quelques Fondines, sous prétexte de s'en servir comme d'esclaves; & d'avoir dit tout haut que j'en préférerois une seule à tout le butin que je pouvois prétendre dans le pillage de cette isle.

Aussitôt qu'on eut ouï ces accusations, on me proposa de prendre le fruit du repos, mais d'un ton si impérieux, & avec des termes si précis, que je n'eus pas d'autre parti à prendre que celui de l'accepter.

Comme on gardoit un grand silence, lorsque je vins à la table pour le manger à la manière accoutumée, je pris la parole, & je dis aux frères assemblés que je leur avois des obligations si essentielles que je ne pouvois les quitter sans leur communiquer un grand secret que je savois pour détruire facilement les urgs. J'ajoutai qu'effectivement j'étois coupable des crimes dont on m'accusoit, mais que comme tous ces crimes venoient de mon naturel, que tout le monde savoit bien être semblable à celui des Fondins, j'attestois leur raison, si, s'étant résolus à me souffrir parmi eux, me connoissant bien pour Fondin, ils ne devoient pas aussi me pardonner des défauts qui étoient inséparablement attachés à ceux de mon espèce. Il est vrai, disois-je, que j'ai témoigné de la tendresse pour mes semblables, il est vrai que je n'ai pu les égorger, il est vrai que j'ai fait paroître de la compassion pour d'autres moi-même ; si je ne l'avois pas fait, je devrois passer pour dénaturé, & votre raison si pure & si clairvoyante me trouveroit, avec justice, coupable de barbarie & de cruauté.

Si un Australien se trouvoit par malheur entre les Fondins, ne seroit-il pas excusable si, dans une guerre contre sa propre nation, il témoignoit de l'humanité & de la bienveillance envers ses frères?

Au reste, ne croyez pas que je veuille me servir de ces raisons pour vous porter à me prolonger la vie; je suis ravi de me retirer, & je ne vous demande qu'un délai de peu de jours, seulement pour avoir le tems de vous marquer que ce pauvre étranger que vous avez bien voulu supporter, sait reconnoître des bienfaits qu'il a reçus de vous.

On sortit du Hab à la manière accoutumée, sans m'avoir donné aucune réponse, & ainsi je vis bien que je n'avois plus de ressource que dans l'industrie avec laquelle je devois chercher quelque moyen de retourner en mon pays. Dans cette pensée, toutes les aventures de mon premier voyage, qui m'avoient porté dans le lieu où j'étois, me passèrent par l'esprit; j'avois sans cesse devant les yeux cette planche qui m'avoit été si favorable; il me sembloit que si je pouvois me dérober à la vue des Australiens, mon salut & mon retour étoient assurés. Enfin après avoir roulé dans ma tête une infinité de desseins & de moyens, voici la résolution que je pris & que j'exécutai. Je fis une corde de l'écorce de l'arbre nommé Schueb; je la frottai du jus du fruit du repos, mêlé avec un peu d'eau de la mer, ce qui la rendit dure comme le fer: je la frottai ensuite d'un autre jus qui la rendit flexible, & enfin j'en fis une espèce de filet que j'étendis sur un arbre où les urgs avoient coutume de se percher; je ne cessois d'aller & de venir, attendant avec impatience le succès que je me promettois de mon dessein. Enfin mes petits oiseaux m'ayant averti de me retirer, je vis deux urgs fort élevés dans l'air, lesquels vinrent justement s'abattre sur l'arbre où j'avois tendu mon filet, & il y en eut un des deux qui s'y prit par le haut de la patte.

Les frères qui le virent ainsi arrêté, couroient déjà à lui pour l'assommer, mais je les priai de ne le point toucher & de me laisser faire, les assurant qu'ils verroient bientôt quelque chose de plus surprenant que ce qu'ils voyoient.

L'oiseau se voyant pris, la faim le pressant, s'adoucit & souffrit que j'en approchasse pour lui donner à manger. Comme j'étois le seul qui le servoit, il ne tarda pas à me donner quelques marques de reconnoissance; je le flattois, je levois ses grosses pattes, je considérois ses griffes, j'ouvrois même son bec, & je montois sur son dos, enfin j'en faisois tout ce que je voulois: je me dis donc pour lors à moi-même, ne se pourroit-il pas faire que, comme je ne suis arrivé en ce pays que par la persécution de ces bêtes, j'en pusse sortir par leur secours ? J'espérois tout de mon oiseau, & mon espérance se fortifioit à mesure qu'il redoubloit les marques de son amitié.

Cependant on parla de ma conduite au Hab avec éloge, & voyant qu'on en étoit étonné, je pris la parole, & je dis que je commençois à me regarder comme une personne qui cessoit d'être ; que c'étoit la coutume de ceux de notre nation, lorsqu'ils étoient sur le point de mourir, de vivre dans une grande retenue, que mon esprit ne me permettoit pas d'être le même que j'avois été, sachant que j'allois cesser d'être dans peu de tems ; que j'occupois les momens qui me restoient, à méditer une dernière action qui devoit les édifier beaucoup plus que la première. Ces raisons satisfirent beaucoup l'assemblée, & il y fut résolu qu'on me laisseroit finir comme je voudrois, sans parler davantage de moi ni de mes actions, puisque je devois déjà être censé du nombre des morts ; on y nomma même mon lieutenant, & on ne me regarda plus que comme un mourant libre de finir sa vie comme il voudroit. Cette ordonnance me donna tant de consolation, que je crus alors ma délivrance assurée.

Je passois presque tout le jour auprès de mon oiseau, & je n'omettois rien pour lui témoigner toutes les marques possibles de bienveillance. Je m'apperçus un jour qu'il avoit peine à se soutenir, & je trouvai que la corde qui l'arrêtoit, le tenoit si serré, qu'elle avoit coupé la peau de sa patte, & étoit entrée bien avant dans la chair. La plaie étoit très-considérable, & je cherchai aussitôt tous les moyens possibles de le soulager; j'y versai du jus d'un fruit propre à consolider la plaie, je le bandai proprement, & je fis tant qu'en huit jours elle fut parfaitement guérie. Son inclination alors s'augmenta tellement pour moi, qu'il ne pouvoit plus souffrir que je m'éloignasse de lui, & moi réciproquement, je n'étois content que lorsque j'étois auprès de lui. Je lui laissai, peu-à-peu, la liberté d'aller seul; mais au lieu de penser à prendre la fuite, il faisoit de continuels efforts pour me suivre par-tout; je voulus voir s'il pourroit me porter en volant, & je trouvai qu'il le faisoit avec plaisir, & avec une légèreté surprenante. Alors je fis une ceinture de plusieurs feuilles que je frottai du jus du fruit du repos, pour la rendre impénétrable à l'eau je fis ensuite une espèce d'écharpe creuse, & ayant rempli l'une & l'autre des fruits les plus nourrissans du pays, & de quelques bouteilles de la liqueur qu'on y boit, avec quoi je mis aussi le manuscrit de cette histoire; je bouchai le tout très-proprement & le ceignis autour de moi.

Je fis encore une petite valise que je remplis de

fruits pour la nourriture de ma bête, & l'ayant proprement liée sur son dos, je me résolus de partir la nuit suivante qui étoit le quinzième du solstice du Capricorne, trente-cinq ans & quelques mois après mon arrivée dans la Terre-Australe, & le cinquante-septième de mon âge.

Afin donc que mon oiseau pût plus aisément prendre son vol, je le fis monter sur un arbre, où m'étant ajusté au défaut de ses aîles, je commençai par l'élever fort haut en l'air, dans la crainte que j'avois d'être apperçu des gardes de la mer; mais le grand froid de la moyenne région de l'air m'obligea bientôt à descendre un peu plus bas.

Cependant il y avoit bien déjà six heures que nous étions en chemin; mais soit que ma bête se sentît encore de sa blessure, ou que le long repos qu'elle avoit eu, l'eût rendu plus pesante, je m'apperçus qu'elle fatiguoit extrêmement, & qu'elle n'en pouvoit plus. Je fis donc en sorte qu'elle s'abattit sur l'eau, & comme elle enfonçoit trop, je descendis de dessus pour la soulager, sachant bien que ma ceinture me soutiendroit, & me mettroit hors de danger. Ce pauvre animal, craignant alors que je ne périsse, ou que je ne voulusse le quitter, se mit à crier & à tourner autour de moi avec une agitation qui marquoit sa peine & son inquiétude; mais comme j'étois encore plus fatigué que lui, j'appuyai ma tête sur ses plumes, & lui ayant donné des fruits de la valise, le sommeil m'abattit entièrement, & je dormis très-profondément : je trouvai le jour très-beau & très-serain à mon reveil; je fis encore manger mon oiseau, & ayant aussi pris ma réfection, je remontai dessus assez légèrement, à dessein d'avancer chemin; mais quelqu'efforts qu'il fît il ne put jamais prendre son vol, parce que la pesanteur étrangère de mon corps l'enfonçoit trop dans l'eau : il fallut donc, bon gré malgré, rester au lieu où nous étions. Chacun peut juger quelle fut alors ma peine & mon embarras; néanmoins ayant fait réflexion que ma bête marchoit très-bien & très-vîte dans l'eau, je m'attachai à sa queue, & elle me tira assez loin pour découvrir une isle qui me paroissoit quasi à perte de vue. Comme la nuit approchoit & que mon oiseau étoit fort fatigué, j'arrêtai pour le repaître, & je mangeai aussi avec lui; mais je fus bien étonné après cela de le voir demeurer tout court; car, soit qu'il regrettât sa première condition, soit qu'il ne pût vivre dans un air différent de celui de son climat, ou qu'il fût seulement touché de la peine où il me voyoit, il ne voulut jamais passer outre.

La nuit étant survenue peu de tems après, il s'endormit d'un profond sommeil. Pour moi il me fut impossible de fermer l'œil; je délibérai donc long-tems sur ce que j'avois à faire, & après
bien

bien des réflexions, je jugeai à propos de détacher doucement ma valise de dessus mon oiseau, & je me résolus à m'en séparer entièrement, quoiqu'avec un extrême regret.

Après que j'eus fait cela, voyant que ma ceinture & mon écharpe me soutenoient parfaitement bien, je commençai à m'éloigner de ma bête, & à avancer à la faveur d'un vent austral qui m'aidoit; de sorte qu'à la pointe du jour j'arrivai sans aucune incommodité à l'isle que j'avois apperçue le soir précédent.

Je sortis donc de l'eau, & m'étant assis sur la terre, je mangeai quelques-uns de mes fruits avec un plaisir mêlé de je ne sai quelle consolation que je n'avois point encore ressentie. Le sommeil m'abattit ensuite, je dormis environ six heures, & m'étant réveillé, je résolus de continuer mon voyage, & d'avancer en tirant toujours du côté du nord, de peur de me mettre en danger de demeurer toujours dans la grande mer qui sépare le vieux monde du nouveau; mais à peine me fus-je mis dans l'eau, que j'entendis le bruit du vol des gros oiseaux dont j'ai parlé. Toutes mes entrailles furent émues à ce bruit, & je crus d'abord être perdu; mais ma crainte se changea bientôt en joie, lorsque je reconnus que c'étoit ma bête qui me cherchoit, & qui vint se jeter à mes pieds avec tant de caresses & tant de marques de douleur de ce que je l'avois quittée, que je fus touché de la plus tendre compassion que j'eusse jamais eue; puis ayant reconnu qu'elle s'étoit extraordinairement fatiguée à me chercher, je demeurai un jour & une nuit dans l'isle pour la faire reposer; je lui donnai des fruits de ma valise, & elle ne faisoit que commencer d'en manger, lorsque tout-à-coup dix bêtes de la grosseur & presque de la couleur de nos loups, s'approchèrent de nous. Mon oiseau les apperçut avant moi, & s'étant jeté dessus avec impétuosité & avec furie, il en attrapa une, & l'ayant élevée en l'air, il la jeta sur une autre qu'il assomma : toutes les autres prirent aussitôt la fuite; mais avant qu'elles fussent arrivées à leurs trous, il en prit encore une troisieme dont il mangea la moitié, & m'apporta le reste, & comme la nuit survint alors, je dormis auprès de lui environ six ou sept heures; mon oiseau ne s'endormit qu'après que je fus endormi; il s'éveilla presqu'aussitôt que moi, & à peine eût-il les yeux ouverts, qu'il se jeta sur une des bêtes qu'il avoit tuée & en fit son déjeûner; je mangeai aussi quelques-uns de mes fruits, & aussitôt après je le conduisis sur un petit rocher, d'où je montai sur son dos comme auparavant, & il prit son vol du côté que je le conduisois; nous avancions avec une rapidité surprenante, & nous avions déjà fait beaucoup de chemin, lorsque deux oiseaux de sa grosseur vinrent à notre rencontre, & se lançant contre nous, commencèrent à nous combattre à grands coups de griffes & de bec; il étoit impossible que ce pauvre animal ne succombât, tant parce que sa charge le mettoit hors de défense, que parce qu'il étoit attaqué par deux oiseaux aussi forts que lui. J'avois déjà reçu quelques coups qui m'avoient mis tout en sang; ainsi voyant que nous étions tous deux également en danger, & qu'en l'empêchant de sauver sa vie je ne mettois pas la mienne en sûreté, je sautai de dessus lui & me jetai dans l'eau où je demeurai quelque tems à regarder le combat. Mon oiseau se tenoit sur la défensive, se contentant de présenter les griffes & le bec pour darder autant de coups qu'il pouvoit; mais enfin le brouillard qui s'épaississoit insensiblement, me déroba tout-à-fait la vue de ce spectacle; je tombai alors dans une profonde tristesse qui me fit faire plusieurs réflexions sur le malheureux état où il me sembla que je n'étois réduit que par ma propre faute.

La Terre Australe se représentoit à mon esprit avec tous ses avantages; l'isle que je venois de quitter me sembloit infiniment commode : il me paroissoit que j'y aurois pu passer le reste de mes jours sans crainte & sans danger, que mon oiseau m'y auroit tenu lieu de gardes contre tout ce qui auroit osé m'attaquer. Je reconnoissois donc que j'étois moi-même la seule cause de ma misère.

Le comble de mon malheur étoit que je ne savois de quel côté tourner, parce que je ne voyois pas à trente pas de moi; ces tristes pensées accabloient mon esprit lorsque j'entendis un grand bruit comme d'un vaisseau qui voguoit à plusieurs voiles, & je délibérois si je me mettrois à crier, lorsque je fus apperçu par les nautoniers qui tirèrent sur moi plusieurs coups dont je fus blessé en plusieurs endroits, mais fort légèrement.

Cependant le vaisseau s'étant approché, ils reconnurent à ma voix & à mes gestes que j'étois un homme; ils m'abordèrent & me tirèrent avec beaucoup de marques de compassion, ils visitèrent mes blessures, ils lavèrent mes plaies avec de l'huile & du vin, & y ayant versé d'un baume très-précieux, ils les bandèrent fort proprement.

Comme ils me parurent être des Européens, je leur parlai latin, & j'appris d'eux qu'ils étoient François, & que leur vaisseau étoit parti depuis peu de l'isle de Madagascar, à dessein de butiner.

Le capitaine, qui étoit un homme de qualité, ayant su que j'étois Européen, vint me trouver, me parla avec beaucoup d'honnêteté, me fit donner un de ses habits, me prit en sa compagnie, & voulut que je mangeasse à sa table. Le premier entretien que j'eus avec lui dura plus de trois heures; je lui contai l'histoire de ma naissance, de mon éducation, de mes naufrages, & de mon arrivée en la Terre-Australe; il m'écoutoit avec beaucoup d'attention, & s'étonnoit comment j'avois pu survivre à tant de maux. Je vis bien qu'il redisoit en françois à la compagnie ce que je lui disois en latin, & que tout le monde admiroit comment je pouvois avoir échappé à tant de dangers. Il eut ensuite la discrétion de me laisser manger sans m'interroger davantage; mais comme j'avois perdu l'usage des viandes de l'Europe, je n'y trouvois nul goût, & mon estomac ne put que très-difficilement les souffrir. Je pris donc de mes fruits qui commençoient à vieillir, & de mes petites bouteilles qui se desséchoient; j'en offris une au capitaine qui la goûta, & protesta qu'il n'avoit jamais rien bu de si délicieux; il m'en demanda une seconde qu'il fit boire au maître pilote; il en voulut une troisième & puis une quatrième, & ne cessa point que ma ceinture ne fût vidée. Il n'y avoit personne qui n'admirât & la couleur & la délicatesse des fruits, & qui n'eût de la peine à se persuader qu'ils fussent naturels.

Le repas étant achevé, je fus obligé de recommencer mon histoire, & de raconter, le mieux qu'il me fut possible, les singularités de la Terre-Australe, les mœurs & les coutumes de ses habitans, & le reste. Le capitaine avoit effectivement quelque peine à me croire; mais je rapportois tant de circonstances des choses que j'avançois, qu'il ne pouvoit pas en douter. Il protesta plusieurs fois qu'il eût voulu, au péril de sa vie, avoir vu les choses que j'avois vues; & sur ce que je lui disois de la situation & de la difficulté des abords de la Terre-Australe, il déclaroit qu'il voyoit bien que ses amis, qui y étoient allés, y périroient infailliblement.

Cependant ayant résolu de retourner à Madagascar, il fit mettre à la voile, & après huit jours de navigation nous arrivâmes au port de Tombolo, qui est en quelque façon austral à l'isle de Madagascar, c'est-à-dire sud-ouest. Le capitaine eut toujours pour moi les mêmes honnêtetés, & ne me quitta que parce que le gouverneur de Tombolo me voulut avoir.

CHAPITRE XIV.

Du séjour de Sadeur dans l'isle de Madagascar.

Tombolo est un port accompagné d'une petite ville médiocrement forte, dans laquelle il y a environ cinq ou six mille habitans, dont la plupart sont François, quelques-uns Portugais, d'autres Anglois & fort peu de Hollandois; il y reste quelques naturels du pays qu'on a bien de la peine à apprivoiser; elle est sous le tropique du Capricorne, au soixante & cinquième méridien, selon Ptolomée.

La terre de cette contrée est non-seulement stérile, mais encore très-mal saine, autant que j'en ai pu juger. On n'y vit que de vivres apportés d'ailleurs, & les naturels du pays qui ne sont pas encore assujettis, n'y ont aucune demeure arrêtée. Il fallut encore ici raconter mon histoire au gouverneur, j'eus plusieurs conférences avec lui; néanmoins comme je commençois à m'ennuyer en attendant quelque vaisseau qui retournât en Europe, je priai le gouverneur de me donner quelques hommes avec lesquels je pusse monter par un fleuve qu'ils appellent Sildem, & entrer plus avant dans le pays, afin d'y faire quelque découverte. Le gouverneur m'assura qu'il avoit eu autrefois la même curiosité, mais qu'il en avoit été détourné, ayant su que les habitans de ce pays étoient tellement sauvages, qu'ils n'épargnoient personne. Il ajouta qu'il y avoit environ trois mois qu'ils avoient attrapé deux de ses soldats, & qu'il avoit appris par un sauvage que les ayant liés par les pieds & pendus à des arbres à cinq ou six pas de distance, ils les avoient jetés l'un contre l'autre, afin que s'entre-heurtant & s'entre-choquant, ils pussent expirer à force de meurtrissures; qu'il y avoit tout autour d'eux un grand nombre d'enfans qui attendoient que le sang & la cervelle de ces misérables tombassent pour les recueillir & les manger; & qu'enfin ces barbares leur ayant vu rendre les derniers soupirs dans ce cruel supplice, avoient détaché leurs corps meurtris, & les avoient mangés sans aucun autre apprêt.

Ces cruautés firent que je n'eus pas envie de connoître plus particulierement ni le pays, ni les habitans. Je commençois donc à m'ennuyer extrêmement lorsqu'il arriva au port un vaisseau françois qui amenoit avec lui une espèce de chaloupe, dont il s'étoit saisi dans un trajet qu'elle faisoit pour passer en une isle australe. Il n'y avoit dessus qu'un vénérable vieillard accompagné de six rameurs qui lui servoient aussi de valets. Cet homme approchoit fort de la taille des Australiens, son front & son menton étoient plus carrés que longs, ses cheveux & tout son poil noir, & son corps de couleur brune. Aussitôt que je le vis, je fus touché de compassion pour lui, & poussé d'un extrême desir de savoir qui il étoit. Le gouverneur ne fit point difficulté de m'accorder la liberté de le voir, souhaitant que je pusse tirer, par son exemple, la connoissance du pays; mais il ne croyoit pas que j'en pusse venir à bout. J'abordai donc le vieillard, & lui ayant témoigné par plusieurs signes que j'étois réduit à la même captivité que lui, il fit paroître quelque marque de consolation. Après trois ou quatre entrevues, je trouvai le moyen de m'expliquer de cette sorte. Nous convînmes, par signes, de prendre certains mots pour expliquer nos pensées, & j'en formai en une nuit près de deux cents qu'il comprit facilement. Ayant ainsi formé, en deux mois, une espèce de langage suffisant pour nous entendre, je lui contai toute mon histoire, mes naufrages, mon arrivée en la Terre-Australe, le sejour que j'y avois fait, & la manière dont j'en étois sorti. L'ayant engagé par toutes ces ouvertures à avoir confiance en moi, il ne fit plus de difficulté de me découvrir plusieurs circonstances fort considérables de son pays. Il me dit qu'il comprenoit tout le milieu de l'isle, que le climat en étoit très-sain, la terre très-fertile, & le peuple fort poli, qu'ils avoient deux puissans boulevarts qui les séparoient à l'orient & à l'occident, de deux peuples barbares, c'est-à-dire, deux prodigieuses montagnes; que celle de l'orient s'appeloit Harnor, & celle de l'occident Canor; & que du côté de la mer la nature les avoit munis de tant de bancs de sable, qu'on n'y pouvoit aborder sans une expérience de plusieurs années. Il ajouta que leur pays avoit environ six mille lieues de tour, que le gouvernement y étoit aristocratique, qu'on y élisoit de trois ans en trois ans six gouverneurs; le premier pour la mer du nord, le second pour la mer australe, le troisième pour le mont Harnor, le quatrième pour le mont Canor, & les deux autres pour le reste du pays; que ces gouverneurs avoient puissance de vie & de mort sur tous les peuples de leur département, de quelque condition qu'ils fussent; qu'au reste on y cultivoit la terre, on semoit & on moissonnoit comme en Europe; que les animaux dont on se servoit pour labourer, étoient de la grosseur des éléphans; qu'en général les peuples de ce pays aimoient mieux leur liberté que leur vie; qu'il étoit un des gouverneurs dont il m'avoit parlé, que le malheur de sa perte étoit arrivé par une tempête qui s'étoit élevée, contre toute apparence, lorsqu'il étoit allé reconnoître certains bancs de sable qui grossissoient extraordinairement, & que la tempête l'ayant écarté fort loin, il étoit tombé entre les mains des pirates qui l'avoient livré au gouverneur de Tombolo.

Nous passions les jours entiers à nous entretenir, lorsqu'il arriva du Mogol deux vaisseaux qui devoient partir dans peu de jours pour Ligourne; j'avois de la peine à me priver de la conversation d'un homme si agréable & si raisonnable; néanmoins ne voulant pas perdre une si favorable occasion, je lui déclarai que j'étois résolu à me servir de la commodité qui se présentoit pour retourner en mon pays.

Cette nouvelle l'affligea sensiblement, néanmoins il me témoigna qu'il trouvoit mon dessein trop raisonnable pour s'y opposer, & quelques jours après l'étant allé voir pour prendre congé de lui & pour m'en séparer, il me répondit froidement qu'il me quitteroit le premier, & qu'il me prioit de lui conserver dans mon cœur l'amitié dont je lui avois donné tant de témoignages depuis que je le connoissois.

Aussitôt après il se jeta à mes pieds pour me marquer l'estime qu'il faisoit de ma personne, & s'étant écrié cinq ou six fois en sa langue, deux de ses valets accoururent qui lui tordirent le cou, & ensuite s'entre-choquèrent l'un l'autre si fortement de leurs têtes, qu'ils se les brisèrent & tombèrent morts sur la place ; les quatre autres, bien qu'éloignés, en firent autant dans le même moment, de sorte qu'on les trouva morts tous ensemble, ce qui étonna extrêmement le gouverneur & tous ceux qui étoient avec lui.

Voila tout ce que portent les mémoires écrits de la propre main de Sadeur ; son histoire finit ici, & il y a apparence que s'étant embarqué bientôt après la mort du vieillard dont nous venons de parler, il n'eut plus le loisir d'écrire les aventures de son retour en Europe.

Fin des aventures de Jacques Sadeur.

TABLE
DES VOYAGES IMAGINAIRES
Contenus dans ce Volume.

Voyage dans l'autre monde.

Avertissement de l'Éditeur, pages 1
Avertissement de M. Fielding, 7
Chapitre premier. *L'auteur meurt, & rencontre Mercure, qui le conduit à la voiture, qui part pour l'autre monde,* 13
Chap. II. *L'auteur réfute premièrement quelques fausses opinions des esprits voyageurs; ils racontent ensuite leurs différens genres de mort,* 19
Chap. III. *Aventures arrivées aux voyageurs dans la ville des Maladies,* 27
Chap. IV. *Contenant quelques conversations qui se sont tenues en route, avec la description du palais de la Mort,* 39
Chap. V. *La compagnie continue son voyage, & rencontre différens esprits qui retournent dans le bas monde pour reprendre de nouveaux corps,* 45

Chapitre VI. *Description de la roue de fortune, avec la manière de préparer les esprits au séjour du globe terraqué,* pages 54

Chap. VII. *Conduite du juge Minos à la porte des Champs-Élisées,* 60

Chap. VIII. *Premières Aventures de l'auteur, après son arrivée aux Élisées,* 77

Chap. IX. *Autres aventures de l'Élisée,* 85

Chap. X. *Étonnement de l'auteur de trouver Julien l'Apostat aux Élisées. Julien l'en fait revenir par le récit de la manière dont il a acquis cette félicité. Aventure de ce prince dans la condition d'esclave,* 88

Chap. XI. *Julien raconte sa vie sous le caractère d'un Juif,* 103

Chap. XII. *Aventures de Julien sous le caractère d'un général, d'un riche héritier & d'un charpentier,* 109

Chap. XIII. *Julien est petit-maître,* 117

Chap. XIV. *Aventures de Julien dans la personne d'un moine,* 118

Chap. XV. *Julien devient racleur de violon,* 123

Chap. XVI. *Julien paroît dans le monde sous le caractère d'un sage,* 131

Chap. XVII. *Julien parvient à la dignité royale,* 142

Chap. XVIII. *Julien devient bouffon de cour,* 154

CHAPITRE XIX. *Julien paroît dans la personne d'un mendiant,* pages 160

CHAP. XX. *Julien naît prince, & ensuite homme d'état,* 168

CHAP. XXI. *Aventures de Julien devenu soldat,* 177

CHAP. XXII. *Aventures de Julien dans la condition de tailleur,* 186

CHAP. XIII. *Julien raconte sa conduite étant aldermann, c'est-à-dire échevin,* 192

CHAP. XXIV. *Aventures de Julien devenu poëte,* 200

CHAP. XXV. *Julien devient templier, & ensuite maître de danse,* 207

Anne de Boulen raconte sa vie, 210

AVENTURES DE JACQUES SADEUR.

CHAPITRE PREMIER. *De la naissance de Sadeur & de son éducation,* pages 247

CHAP. II. *Voyage de Sadeur au royaume de Congo,* 260

CHAP. III. *Des accidens qui conduisirent Sadeur en la Terre-Australe,* 273

CHAP. IV. *Description de la Terre-Australe,* 285

CHAP. V. *De la constitution des Australiens, & de leurs coutumes,* 301

CHAP. VI. *De la religion des Australiens,* 324

Chapitre VII. *Du sentiment des Australiens touchant cette vie.* pages 331
Chap. VIII. *Des exercices des Australiens,* 345
Chap. IX. *De la langue australienne & des études des Australiens,* 351
Chap. X. *Des Animaux de la Terre-Australe,* 359
Chap. XI. *Des raretés utiles à l'Europe, qui se trouvent dans la Terre-Australe,* 365
Chap. XII. *Des guerres ordinaires des Australiens,* 371
Chap. XIII. *Du retour de Sadeur jusqu'à l'isle de Madagascar,* 391
Chap. XIV. *Du séjour de Sadeur dans l'isle de Madagascar,* 407

Fin de la table des Chapitres.

www.ingramcontent.com/pod-product-compliance
Lightning Source LLC
Chambersburg PA
CBHW070929230426
43666CB00011B/2363